ある不登校児の自我分析
対象愛とナルシシズム

池谷さやか

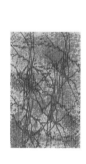
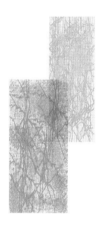
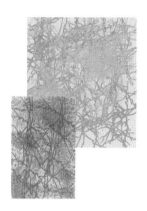

中央公論事業出版

■ 目 次

はじめに　3

第1章　「不登校」の体験 ———————————————— 12

長女、たか子
長男、翔太
次女、麻衣
取り戻した日常

第2章　自我分析 ———————————————————— 62

①微かな感覚
②性格の変化
③分離不安
④恋着 Verliebtheit
⑤一体感
⑥ナルシシズムの制限
⑦過剰依存
⑧口唇愛の固着

第3章　対象愛 ———————————————————— 135

バリント理論における「対象愛」
「対象愛」とフロイト理論

第4章　最後の一撃 ———————————————————— 166

「蒼古的」自己 - 対象
フロイトのシェーマ
愛なき世界

最終章　精神分析の彼岸（人格と世界）————————————— 197

注　釈　　245
参考文献　　256

「ねえお父さん、見えないの、僕が燃えているのが？」

――『夢解釈Ⅱ』より――

はじめに

　不登校を体験した青年の現在の危機的な状況をいったいどのように説明したら理解してもらえるのでしょうか。我が家では長男が不登校になってからほぼ20年が経過しました。中学、高校と不登校のきわめて苦しい状態をなんとか克服したと考えていましたが、20年後に再び不登校と同じような状態に陥りました。しかし、息子の状態を危機的だと考えているのは私だけです。夫は「別におかしいところはどこにもないよ」といい、本人も来年こそは目指す大学に合格しなければといい、ありきたりの浪人生活をしているのだと思っています。実際にある精神科医のところに相談にいったところ、10年間にもおよぶほど浪人生活を長引かせているのは、親がそれを許容していることが問題なのであり、期限を決め、これ以上は浪人生活を続けさせないという親の覚悟が必要だといわれました。しかし、それから2年経過しましたが、私には本人のこころの状態はますます悪くなっているようにみえます。結局、成績は悪くなるばかりでどの大学にも合格しませんでしたが、本人はどうしてももう1年続けたいといい、浪人生活を続けています。我が家のように経済的にもある程度余裕があり、本人も食べるために働かざるをえないという状況にはないことを認識し、しかも家族との関係が良好である場合には、この状況を危機的なものであると考える人は誰ひとりいないでしょう。この現実に隠された心理的機序は通常のレベルの思考ではとうてい理解できないのだと思います。不登校とは苛酷な外傷体験であり、この本の目的はその一症例の分析の過程と結果を提示することにあります。たとえそれが精神医学にもとづくものであったとしても従来の思考によるかぎり、青年たちが陥ってしまった危機を解決することはできないでしょう。なぜかは次の点にあります。

　①家庭生活の維持を困難にさせるような症状や暴力がない場合、家族が危機的な状況に気づくのは40歳を過ぎる頃なのだと思います。我が家の場合にはいたって穏やかな家庭生活があり、本人の会話の内容は論理的であり、奇異な行動をとるわけでもありません。近隣への外出は自由にしています。夫はいつかは自分の力で進むべき道を歩みだすに違いないと考えているようです。家族はこのよ

うな青年を健康であるとしか考えられず、40、50歳代になってはじめて異常さに気づき、それから対策を模索し始めるのではないでしょうか。その時点ではあまりにも遅すぎます。夫のように日常的な思考で考えるならおそらく無為のままに何年も経過してしまう可能性は大きいでしょう。ことに我が家の場合はけっして自力では抜け出すことはできないと私は考えます。私がこれから提示するものは日常レベルの思考では理解できない、高度に抽象化された分析理論です。青年と対話し、通常のレベルで考えるのではとうてい理解のできないような、フロイトが理論化した心理的機序にもとづいています。普通に考えるかぎり、外傷があるなどとは思いもよらないでしょう。私はこの先、10年、20年経過したとしても本人の意志ではこの状態を変えることはできないと考えます。40歳をすぎてから対策を考えるのでは、すでに一生のきわめて重要な時期を無為に過ごしてしまい、人生のほとんどを失うも同然です。

　②2010年に「思春期のひきこもりをもたらす精神科疾患の実態把握と精神医学的治療・援助システムの構築に関する研究」によってガイドラインが出ましたが、この方法ではひきこもりの根治にはならないと考えます。社会復帰のための集団療法やデイケアなどのプログラムは用意されましたが、そのような支援プログラムに参加してもうまくいかずに40歳、50歳になっても依然として社会参加できない事例がある[1]ようです。社会に適応できないのはこころに外傷を負っているからだと思います。このガイドラインで述べられた方法をひきこもりの対策として継続するかぎり、50歳でもひきこもったままの「青年」が存在し、根本的な治療に至るものではないことからみても、私はこれ以外の方法、すなわち精神分析的心理療法のほうが適切であり、必要であることを考えていただきたいのです。

　③なんらかの症状や暴力がある場合のほうがかえって治療に結びつけることが可能かもしれませんが、そのような症状がない場合、治療に「抵抗」する本人をどのようにして治療に結びつけるのか、その方法がないということです。本人は自分の行動、意思や決定について何も問題はないと考えています。「まったく普通だよ」といい、焦燥感も切迫感もなければ、苦悩や不安すらないようにみえます。困ったことには治療の動機に欠けるどころか、本人がこのような状態から抜け出すために誰か相談相手をもとめるとか、支援をもとめることにたいしてとて

も「抵抗」が強いことです。我が家の場合はひきこもりには該当しないかもしれません が、青年のひきこもりとは「病的自己愛的防衛組織」[2]だと考えるに至りました。非精神病性の「無気力・ひきこもり状態」[3]は外傷にたいする「原始的防衛」なのだと考えますが、青年たちの危機的で困難な状況を改善できない大きな理由が「陰性治療反応」[4]なのだと思います。長男は現在33歳ですが、まだ余裕のある年齢で、つまり自分の人生に残された時間があまりないという切迫感や危機感がまだ生じていない年齢で、専門家とのあいだに治療関係を構築することはまったく不可能にみえます。しかも、関連の論文を可能なかぎり広く、多く読みましたが、悲しいことには治療機関のほうでも私と同じように考える人間は存在しないようです。ひとりの母親が短時間の診察のあいだに対面で説明できることには限界があります。しかも、就労や就学といった実践的な対策を重視する考え方では、先の精神科医師のように就学できれば問題なしと判断されます。また個人的に精神分析家に依頼しましたが、本人が治療を希望するのでなければ引き受けられないと断られました。

　この本はなぜ私がSOSを発信しなければならないかを、不登校とひきこもりに関係する諸先生方、ことに精神分析を研究されている諸先生方に理解していただくためにあります。私は一介の主婦にすぎず、何の資格もなく、このような状況を改善することはおろか、治療に結びつける方法もわかりません。ただ、声を上げることはできます。SOS信号を受け取っていただくためにこれまでのことを説明することはできます。相談なり、治療的介入なりに結びつけるための第一歩として、青年のこころに何が起きたのかを理解していただくためには他に方法がないと思い、本にしました。私は青年の危機的状況の原因をつくっているものは外傷なのだと考えています。精神分析理論というスクリーンをとおして現実をとらえることによってはじめてみえてくるものだと思います。分析の結果、たどりついた結論は理想化された「自己-対象」の外傷的喪失[5]により自我が損傷を被ったのではないかということです。コフートの「自己」の構成態の一つ、「自己-対象」にたどり着くことを可能にしてくれたのはフェレンツィの「受身対象愛」であり、その後継者バリントの「一次愛」です。抑圧によって封じ込められた外傷を意識化させる以外には治癒に至る方法はないように思います。しかし、自説に固執するつもりは毛頭ありません。最終的な目標は青年たちがみずからの「生」を取り戻すことにあり、母としての私の目的はその一点のみです。青

年に起きたことをもう一度考えていただき、さらにはどのようにして治療に結びつけるか、そして社会人として自立して生活できるようになるまでにどのように道筋をつけられるか、最終的な目標にたどりつくまでには道のりは遠く、何段階かの障壁を乗り越えなければならないでしょう。しかし、なんとしても乗り越えなければ多くの青年たちの一生が無と消えてしまいます。私の精神分析的解釈を提示するのはこの目的より他にはありません。従来とは異なる解釈方法によってひきこもりの青年を理解していただきたいということです。まずは専門の諸先生方に思春期の青年たちに起きていることをもう一度、考え直してみていただきたいのです。

　わかりにくい精神分析の過程を理解していただくためにもう少し説明させてください。私がどのように考えるのか、この問題の核心にあると思われることを予め要約します。

　多くの医師や臨床家はこどもや青年との対話のなかからこころの状態を探るのだと思います。しかし、会話から読み取れることを意識のレベルによって考えるのでは問題の核心はみえてきません。抑圧があるために無意識の領域で何が生じたのかを探ることはできないからです。私の方法論とは、こどもたちとの長い生活史をとおして彼らの行動の観察から得られた事実を、精神分析理論のなかに位置付けることによって行動の意味を理解するというものでした。こどもたちとの会話は分析のための重要な「土台」となるものですが、それ以上に**こどもたちの行動**の観察がより多くの事実を示してくれました。通常のレベルの思考では問題の核心をとらえることができないのだと考えます。

　おとなたちのなかにはこどもの「こころ」を理解しようと懸命に励む教師、医師、臨床家の先生たちも多く存在します。それでもなぜ学校に行けないのか、原因がわからないケースがあります。不登校当時、本人に尋ねてもなぜ学校に行けないのか本人でさえわかりません。このような場合、元気に学校に行けるようになればこどもへの心理的な支援は終了したと考えがちです。実際、良好な人間関係のなかにいることがこころの回復につながるのかもしれません。けれども、一部には再び社会から「退却」してしまう青年たちがいます。それは我が家の長男のように青年期の終了の時点で「無気力状態」として顕在化します。長男の場合、外傷から二次的に発生する、あるいは外傷によって増悪した神経症のような症状はほとん

どないといえると思います。しかし、それでも最終的には外傷の本来的な帰結が「対象の不在」を契機として「病的自己愛的防衛組織」を強化させてしまうのだと考えます。

　不登校それ自体無論、対策がなされることは必要なことでしょう。しかし、登校できるか、できないかに焦点がしぼられ、なぜ学校に行けないのかという原因究明が重視されているようにはみえません。しかし、この種のケースの不登校を理解しようとしなければ、青年のひきこもりの問題は解決できないのだと思います。なぜなら、歳月の経過のうちに不登校の体験が変質するという異常で理解し難い現象が起きているからです。不登校の原因になったものが何であるのか当時は本人にもわからなかったというのに「無気力状態」の青年の記憶のなかでは明確な理由として記憶されているのです。ここにもっとも重要で不可解なこの問題の核心、不登校―ひきこもり現象の理解を阻む問題の根幹があるのだと思います。青年が過去の不登校の理由としてあげていること、たとえばいじめられたから不登校になった、転校したから一時的に学校に行けなくなったことがあった、あるいは友人関係のトラブルから学校に行けなくなった、というような本人が記憶する明確な理由があり、そのために学校に行けなかったのであり、それは過去の歴史の一コマとしてはっきりと本人は記憶しています。不登校にはさまざまなケースがあります。だから実際にこのような回想がすべてを語っているケースもあるでしょうし、それはそれとしてこころの傷として残ることでしょう。ところが、青年たちのなかには本人が記憶する理由によってではなく、異次元で生じたことが原因になっているのではないかと考えられる場合があるのです。自分が過去に学校に行けなかったのには明らかな理由があり、それは何の影響も残さない些細な過去の出来事であり、ことさら考えることでもないことだと本人は考えています。しかし、それは当時のままの体験、過去の苦しかった体験ではありません。過去の出来事として記憶のなかにはあるものの、それは「質を欠いた」[6] 無内容の歴史でしかないのです。体験の内容が抑圧されているのです。これらの青年たちに起きていることはヒステリーの抑圧による「健忘」という手段ではありません。「発病の直近のきっかけ」となる出来事がはっきりと記憶のなかにあり、「常に知っていたという感覚」があります。しかし、これは強迫神経症に特有の抑圧なのであって、抑圧であることには変わりはありません。青年の不登校の原因となったものは抑圧され、無関心な表象だけが残ります。「外傷を忘れる代わりに、抑圧は外傷から情動の備給を奪う。そうして意識のなかには、本質でないと

見なされた、関心を引かない表象の内容」[7]だけが残ります。けれども、抑圧されたものは無意識の領域で想像を絶するエネルギーで暴れ廻ることになるでしょう。不登校という出来事は思春期の発達に外傷的な痕跡を残した可能性があるにもかかわらず、青年の記憶のなか、つまり「意識的な思考活動では何の役割も果たさない」のです。これが過去の不登校の原因を覆い隠す問題の核心なのだと考えます。ひきこもりや無気力状態の青年たちは、現在の自分のおかれた状況は過去の自分が行ってきたことの積み重ねの結果であり、他に原因があるわけではなく、受験の失敗、就職の失敗は自らが招いた結果だと考えています。しかし、よく考えてみてください。元来、人間とはこのような困難を乗り越えるための知恵と力を備えていると考えるのが普通なのではないでしょうか。ここにこそ、人間としての成長の機会があると考えなければならないはずです。このような現象を青年にありがちなことだとして見過ごすことは本質を見誤ることになります。周囲にこのような青年が散見されるようになってきたからといって、この現象を状況から生じた natural で normal なものだと考えるのはきわめて危険なことです。これほど多くの青年たちがいとも簡単に挫折し、人生への挑戦から身を引いてしまうことについておとなたちは本来、疑問をもたなければいけないのではないでしょうか。失敗や挫折はきっかけに過ぎません。このような青年たちがなぜ社会に適応できないかを考えなければ、青年の危機がどこにあるのかまるで見当はずれの対策がなされるでしょう。青年たちは自分のことをもっともよく理解しているのは自分だと考えています。不登校とは過去のちょっとした躓きであり、簡単な事実があるだけで、心理的に甚大な損傷の可能性があるなどとは思いもよらないでしょう。これは意識のレベルで考えることです。

　たとえていえば地下にできた空洞のようなものだと思います。人為的なものではない、何らかの原因によって地下に大きな空洞が生じたとします。しかし、これに蓋をするように木の枝が被さり、このうえにさらに風が枯れ枝や落ち葉を運び、周囲の状態と見分けがつかないように空洞を覆ってしまったとしたら、地下に空洞があることに誰か気づくでしょうか。あるいは、大きく育った樹の根元で根が破損しそれを支えるはずの土ではなく、あるのは空洞だとしたら何らかのきっかけで木が倒れたとしても必然的なものとして考えることができるでしょうし、対策を講じることも可能でしょう。このことと同じことがいえるのではないでしょうか。意識のレベルで考えるとすれば学力が伸びなかったのは素質がなかったからであり、勉強ができなかったのは怠けていたせいであり、現在の自

分が唯一無二の自分であり、過去の体験のうえにまったく当たり前に成長してきた結果であると誰もが考えるのは当然でしょう。ひきこもりに関わるおとなたち、専門家たちでさえ、青年たちが話す過去の不登校の理由を額面通りに受け取っています。しかしながら、青年たちの記憶のなかにある不登校の理由は無意識を封じ込めてしまった蓋なのです。私は彼らの挫折の原因を徹頭徹尾、無意識のレベルで考えます。

この社会で青年たちにいったい何が起きているのか、この複雑な現象をとらえるには無意識の次元で考えることが必要になります。青年たちの一生が人生の終盤にさしかかり、「おれの一生はなんだったのか」と振り返ったときにかくも多くの人間が同じ運命に陥ることの不可解さを認識するべきです。これほど理不尽なことがあってよいのでしょうか。青年たちの人生を取り戻すことが最優先されなければなりません。これは私のはじめての著作であり、論文として読むには瑕疵が多すぎるかもしれません。しかし形式的なことは二の次です。ともかく理解の困難な青年たちの心理的状態を正しく理解してほしいのです。従来のとらえ方ではなく、青年たちの「こころ」について改めて考えてみてほしいのです。「心理的状態を正しく理解する」、この一点にかかっているといっても過言ではありません。結局、私の認識は次のようになりました。

不登校とは「対象愛」が損傷を被った外傷体験である。

これから展開する精神分析理論は、不登校の理由が明確ではないこどもが対象です。長女が不登校になって以来、22年が経過しました。正確に理解していただくために、これまでの過去の体験とそれにもとづく複雑で錯綜した分析の道案内を最初に提示します。第1章はこどもたちが不登校を体験した当時の出来事をそのまま記述したものです。その時点ではこどもたちがなぜ、そのような状態になるのか、何一つ理解できず、通常の理解を超えるものでした。当時、どのようにしたら登校できるようになるかを探るために体調、睡眠時間、欠席日数などを記録していました。第2章の自我分析は不登校から十数年経過した後、その体験を精神分析によって解釈し、分析の過程を追ったものです。精神分析理論を独学で習得しながら納得できる分析結果に到達するだけで5年以上の歳月を要しました。第3章は分析結果が既存の分析理論との関係においてどのようなものとして考えられるかを精査したものです。「対象愛」とは自我の起源にまで遡った形態

ですが、フロイト理論とは異なり自我の原初的な状態は一次的ナルシシズムではありません。原初期の快自我とは「体内に取り込んだ外部の客体」と一体化した主客分離以前の世界ですが、人間のこころのもっとも深い部分でありながら、外部世界との関係を個人の内側から規定するものであると考えます。自我の発生と発達経路において「対象愛」という形態を仮定しなければこどもたちを理解できないような現実がありました。「理想化された」対象をもとめる自己が起源にあり、対象との一体化をもとめ続ける自己、これが対象愛です。そして、第4章が現在の分析です。そこに描写したように長男の現在の状態とは、外傷体験がたんなる推論ではなく、外傷が自我に被害を与えていることが現実のものとなって私の目前に現われたということです。不登校から20年後に再び不登校と同様の状態に陥ったことで当時の外傷による損傷が実際に自我になんらかの機能障害を生じさせていることを確信しました。青年の「無気力・ひきこもり状態」は不登校という外傷体験が自我に損傷を与え、現実社会からの「退却」を余儀なくさせるのだと思います。不登校とその予後に関する私の理解は通常の理解とはまったく異なるものです。これから読んでいただく私の推論は誤謬に満ちた仮説でしかないとしても、私の著作の意図はこのような青年たちについての深い理解と再考を促すことです。

　そして、また「対象愛」とは自我の問題ばかりではありません。社会から置き去りにされた青年たちの「対象愛」世界とは何かという問題は哲学につながる可能性があるのです。最終章では新たな人格モデルを提示するために哲学の領域に踏み込まざるをえませんでした。ウィリアム・ジェイムズの哲学[8]がこの対象愛の世界をもっとも的確に表現していると考えますが、哲学的思考においては未だ思考の練り上げの途上であり、曖昧なところを多く残した粗雑な人格理論でしかありません。専門的学究には遠くおよばない身でありながら、緒についたばかりの「学」においてこのような無謀なことをしなければならないのは、青年たちが自らの人生を意義のあるものにしてほしいという願いのみであり、未熟な著述の根底にあるのはこの目的のみです。

　青年たちがもとめる対象愛の世界は自我の抑圧に甘んじている潜在的世界です。無意識の病因を取り除かないかぎり、「対象の不在」は現実生活における挫折がきっかけとなって生涯にわたって不登校の状態を再現させるでしょう。しかし、対象愛を賦活させるような共同体の復活を願っているのではありません。また自我の体系化は被抑圧者の憎悪を搔き立てる解消の不可能な対立を生み出し、「世

界」を分断することにつながります。自我のレベルで考えるのではなく、エス das Es からの出発であり、あくまでも無意識から構築する人格です。最終的な目標は無意識の次元にある独自性を根拠として対象愛的な人格を模索することであり、創造的な「個」としての人格形成です。

第1章　「不登校」の体験

　私にはたか子、翔太、麻衣の3人のこどもがいる。たか子が2歳6カ月のとき
に翔太が生まれ、そして、翔太が1歳9カ月のときに麻衣が生まれた。こどもた
ちが幼い頃はほんとうに楽しく、絵に描いたような幸せな家族だった。ところが、
ある日突然不幸に見舞われた。悲しい出来事が次々に起こった。

長女、たか子

　平成8（1996）年4月、長女たか子は東京都内のA中学校に転校した。中学3
年生になった。その数カ月後に学校に行けない状態に陥ったとき、こどもに何が
起きたのかまるでわからず、母親である私は混乱し、こどもの顔から笑みが消え
てしまったことに悲しさでいっぱいになり、受験を前にして絶望的な状況だった。
6月頃から次第に欠席が多くなり、「だるい。疲れた」と不調を訴えることが多
くなったが、こどもは高校進学については意欲的であったため、塾と学校の二重
生活による疲れが原因と考えた。だが、これまで学校生活では健康にはなんの問
題もなく、長期に欠席が続くようなことは一度もなかったし、風邪などで休むこ
ともきわめて少ない、とても元気な子だった。学校に適応できない理由はないと
思っていた。R県P市に小学4年生で転入したときを除けば転校についてもほ
ぼ問題なく順応できると考えていたため、また当時の状況から判断して、こども
が病気であるとは考えられず、執拗に、強硬に登校を促した。高校受験を前に
して親の気持ちに余裕がなかったことは否定できない。登校できない理由がわから
ないまま、毎朝1時間ほど怒ったり、なだめたり、なんとかして登校させようと
2週間ほど続けた。無理やり玄関の外に押し出し、家に入れなかったこともあっ
たが、それでも学校には行っていなかった。登校しない日はたくさんの宿題をな
んとか終わらせようと努力をしていたが、漢字をノート1ページに書写するのに
長い時間を要し、終わったとたんに「ふー、疲れた」とため息をつく様子をみて、
どうしてこれほど時間がかかるのか、またなぜこれほど疲れるのかとても不思議

に思った。長女、たか子は母親の熱心さを従順に受け止め、小学校高学年の頃より継続的に勉学に励み、充分に親の期待にこたえるほどの好成績であったが、週一回のピアノと週二回の塾と学校生活は負担が多いと思っているようで、不満をいうことも多かった。この生活は塾に通いだした小学5年のとき以来ほぼかわらず、変わったことといえば中学2年に東京に転居してからは地方とは格段の差のいっそう厳しい受験競争でも充分に高い学力を発揮できるはずだと思う私の気負いと不安であったかもしれない。しかし、別段過剰な負担と思われるようなことはなく、ほかの友人たちと同じ程度の負担であったと思う。ことにP市の国立大学付属小学校では学校の宿題、レポート、卒業論文等課題が多く、このことについてはよく不満をもらしていたが、よく学びもしたが、よく遊んだ。

　私は夫と結婚した当初から夫の勤務先の職員宿舎を住まいとしていたので、たか子は1歳になるまえには宿舎の同年齢のこどもたちと一緒だった。母親たちがつねにそばでこどもたちの安全と行動を見守りながら、数名から多いときには10名以上の年齢もさまざまなこどもたちと毎日、宿舎の庭で遊ばせていた。成長し、また転居した先でもつねに同じような環境で過ごし、友人を大切にすることを学ばせてきた。幼い頃から友好な人間関係を維持できることを目標にし、学力より優先させるべきものとして考えていた。そのため小学校の中学年までは兄弟3人とも放課後は、週一回のピアノのお稽古以外はすべて友人との時間として自由にさせていた。遊びをこどもの第一の課題と考え、人間関係の学習の場としてとらえていた。また、こどもの主体性を育てることを重視し、兄弟同士ではおたがいの自己主張をぶつけあいながら、話し合いのなかからそれぞれが納得のいく解決方法を彼ら自身で見出させるという方針でこれまで育ててきた。

　また夫は転勤が多く、いつ異動があるかわからず、転居はどうしても避けられないものだった。しかしながら、夫も私も東京育ちだったので、夏休みには必ず旅行をし、週末にはスキーやドライブに出かけ、地方の生活を積極的に楽しんでいた。とはいうもののやはり転校はこどもにとっては大きなストレスであり、新しい人間関係に順応するのはたやすいことではないということは承知していたが、度重なる転居にこどもの心理状態をあまり気にかけなくなっていた。転校しても充分に順応できるはずだと思っていた。たか子は初めての転校であったP市の国立大学付属小学校では転校後なかなか受け入れてもらえず、1年間にわたって辛酸をなめたようだった。合唱部に所属したが、そこで楽譜をかくされたり、靴をかくされたり頻繁にいやがらせをされたらしかった。このことは小学4年の修

了時に担任教諭が話してくれた。しかし、そのあいだそのことについてたか子は私に一言も話さなかったし、学校に行きたがらないということも一度もなかった。担任教諭がひとりひとりのこどもをつねに配慮し、ゆきとどいた目配りのお陰で、この困難な転校にも耐えることができたようだった。小学4年次の欠席は年間たった1日のみであった。東京の小学3年までは何事にも臆せず、非常に活発であったが、それ以来性格が変わった。男の子のようながむしゃらで積極的なところはまったくなくなり、実に大人しくなって、やさしさが前面に出てきた。かなり傷つくことが多かったのだろう。しかし、この教諭はこどもの立場に立ち過ぎているために学習が疎かになりがちであるという理由から保護者にはあまり評価されていないようだった。これほどストレスの多い転校でさえも、なんとか順応した。その後、親しい友人もでき、東京に転居後も当時の友人が上京すると必ず会っていた。もし、小学4年のときにたか子の忍耐の限度をこえていたのなら、欠席やなんらかの不調として現われてきたに違いないし、次の転校をいやがるはずであるが、中学2年の4月に夫の東京への転勤にともなって東京都内の中学校に転校したときにも、さほどの緊張もなく、本人らしさをうしなわず、いたって気楽に生活していた。そして、その1年後、都心の中学校への転校についても気楽に考えていたが、結果は思いもよらないものであった。第一の疑問はなぜ今回の転校だけ不適応を起こしたかということである。その理由をたか子は次のように考えていた。

　今回の転校はそれまでのものとは違い、夫の転勤によるものではなく、私がこどもの教育環境を配慮したための転校であった。中学2年のときP市から転校した都内の中学校では生徒たちが教師に暴力をふるい、警察が来ることがたびたびあり、その都度授業が中止され、ほかの生徒たちは下校になるという事件が頻繁に起こっていた。たか子はこのことについてはまるで無関心で、彼女から転校したいといい出したわけではなかった。塾の帰りが夜11時近くになることもあり、学校より塾の勉強に力を入れていた彼女にとっては学校が早く終わること、また遅刻しても咎められないなど、学校は気楽で充分に息抜きのできる場所であった。転校を促したのは私だった。理由はたか子の受験のことよりも乱暴な男子の多いその中学校に翔太を通わせたくなかったからだ。さらにいえば公立中学校のなかでもとくに学力の高い学校に通わせたかったというのが私のほんとうのところだった。多分たか子はどちらでもよかったのかもしれなかったが、都心の中学校への期待から転校に同意した。しかし、転校後になって彼女が感じたこ

とは、宿題の多さ、遅刻のできない緊張感と以前の学校に比べて高い内申点がとれそうもないといった不安であった。順調に受験勉強に励んでいたのに転校したために精神的に動揺し、そして挫折へ至ったと考えたようである。

　7月の期末試験以降、「明日は学校に行く」といいながらも起きられなかった。身体のどこかが具合が悪いようにもみえなかった。また、学校に行きたくない理由を本人はわかっているのか、わからないのか、それさえもわからない。そのため、休ませる理由が何もなく、なぜ登校できないのか理解できない私は強硬に登校を促したことがあった。たか子のほうも当惑した表情をしたまま無言である。たか子に何が起こっているのかまるで理解できない私は、涙をこぼしながら必死に家から追い出したこともあったが、そのときは午前中いっぱいマンションの階段室に隠れていたところをみつけ、登校させるのをあきらめ、その後はゆっくり自宅で休ませた。どうして登校できないのかまったくわからないまま、なんとか登校させなければという重圧感と、なんとしても登校できないというたか子の状態を目の当たりにしてなんとも行き場のない心理的な激闘を私は繰り返していた。毎朝、必死の思いで強硬に登校を促し続けながら、受験を控えながらもどうにもならない状況に私は焦りと緊張感ばかりがつのっていった。本人も不安と緊張でいっぱいなのだろうが、何も話さない。理由がないのだから母親としては学校に行きなさいというのが当然である。だが、それができない状態になってしまった。しかも、なぜ、登校できないのかその理由がわからない。ただ、本人も困惑しながら学校にいけないということを全身で表現しているような印象だった。午前中いっぱい起きられず寝ている。表情に笑みが消えてしまい、うつろであった。なんとかして登校させようとする母の必死の訴えにもかかわらず床に倒れ込んでしまった長女をみて、ひどく異常なものを感じ、医師のところへ連れて行くことにした。同じ職員宿舎の友人が精神科のK医師を紹介してくれた。中年の男性医師であった。「無理に学校に行かなくてもいいんだよ。」落ち着いた小さな声で言葉は少なかったが、なんとほっとしたことだろう。これで助かったという思いだった。やっとのことで重圧から解放された。しかし、たか子はそれ以後も暗い表情で、午前中は眠り続け、どこにも外出はできず、相変わらず緊張が強いようにみえたが、それでも一応の落ち着きは取り戻した。たか子に無理をさせる必要がなくなった今、先のことは考える余裕はなかったが、とりあえず気持ちを楽にさせることだけを考えた。すでに学校は夏休みに入っていた。たか子の気分が少しでもほぐれるようにと、ディズニーランドに行くことを思いたった。さぞ楽しくな

るだろうと考え、元気いっぱいの次女麻衣を連れていくことにした。麻衣は小学5年生だった。たか子は午前中たっぷり睡眠をとり、遅いお昼を済ませた後、3人で出かけた。幼い頃から何回も来ていたが、来るたびに興奮して大はしゃぎをしていた。ところが、やはり暗い表情をしたまま物静かに私についてくるだけだった。アトラクションの乗り物から降りるたびに「ふー、疲れた」とため息をつく。アトラクションを2、3カ所まわり、あまりに疲れるようなので無理をさせず、3時間ほどで帰宅した。どうしてこれほど疲れるのだろう。不思議だった。

　その後、K医師の診察は2週間に一度のペースで進められた。疾患や発達の障害などは何もないようで、診察の経過中にはこれらのことについての診断はなかった。今回の原因についてK医師は何も語らず、母親や家族への改善の指示も何もなかった。このような苦しい状況で頼るもののない私たちにとっては医師の言葉がどれほど力強く私たちのこころを支えてくれていたか、体験したものでなければ想像できないだろう。このようにして数カ月が経ち、いくらか落ち着きをとり戻した頃から、たか子の状態をゆっくりと見守りながら、高校への進学をどうするかという問題のほうへと徐々にシフトしていった。まず、最初はたか子の気持ちを尊重することであったが、本人はどうしてよいのかまるでわからないといった様子だった。私も一応は落ち着いたとはいうものの、あまり冷静とはいえない状態であった。宿舎では常日頃こどもたち同士仲良く遊んだが、母親たちも気の合うものたちが集まっては親しく交際していた。たか子が1歳の頃に職員宿舎で3年間一緒に過ごした友人と再び都内のその宿舎で一緒になった。別に隠す理由もないので、たか子のことを話し出したが、そのうちに涙がとめどなく溢れ、話をしている1時間ほどのあいだ、ずっと涙が止まらない状態になってしまった。友人は「たか子ちゃんに無理をさせないで。身体の具合の悪い子は世の中にはいっぱいいるんだから、1年くらい遅れてもたいしたことないじゃない」と親身になって考えてくれたが、これほどたくさん涙が出続けるものかと、このことのほうが私をびっくりさせた。その後、たか子の高校進学について考え続けた。ああでもない、こうでもないとさんざん考えあぐねたすえ、結局私は高校に進学したほうがよいという結論に至った。まず、この原因が学校嫌いによるものとはとうてい考えられないこと、1年まてば事態が改善するという見通しはありそうもないこと、対人関係がうまくいかないからではなく、逆に友人たちとともに生活することが回復への近道であると考えたからだった。父親は「父親は仕事、母親は育児」という役割分担に固持し、その境界をこえることはけっしてなかっ

た。専業主婦である私は多忙な夫を支えることや育児への責任を当然のこととして受け入れていた。したがって、夫はこどものことについてはすべて母親まかせであった。しかし、厳格なイメージはなく、ドライブに行ったり、家族旅行はみずから楽しんで計画を練り、団欒の笑いの中心はつねに夫だった。進路を選択するにあたってたか子はどうしたらよいのか自分自身で判断がつかないようであったが、「不登校」の生徒のための教室や民間のスクールについては本人が嫌がったので、そこに行くことについてはいっさい考えから除外した。友人をみつけるのには学校が最適の場であり、実際に今までそのようにして多くの友人たちと巡り合ってきたのだ。また、「不登校」の原因は多様であり、家庭の価値観や生活環境などもさまざまであることなどから考えても、こどもとその環境や生育歴をトータルに考えずに、「不登校」というこのような一時的な状態のみから判断することはかえって混乱を招くと考えた。つまり、今までこどもに接してきたとおりの方向性で考えたということである。何よりもまず母親として、今までのこどもへの教育が裏切られるはずはないという漠然としたものが、意識の奥のほうにあったせいかもしれない。だから、学校に戻るのが一番よいと考えた。

　9月から塾に行くというたか子の言葉に期待をしていたが、結局それもできなかったので、母子で受験勉強を始めた。夕方頃から6〜8時間程度ふたりでベッドに横になったまま、それぞれ楽な姿勢でリラックスした雰囲気で気楽に勉強した。ときおり、表情が暗くなって、気分が沈んで何も手につかなくなった。そんな日は休息し、回復するのを待って再び勉強を再開し、10月の始め頃から4カ月間勉強を続けた。1月の末のある日、学力判定のため模擬テストを受けた。偏差値45というあまりの低い数字に愕然とした。半年前には60以上あったものが、たった半年でこれほど低下するのだろうか。しかもかなりの時間を費やして勉強を継続していたにもかかわらず、どうしてこのような点数なのであろうかと信じられない気がした。たか子には模擬テストの結果はみせなかったが、できなかったことは自分でもわかったようで不安げな様子をしていた。急遽、作戦を練りなおして、受験初日を合格可能性の高い安全な高校に変更し、やさしい問題で確実に点数がとれるように勉強方法を切り替えて試験に臨んだ。入試2日目は難易度が中程度の高校、3日目は有名大学合格に実績をあげている人気校を第一志望としていたが、初日を終了した段階で、たか子が「2日目、3日目の高校は無理だと思う。もう行きたくない」といい出した。やってみなければわからないからと説得し、2日目と3日目の両日の試験をなんとか受けることができた。結局、合

格したのは初日の高校だけだったが、とりあえず高校進学が決まってほっとした。医師には意欲障害と診断されたが、何が悪くてこのような状態になってしまったのかまったく理解できず、高校に進学できた安堵感もひとしおだったが、私の悲しい気持ちは依然として強かった。

　３月初旬、たか子がスキーに行きたいといい出し、私とたか子のふたりで１泊２日のスキー旅行に出かけた。Ｒ県のＰ市にいた頃からスキーを始め、家族で週末ごとにでかけ、毎シーズン 20 日間あまり滑った。上京後もＰ市の友人宅に泊めてもらい、スキーに行っていたので、上級といえるほどの腕前であったが、その３月のスキー旅行のときには転倒ばかりしていた。どうしたのかと不思議に思ったが、「調子が悪い」といい、あいかわらず暗い表情をしているのをみて、スキーは止めて無理をせずにロッジでのんびりと時を過ごした。

　いよいよ高校の生活が始まった。入学当初、友人ができるまでは笑顔も少なく、かなり緊張しているように思われたが、苦手な体育の授業を嫌がっていたくらいで、そのほかは学校生活で何か問題となるようなこともなく、順調に進んでいった。当時はすでに医師の診察はなく、たか子だけが１時間のカウンセリングに通っていたが、家庭でも普段の生活に戻りつつあった。試験の前になると、適度に勉強をし、そのほかはテレビの音楽番組を楽しみ、気ままな生活を送るうちに少しずつ気分がほぐれていくようだった。入学後数カ月のうちには親しい友人ができ、それ以来いつも複数の友人たちにめぐまれた。ことに最初出会った友人とはその後３年間、そして卒業後も親しく交際し、彼女の家をたびたび訪れていたようだった。彼女の家の猫がとてもきれいで、かわいいと私に話してくれた。「高校に入ってよかった」と感想をもらした。その後、カウンセリングも１年間で終了し、何事もなかったかのように普段の生活に戻った。高校３年になるまで、たか子の自主性にまかせ、いっさい口出しをせず、ただ見守っていた。このような平凡な生活から得難い充実感を得ることができたのは、中学３年のときの暫時の空白があったせいだろう。

　高校３年になる前の春休みにはすっかり以前の自分を取り戻したように見受けられたので、イギリスへの語学研修旅行の話をもちかけ、たか子は気軽に同意した。私はこどもたちにたいして視野をひろくもってほしいと願っていた。10 日間ほどの旅行で、オックスフォード大学のドミトリーで英語研修に参加し、その後何カ所かの観光地を訪れる旅行だった。大手旅行会社のベテランの添乗員のほかに、細やかに世話をしてくれる女性も同行し、安心して送り出した。帰国して

空港に降り立ったときのたか子の様子にびっくりした。おどおどした様子で話し
かけても聞いていない。そうかと思うと、ちょっとした呼びかけにもびっくりし
て、ひどく怯えた様子でこちらをみる。しかもその目に落ち着きがなく、視線が
さだまらない。少し落ち着かせて話を聞くと、帰りの飛行機で酔ったので、ひど
く気分が悪いという。帰宅途中、旅行の感想を聞くと「とにかく早く日本に帰
りたかった」といい、「ああ、日本に帰ってきてよかった」と何度も繰り返した。
帰宅後、数日してやっと落ち着きを取り戻し、リラックスできる状態になった。
旅行中、困ったことなど、何か具合の悪いことでもあったのかと尋ねたが、とく
に嫌な体験をしたわけではないようだった。空港で解散したときも「たか子ちゃ
ん」と呼び止められ、グループで一緒だった人たちと10分ほどお別れの挨拶を
交わしていたようで、表面的には何も問題はなさそうだった。どうして今回の旅
行がこれほどの嫌悪感を起こさせるのか理解できないまま、「でも、きっと大人
になったらあのときいい経験をしたと思うときが来るわよ」といった私の言葉
に、「絶対にそんなことはない」といい張った。今までの体験でこれまでの教育
が徒労の連続であったような虚しさがあったが、なおそれでもいまだにオックス
フォードという有名大学にこだわったことに気づき、自分のしていることに嫌気
がさした。こどものために良かれと思って今までしてきたことがすべて裏目に出
てしまっているような虚しく、悲しい思いに苛まれた。

　その後、高校3年に進級し、大学進学について話し合った。3年の新学期から
塾に通うことになった。日頃から習慣的に勉強をすることが身についているため、
塾に通うことには抵抗はないらしい。しかし、6月頃再び落ち着きがなくなり、
過敏な様子が出始めたので、「悪い影響があるのなら、塾はやめたほうがいいん
じゃない」と話した。塾のほうはときおり休んでいたようであったが、その後大
学受験まで通っていた。このときの過敏な状態の原因はわからなかったが、1週
間ほどで落ち着いた。このようなとき、私はこどもに「なぜだと思う？」とこち
らから問うことはめったにしない。イギリス旅行についてもなぜそれほど嫌な体
験だったのか理由はわからなかったが、こちらから問いかけることはしなかった。
母親が聞き出そうとしなくても、その後の日常生活における何気ない会話のなか
で、自然な感情の吐露としてふと漏らすことがしばしばあるからだった。語学研
修については「オックスフォードはとてもきれいなところだった」とはいったも
のの、それ以外についてはほとんど何も話さなかった。ところが、あるときイギ
リスの食べ物についての話題になったとき、私が尋ねたわけではなかったが、旅

行に行ったときのことを振り返って「中学3年のあのときの雰囲気と同じでとても耐えがたかった。とにかく早く帰りたかった。でも、多分親しいお友だちと一緒だったらきっと楽しかったと思う」と自分から話をした。

　12月に入り、受験が間近になってくると「小学校の頃から親のいうことを聞いて随分勉強してきたのに、まるで報われないような気がする。あんなに勉強して損した」とさかんに不平をいうようになった。私は「大学受験は親のためではない。結果がよくても悪くてもすべて自分の責任。勉強は受験のためだけではない」などと説得したが、前向きに努力する姿はみられない。「ひどく損をした」という思いが強いらしく、「そんなことはない。自分が努力した分だけきちんと自分にかえってくるものよ」という私の言葉を否定した。そのうち、クラスメートの大部分が推薦入試を志望していることがわかると「私も推薦にすればよかった」、「どうせ私なんか何をやっても駄目だ」と愚痴をしきりにこぼした。そうかと思うと、長時間テレビをみて、大はしゃぎをした。「今が頑張り時よ」という私の言葉に急に何かを思い出したように自室に入る。順調に勉強する日が続くかと思うと、急に不安になるらしく「ねえ、まだ大丈夫？　まだ間に合うかな？」、「今からでもまだ勉強遅くないかな？」と不安を訴えた。「大丈夫よ。頑張ってやってごらんなさい」と答え、こういったやりとりを頻繁に繰り返した。長時間テレビをみてすっかり受験のことを忘れてしまったのかと思うと、突然また不安になり「まだ大丈夫？」と確認をとることの繰り返しだった。あまりの執拗さに辟易させられたが、何度も確認をしてやっと自分を納得させている様子だった。

　夕食後、次女の麻衣と一緒にソファに寝そべって他愛のないやりとりをしていると、たか子が来て私の隣に座り、猫のまねをした。猫のようにこぶしを丸め、その手を私の肩におき、その丸めたこぶしで引っ掻くような仕草を繰り返し、ニャーニャーと鳴きまねをした。私は無視をするでもなく、応答するでもなくたか子の頭に私の頬をすり寄せ黙っていると、何回かニャーニャーと猫のまねをしていたかと思うと、突然「ばかばかしい。やめた」といって自室に入った。その後も何回か猫のまねをしてすり寄ってくることがあったが、こどもたちがこの年齢に達すると、同性であってもさすがにスキンシップによるコミュニケーションには抵抗があり、拒絶はしないものの受け入れ難いものがある。この「猫ごっこ」はたか子が小学校の低学年の頃、友人たちと盛んに行っていたもので、全員が猫になって猫語と猫の仕草でやりとりをして遊んでいた。その後、中学3年のとき、登校できずに自宅にいた9カ月のあいだにも猫のまねをしてすり寄ってく

ることがたびたびあった。3年前のこの時期には自分の状態や感情を言語で説明したり、表現したりすることがほとんどなく、この猫のまねをコミュニケーションの一つの手段として受け入れていた。

　大学入試の当日はさほどの緊張もないような様子で元気にでかけたが、実際は慌てふためいていたらしく、同行した高校の友人に「落ち着いて！」といわれたことを帰宅してから話してくれた。入試終了後はその結果にこだわる様子もあまりみられず、数名の親しい友人たちと卒業記念の旅行にでかけた。「お友だちのお父さんが紹介してくれた旅館だったから、すっごく安かったのに、海老とかお刺身とか、ものすごくおいしいものがいっぱい出て……、もうほんとうに楽しかった」とおおいに満足して帰宅し、興奮したように私に話した。

　第2志望だった大学に入学したが、6月頃までは「つまらない」といってため息ばかりついていた。履修単位数があまりに少なく、指導教授に「もっと多く授業をとるよう」にいわれ、しかたなく増やしたようだった。大学生活を有効に過ごしてほしいと願い、だんだんと口うるさく説諭しがちな自分に気がつき、あの苦しかった時期のことを思い返すことで抑制することができた。やっと不登校から抜け出すことができたと考えていたが、あの打撃は私にとってはあまりにも大きかったので、こどもの健康ほど重要なものはないように思えた。しかし、たか子は母親と同じ意識をもっているようにはみえなかった。たか子にとってあの異常なできごとがどのような意味をもつのかはまったくわからなかったが、現在の状態を当たり前のこととしてとらえているようで「何もおもしろいことなんかない。いくら勉強しても無駄になるだけよ」と投げやりな答えが返ってくるだけである。第1志望だった大学の文芸科を再度受験すべきか迷っているらしかった。授業だけでなく、生活もつまらないという。「高校は良かった」、「高校は一体感があった」としきりにいっていた。深夜遅くまで高校の友人と電話で楽しそうにおしゃべりしているようだった。

　しかし、夏休みを過ぎると大学でも数名の友人ができて、授業以外にも外出をともにするようになったらしく、1学期のように「つまらない」とため息をつくことはなくなった。「普通のOLにはなりたくはない」とたか子がいうので、「将来のことをよく考えておきなさいよ」と話をしたが、実際には具体的なことは何も考えていないようである。アルバイトをあれこれと探し、いろいろと試しているようだった。順調な大学生活を送っていた。家庭でもよく笑い、麻衣ともよく喧嘩をし、よく不平もいい、私が不機嫌な感情をそのままぶつけても、まったく

気にも留めない様子でさらりと受け流し、ほかの家族のわがままにも寛容な態度を示した。よかった、まったく普通の状態に戻ったと私は思った。ただ、何もかも順調に進むようになった大学1年の12月半ば過ぎ、高校2年の春休みのイギリス旅行を主催した大手旅行会社から送られてきた大きな封筒をみて、顔を歪めたかと思うと中身もみずにいきなり握りつぶしてゴミ箱に投げ入れた。

長男、翔太

　翔太が不登校であることに気がついたのは中学3年の2学期の期末試験直前であった。しかし、実際には不登校の前兆は前年の中学2年の2学期に始まっている。その頃から欠席が多くなり、たびたび保健室に行っていたらしい。ただ母親がそれに気がつかなかっただけだった。

　翔太は1歳になる前頃からぜんそくの発作をたびたび繰り返し、1歳から4歳くらいまでは大きな発作を起こし入院するなど、治療のための病院通いが多かったが、幼稚園から小学校低学年までには継続的な服薬と吸入で1カ月に数回の軽い発作でおさまる程度に安定し、幼稚園、小学校のいずれも支障なく生活していた。ぜんそくのほかにも風邪などのちょっとした発熱で寝込んでしまうことがあり、健康面についてはつねに心配のたねであった。少しの気温の低下にも極度に敏感ですぐに唇が紫色になり悪寒を訴えることがあり、小学校入学直後も担任教諭が無事に帰宅したかどうか電話で問い合わせてきたこともあった。身体を丈夫にするために幼少時より水泳やスキーなど、いろいろと取り組んではみたが、期待とは裏腹になかなか丈夫にはならなかった。転居してもつねにスイミングスクールに通わせたが、体調がすぐれずに欠席することのほうが多かった。発作がひどい日は学校を欠席し、病院で診察を受けるが、自宅で吸入できるよう器械を備えているため、たいていの場合、その吸入薬の効果で発作はとまる。ぜんそくの発作で長く欠席することはなかった。小学校4年の秋頃、2カ月間ほどぜんそくの発作が頻繁に起き、従来の薬ではうまくコントロールできず安定した状態をうることができずに苦慮したことなどもあり、丈夫とはいい難く、健康の維持には大変に苦心した。しかし、服薬と吸入で病気を抑え込んでいたため、学校生活にはなんら問題はないといえるほどの健康状態であり、長期の欠席などしたことはなかったし、支障になったことはなかった。中学校に入学しても依然としてぜ

んそくは治らず、服薬と吸入による治療を継続していた。転居による発作の回数の増減もあまりなく、極端に増えることもなかったが、減ることもなかった。

　ひどく体調を崩し始めたのは中学校2年の2学期である。発作の回数は月二回程度といつもと変わらないが、発作を抑える吸入薬があまり効かず、2日ほどから4日持続し、なかなか治まらない。いつものぜんそくの発作とは違って欠席が目立ち始めた。翔太の不調に最初に気づいたのは学校側のほうであった。12月に保護者と担任教諭との個人面談があり、ぜんそくの発作がなかなかうまくコントロールできないので心配していることなどを話したが、その後養護教諭と話をするようにいわれ、保健室に行くと早速、こどもが何か悩みごとを抱えているのではないかとたずねてきた。養護教諭の話によると、頭が痛いとか、気分が悪いといって、よく保健室に来ては何時間か寝ていくという。寝ると比較的気分がよくなるらしく、また教室に帰るということだった。これほど頻繁に保健室にくるからには何か理由があるに違いないと考えているようで、たとえば交友関係とか、勉強のこととか何か思い当たることはないか私から聞きだしたいようだったが、私のほうではそれほど重要なことは何も思いつかない。しいてあげるとすれば、塾に行ったときに、同じ学校の生徒に傘でつつかれたとかで、塾は行きたくないと漏らしていたことを話すが、それだけが不調の原因とは考えられず、母親が判断した限り、その他には何も思い当たらないと答える。養護教諭は翔太の様子からみてたしかに何かあるはずだと考えており、私のほうは多少困ったことがあったとしてもそのようなことが不調の原因であるとは考えにくく、何もないはずだと断言する。結局、30分以上話し合いを続けたが、双方の会話はかみ合わず、したがってその後の対応について具体的な対策も何も考えようがなかった。養護教諭は「そうですか。わかりました」と言葉では一応納得したようであったが、その表情は決して納得はしていなかった。何かおかしい、こどもに何かあるはずだという不安な表情を露わにして私をじっと見据えていた。しかし、この養護教諭の不安げな表情の意味を理解するのは、ほぼ一年後である。私のほうは、こどもが友だちとうまくいかないなどといったような学校での生活上の問題が体調に影響しているわけがないと断言できるほど、こどもの心理面を理解しているつもりだった。

　私はこどもを育てるにあたって、人間関係がもっとも重要な学習の場であると考えたため、周囲の人間関係の煩わしさにひるむことなく、前向きに対処する方法を小さい頃から翔太と二人三脚で考えてきた。幼稚園当時から感受性が強く内

にこもりがちで気弱であったため、集団において自己表現ができず委縮してしまうことが多かった。活発で積極的な取り組みができるよう幼稚園の保母に協力を要請し、交友関係においても多くの友人たちのあいだで闊達に振舞うことができるよう目標を設定し、つねにその目標に向かって進み、充分満足できる成果を得ることができたと考えていた。幼稚園時代にはちょっとした嫌がらせにも敏感さを示したが、4歳の頃からたえずそのような状況の克服と積極性、主導性の実現を課題として歩んできたつもりであった。その後の生活においてはその成果がきちんとあらわれているようで友人との交流はとても活発であった。幼稚園時代から友だちの互いの自宅を頻繁に行き来するなど、のびのびと楽しい幼稚園生活を過ごした。また、どこへ転勤しても夫の勤務先の職員宿舎に住んでいたので、年齢の近いこどもたちは同性、異性を問わず兄弟同様の親しい存在であった。その後、数回の転居を経験したが、どこへ移っても職員宿舎のこどもたちは身近な遊び相手であり、彼の生来の気弱さをすっかり忘れるほど積極的に交友し、環境に順応した。それは学校でも同様だった。小学校6年の転校時にちょっとした躓きがあったものの、学校生活における交友関係についてはまったく問題はないはずだと考えていた。中学に入学後も、大人しく目立たない存在だったようであり、馴染むのに少々時間を要したが、近所に住むクラスメートと親しくなり、なんら学校生活に問題はなかった。一学期の最初、嫌がらせをする男子がいるので困ったといい、悩んでいる様子であった。そのことを私に話したときには自分なりの解決策をすでに考えていたようだった。美術室に閉じ込められた、箒で叩かれたなどの行為の内容と相手の名前を担任教諭に報告してほしいというので、翔太のいうとおり伝えたが、その件は落着したようで、その後は何もいわなかった。翔太にとっては学校とは好まざる人間関係にいかに対処すべきかを学習する場であったと思う。おとなにとってはなんでもない道のりのように思えるかもしれないが、翔太にとっては困難な状況を幼い頃から転居するたびに体験してきたことであり、その都度なんらかの解決策を模索し、克服してきたこれまでの経緯から、中学2年の現在の状況がこのようなたんなる嫌がらせや友人関係のトラブルといった単純な原因によるものとは考えにくく、たといかに困難であろうと、それを乗り越えるための知恵と活力を充分に備えているはずであるとの判断から、具体的な心配や悩みによるものではないとの結論に至った。そのようなことでつまずくはずはないと考えていたのだ。翔太を信頼していた。というより、自分がやってきた教育に自信をもっていたというほうがあたっていたかもしれない。身

体があまり丈夫とはいえず健康管理についての苦慮のほうが多かった。小学校の
ときと比べて格段に身長は伸びたものの、まだまだ体力があるとはいえず、ぜん
そくにかぎらず風邪による発熱など些細なことで欠席することが多かった。ぜん
そくは従来とまったく同じ状態であり、相変わらず発作の程度も回数も同じで、
発作の頻度が少なくなるとか、発作の期間が短くなるといった軽快へと向かう気
配は微塵もなかった。

　養護教諭の不安に満ちた様子がいささか気になったものの、原因はぜんそく以
外にはわからなかった。さらには、保健室にたびたび行くにもかかわらず思い悩
む様子もない。悩みがあると判断するには理解し難い行動である。2学期の期末
考査の結果があまりにも悪く、試験準備もせず宿題もしない翔太にたいして最低
限の課題はするようにきつく注意するが、ファミコンやゲームボーイにこころを
奪われているようで一向に勉強に向かう姿勢はみられない。この時期以降なんと
か落ち着いて勉強に向かわせようと必死に説得を続けるが、翔太が示すゲームへ
の執着は容易ならざるものがあり、翔太の抵抗にたいしてさまざまな方法で説得
しようとするが成功しなかった。

　ぜんそくの発作は3学期になっても依然として治りにくかった。しかし、3学
期終了時における1年間の欠席日数は1年生のときは31日だったのに比べて、2
年では39日と急激に増えたわけではなかったが、担任教諭は翔太の異変に気づ
いたようで「不登校」になるのではないかという懸念を伝えてきた。しかし、そ
れにたいし、先に述べたような理由から「不登校」になるはずはないとして話し
合いに応じなかった。これにはまた次のような理由もあった。その頃、たか子は
無事高校進学をはたし、高校での生活にもすっかり落ち着きを取り戻していたが、
中学3年での9カ月の空白期間のあいだには「学校に火をつけてやりたい」など
と物騒なことを口走ることがあった。たか子がこのような状態になってしまって
からというもの、私はやりどころのない悲しい感情をどこにもぶつけようがなく、
漠然とした敵愾心を学校に向けていた。また、翔太が中学2年に進級し、新学期
の保護者会に出席した際には突然とめどもなく涙が溢れだし、大急ぎで帰宅した
ことがあり、それ以来個人面談以外の保護者会はすべて欠席していた。原因が学
校にあると考えていたわけでもなく、依然として原因はわからなかったが、たか
子の長期欠席以来、私が学校にたいして抱くようになった漠然とした不信感から
率直な話し合いをする気にはなれなかった。

　翔太は中学3年に進級した。2年の2学期以来なんとか勉強に専念させようと

したが、がんとして抵抗し続けた。そこでついに、ファミコンやゲームボーイなどゲーム機をすべて隠してしまった。あきらめて勉強に向かうかと思ったが、そのような様子はまるでない。ある日厳しく叱ったことが原因だったのだろうか、家を飛び出したまま深夜になっても帰宅しなかった。心配になって近所を探しまわった挙句、やっとみつけ、家に連れ戻した。4月下旬から欠席が目立ち始める。ちょうど修学旅行が間近にせまっていた。参加できるかどうか心配していたが、修学旅行には参加することができ、帰宅後楽しかったと感想を述べた。相変わらず頻繁にぜんそくの発作を起こす。6月に入って、3日間ほど発作が続き、一旦はおさまるが、その後頭が痛い、気持ちが悪いなどと訴え1週間ほど欠席が続いた。2、3日登校して再度不調を訴えて欠席する。頭痛がする、気持ちが悪いと毎日同様の症状を訴える。ぜんそくの発作は起きていない。なぜこれほどまでに具合が悪いのかと私は思い悩んだ。自律神経の失調によるものか何かなのだろうか、かかりつけの医師に相談したが、そうではないといわれた。薬を処方してもらったが、服用の効果はまったくみられなかった。その小児科の女医は心因性の不調なのではないかと考えているらしく翔太にいろいろと尋ねたが、翔太自身よくわからないらしく、結局何も聞き出すことはできなかった。自室に閉じこもったまま、笑顔が消えてしまい、ひどく顔色が悪かった。問いかけても黙り込んで返事もしない。自室の勉強机の前の白い壁に鉛筆であれこれと書きなぐったものがあった。「おまえなんか親じゃない」、「いい加減にしろ」、「もう絶対に口をきかない」などと書かれた言葉を読んで、翔太からのメッセージとして受け取ることにした。ある日、また別のメッセージがあるのではないかと、壁をみまわしているうちにカッターで切りつけたような痕跡があり、部屋のなかをあちこちみまわしてみると、家具やいすにもカッターで切りつけた跡があった。また、翔太の部屋には夫が学生時代に描いた油絵がかけてあったが、その油絵にもカッターで切り裂いた30センチほどの裂け目が数本あるのに気づいた。いまだかつて言葉が乱暴だったことや、まして暴力など振るったこともなかった。何か異常に緊迫したものを感じ、これまでなんとか勉強に向かわせようときつく叱ることもあったが、態度を改め、何もいわず、とにかく体調が良くなるのを待つことにした。そういえば、前日はいくらか気分がよかったとみえて、少し話をしたが、その際に「ぼくという人間がふたりいるような気がする」といっていた。たぶん思春期に特有のものなのではないかと思い、そっとしておくことにした。人格形成にかかわる重要な内面的な変化か何かなのだろうか、よくわからなかったが、あま

りの具合の悪さに病人を看護するようなサポート態勢に切り替えざるを得なかった。欠席し始めてから29日目、かなり良くなったように思われたので、学校に行くよう促すが、この時間に登校すると遅刻になるからいやだという翔太の言葉に、「じゃあ明日は行きなさいよ」といい、翌日から登校することを確認しあった。その日はいつもより早く起床させ、やっとの思いで家を送りだした。30日間の欠席であった。その後は期末試験と終業式だけ出席し、それ以外は欠席だった。1学期の欠席日数は42日であった。

　夏休みに入り、「まだ大丈夫だからこれから受験勉強、頑張ろう」という塾の講師の励ましにそれまで欠席していた塾に通い始めた。6月の異常な様子と30日間の病気のような症状を考えて翔太を追い詰めないよう今後の受験について話し合った。本人も受験勉強に専念するといい、まず学校の宿題を先にすませてしまうよう翔太と私はふたりで図書館にかよった。2、3日勉強したら、次の日は映画をみるといったぐあいに勉強と娯楽を交互に繰り返しながら順調に宿題をませ、塾の夏期講習にも休まず出席した。4年前に上京して以来、毎夏単身でP市に行くのを楽しみにしていたが、例年どおり8月になったらP市の友人宅を訪れることに決め、それを励みに頑張っているようだった。壁に「8月16日まであと2週間我慢」と落書きがしてあった。8月のお盆休み、P市の友人宅に泊めてもらい3日間過ごして帰ってきた。帰宅後さぞ元気いっぱいで勉強に取り組むかとの期待とは裏はらに、再び体調が悪くなった。8月の下旬、塾の夏期講習は10日間あったが、後半は欠席した。

　2学期に入ってどうなることかとはらはらしていたが、すっかり元気を取り戻したように見受けられた。まったく通常の生活だった。7時に起床し、いつもどおり登校し、週二回塾に行き、10時頃帰宅し、ゆっくり時間をかけて入浴をし、12時頃就寝した。9、10月の2カ月間の欠席日数は2日であった。ところが11月に入ったある日、風邪をひいたようだといい、2日間欠席した。その後様子をみるが、どこが悪いのかよくわからない。週の前半2、3日ほど登校すると、具合が悪いといって後半は欠席する。それほど具合が悪いようにもみえず、ぜんそくでもない。病気であるようにはみえず、どうして頑張ろうとしないのか叱責や励ましを繰り返すが、いっこうに状態は変わらなかった。「やればできる。最後まであきらめないで」と励ますが、それで容態が変わるわけではない。塾の担当の講師からも電話をもらい、最後まで頑張るよう励まされた。2学期の期末考査を1週間前にひかえたある日、翔太のふがいない行動に受験生にとっては今がい

ちばん大事なときであることはわかっているはずなのに、試験を前にして試験準備も宿題も何もしていないとはいったいどういうつもりなのだろうと思い、憤慨していた。「何を考えているのだろう。何も準備していないとはまったくひどい」と思ったそのとき、頭のなかの思考回路が開かれたかのようにぱっと明るくなり、電気がはしるような静かな衝撃があった。突然頭のなかをさまざまな思考がぐるぐると廻り始めた。これはたか子と同じものだと気がついた。どうして気がつかなかったのだろう。たか子の場合には頭が痛いとか、気持ちが悪いとか身体上の理由をいっさい訴えることはなかった。たか子がなぜ登校できないのか理由はわからなかったが、中学３年の２学期の期末試験を前にした翔太の状態はたか子とまったく同じだった。翔太の現在の状況はやはり同じ原因によるものなのだ。今までは身体の不調のことばかり考えていたので、長女の場合とは違うと思っていたが、同じものであることにやっと今気がついたのだ。１学期の６月、病気のような状態になったとき「たか子と同じだから医者に連れて行ったほうがいい」という夫にたいして、「たか子とは違う」と答えていた。姉のたか子は心因性のもので、翔太の場合は具体的な悩みや心配事は思い当たらなかったため心因性によるものとは考えられず、ぜんそくかあるいは何かほかの身体的な原因があるはずだと考えていた。体調不良だと頭から決めてかかっていたのが、気がつくのが遅れた原因だ。なんとも迂闊なことだ。思い込みとは恐ろしいものである。同じ「不登校」である。さらには中学２年の２学期の個人面談の折、翔太の様子がおかしいといっていたあの不安に満ちた養護教諭の顔がふいに浮かんできた。担任教諭も不登校の前兆のようなものに気づいていた。あの時期の保健室での睡眠が最初の兆候だったのだ。その後も毎朝定刻に起こそうとしたが、ベッドに膝を折って伏せたまま起きることができない。内面はかなり苦しいものがあるとみえ、目に涙を滲ませている表情に、やはりたか子がまったく同じ表情をしていたことを思い出した。

　11月中旬のこの時期にこのような状態であることから考えて、いつ突然登校できないような状態になるかもしれず、高校入試に必ず出席できるものかまるで見通しがたたず、このままの状態では一般入試には耐えられないだろうと判断した。たか子のかつての状態を思い起こし、またそれ以上に過酷な翔太の身体症状を考え併せたうえでの結論だった。まるで病気としかいいようがないようなこの状態で一般入試を受験するのはほとんど不可能であることを担任の教師に説明をした。いわゆる「不登校」であること、友人関係や成績不振など何か具体的な理

由があるようにはみえないが、日常生活がひどく困難な状態になってしまっていることなどを話した。担任は結婚したばかりという若い女性教諭だったが、手に負えない思春期の男の子たちでも大人しくさせてしまいそうな、なんとも可憐なイメージの先生だった。彼女は学年主任やほかの教師たちと相談し、即座に対応してくれた。教師たちは本人がどうしてこのような状態であるのか原因をあれこれ詮索することもなく、ただ翔太を高校に進学させるという目標に向けて対応してくれた。学年主任の教師は2年生のときの担任だったが、とても話が早かった。明晰な頭脳をもった数学の教師で、対応の仕方も素早く、方法も明快であった。推薦入試にしたらどうだろうかと提案があり、そのための工程を一つひとつ慎重に作業を進めていった。まず、これまで一般入試を目標に勉強してきた翔太の意思を無視して話をすすめることのないよう受験する高校を見学し、納得するまで話し合った。翔太もどうしてよいか皆目わからないようであったが、この先受験に向けて頑張りとおすのは無理だと判断したようだった。中学校からはぜんそくによる体調不良ということで、校長の推薦をもらうことができた。そして推薦してもらった以上、くれぐれも入学を辞退することなどないよう、翔太だけでなく、母親にたいしてもしつこいほど何回も念を押された。「大丈夫です。推薦していただいた以上、こどもは必ずB高校に行きます。親として必ず行かせるとお約束いたします。中学校にはぜったいにご迷惑はかけません」と中学校側にたいしては誓約したものの、まるで病気としかいいようのない状態で明日のことさえ予測不可能であるのに、高校生活のことなど考えられるはずもないほど余裕のない状態であったが、この難局さえ切り抜ければあとはうまくいくはずだという持ち前の楽観主義からだった。推薦入試のための準備は着々と進んだが、この後も欠席日数は増え続け、なんとかしなければと焦るばかりでいっこうに体調は改善しなかった。翔太にK医師のところに相談に行くよう勧めたが、病気ではないと主張した。そこで代わりに私が行って翔太の状態を説明し、参考になるアドヴァイスをもらってきた。姉のたか子が学校に行けないで苦しんでいる時期、たか子の診察時には必ず付き添っていたが、K医師の診察の様子を横でみているうちにこころのサポートをするということはどのようなことなのかということを1年間には満たなかったとはいうもののじっくりと勉強することができた。私は同席してその様子をみていただけであったが、たか子のK医師との面談は私にとっては実りの多いものだった。こどものこころに寄り添うということが本人にとってきわめて意義のあることだとそのときに理解した。

12月に入ってからは、週の前半の2、3日は出席し後半になると欠席するというパターンを繰り返した。前日には「明日は学校に行く」といい、登校するつもりでいるらしいが、翌朝になると起床できない。どうしたら登校できるか自分なりに一生懸命考えているようであった。翔太が自転車がほしいというので母子で新宿に自転車を買いに行った。今までの自転車は上京して以来あまり使っていなかったが、中学校に入ってから急に身長が伸びたせいか、いつのまにか小さくなってしまっていた。

　日曜日ごとにデパートで金魚を買ってきた。ペット売り場のおじさんと仲良くなったようで、週末ごとに行っているらしい。数週間のうちに水槽が三つになり、金魚やナマズでいっぱいになった。翔太は何か楽しいことをしていると状態が良くなるように考えているらしい。ある土曜日、宿舎の前で友人に会い、そのままカラオケに誘われ、終日友人たちとともに過ごし、夕刻帰宅した。さぞ鬱憤をはらしたのではないかと思って期待したものの、月曜日は起きることができなかった。翔太のいうところだと、朝になると学校に行きたくないという気持ちが強くなり、教室の入り口にバリアーのようなものができてしまい、それがベルリンの壁――これは9年前にすでに崩壊したが――みたいに思えてきて、とても越えられそうもない気がするのだという。学校以外のことには金魚の世話をするなど明るくふるまっていたが、金魚の水槽の水をとりかえるのに水槽を几帳面に洗い、2時間ほどの作業の後くたくたに疲れてぐったりしてしまった。これだけのことをするのにどうしてこんなに疲れるのだろうかと思ったが、たか子もそうであったことを思い出し、疲労が残らないよう活動を制限しようと話し合った。推薦入学が内定し、高校からはこれ以上欠席しないように注意をうけたため、どうしたら登校できるかその方法を翔太とふたりで考えることにした。受験という重圧から逃れることができたことは苦しい状況のなかにあってはこのうえなく有難い、まさに救いと呼ぶにふさわしいものであった。体調の回復のみに専念することができた。あいかわらず週に2、3日の登校が精いっぱいであった。頑張りなさいなどと無駄な言葉が通用するような生やさしい状況ではなかった。そのかわりに睡眠時間を記録し、時間割と翔太の体調とを考え併せて学課の少ない日はできるだけ登校するなど、具体的に実質的に対処する以外に方法はなかった。しかしながら、現実には状況に合わせて体調を調整するなどということはほとんど不可能に近かった。2学期の終業式も欠席してしまった。3人のクラスメートが終業式が終わったその足でお見舞いに来てくれた。翔太はベッドに入ったままうれ

しそうに話をしていた。みんなお昼ご飯を食べていないことに気づき、大急ぎで
サンドウィッチを作り食べてもらった。2時間ほどのあいだ、翔太のベッドを囲
み、静かな声で、でもときどき笑いながら和やかな雰囲気で、お行儀よく過ごし
帰っていった。

　何をしてもすぐに疲れてしまうような極端な疲れやすさ、昼夜逆転、ひどい頭
痛と悪寒などこれらの症状はやはり変わらなかった。私はK医師から聞いてき
たアドヴァイスを参考にして考えてみた。それによると、治療しなくても良くな
り始めるとどんどん回復に向かうということだった。さらにはそのとき、K医
師に不登校を「病気」だといってはいけないといわれたが、意味がよくわからな
かった。ぜんそくの治療に関しては、翔太の中学進学のための都内での転居にと
もない、小学6年のときの病院は遠くなったため近所の総合病院の小児科に通院
していた。30代後半のOという女医だったが、ひたむきに、まっすぐにこども
と向き合っているといった印象であった。母も子もともに彼女を信頼していた。
前年来、O医師の診察はずっと継続していたが、ぜんそくの症状もなく、なんの
原因か診断がつかない状態にO医師もおかしいと思い始めたようで、何か悩み
ごとでも抱えているのではないかと翔太の話を熱心に聞いてくれた。「昼間ちゃ
んと起きて、太陽にあたって、生活のリズムが整えば夜眠れるはずでしょ」と
O先生はいうが、それができない。どうしてこのようにリズムが乱れてくるの
かじっと観察することにした。昼間普通に学校に行き、通常の生活を送った日に
じっと様子を観察していると、かなり疲れているにもかかわらず、夜眠れないで
いることがわかった。朝方から眠り始め、午前中いっぱいは寝ている。朝無理に
起きようとするとひどい頭痛が起きる。だから生活に支障が出てくるのだ。頭痛
薬を処方してもらったが、やはり充分な睡眠にはとうていおよばない。朝起きる
のは無理だが、午前中いっぱい充分に睡眠をとると比較的気分がよく過ごせるら
しい。翔太がこれほどのおしゃべりであったかと驚くほど饒舌に自己観察の結果
を話しだした。翔太もさまざまな考えをめぐらせていた。自己の心理状態と環境
との因果関係をさぐっていたらしい。9、10月の2カ月間はあれほど順調に学校
生活と塾の双方の勉強をすることができたのだから、同じ条件が整えば必ず同様
の生活を取り戻すことができるはずであると翔太は考えていた。翔太の説明によ
ると9、10月はF1グランプリがあり、深夜そのテレビ番組をみて、翌日その話
をするのがとても楽しかったのだという。そのような順調な生活ができた理由は
「楽しかったから」だという。それで一生懸命に楽しい状態を再現しようと模索

しているらしかった。週2日塾に行き、10時頃帰宅し、その後深夜1時までテレビをみて、朝は7時に起床し、この生活を2カ月間続け、その間欠席日数は2日だけであったのだから、どうしてこのように突然に不調に陥るのか、なんとも理解し難い。偶然の要素が大きいのか、容易に以前と同じような楽しい状況にはならないようだ。翔太と一緒にこの好調を支えた理由を考えるが、「楽しかったから」という以外のことはわからない。とにかく、その理由はわからないままなんとか登校できる方法を考え、実践することにした。極度の疲労や昼夜逆転、頭痛などの症状をどうしたら軽減できるかをふたりで考えた。まず無用の外出や作業を極力控え、疲労がでないように休息を充分にとることにした。頭痛がでないように睡眠時間をたっぷりとる。今は冬休み中なので昼過ぎまで寝ているが、3学期の始業式に間に合うように起床時間を少しずつ早くしていって、朝7時に起床できるようにしようと考えた。翔太自身高校進学のためにこの奇妙な状態をなんとか改善しようと考えているようだった。ふたりで決めた方法を積極的に取り組んでいた。やはりみんなと同じように高校に行きたいという気持ちが強いらしい。いよいよ3学期が始まるという前日になって、クラスの自分の席がどこなのか確認したいといい出した。そこで、学校の当直の先生に理由を話し、早速学校へ行って、自分の席を確認してきた。明日の登校のためにシミュレーションをしているのか、イメージトレーニングなのかよくわからないが、とにかく明日の登校を間違いなく果たせるように準備は整ったようだった。そして、その1月8日当日、無事始業式に出席することができた。ところが、帰宅後友人の家に行くといって出かけたまま、帰ってきたのは夜7時半すぎであった。母親がこれほど心配しているのになんと身勝手な子なのだろうかと腹が立ち、30分間ほど玄関のカギを開けずに外に立たせておいた。あるいは、もっと長時間外に立たせていたかもしれない。お隣のお母さんから「かわいそうだから、おうちに入れてあげてください」という電話があり、しぶしぶ家のなかに入れた。

　3学期が始まってからは「学校がきつい」といいながらも遅刻、早退をせずに行き、始業式から7日目の1月18日、学校に行き、調査書を受け取り、その足で高校に願書を提出に行った。その後帰宅し、やはり授業がないと楽だといっていたにもかかわらず、翌日は起きられなかった。欠席日数があまりにも多く、推薦を取り消されるのではないかと心配になり、強硬に登校を促すが、やはり無理なようである。夫が「高校進学を放棄するのか」、「自分のしていることがわかっているのか」と声を荒らげ、怒りを露わにし、「目をさませ」と寝ている翔太の

顔に水をかけた。ベッドの上に膝を折り、顔を伏せたまま動こうとしない。泣いていた。長女のときも行かないときはどんなに強硬に押し出そうとしても、何をやっても無駄だったことを思い出した。しかたがない。なるようにしかならないのだ。学校の勉強が疲れてしかたがないという。入学試験には必ず出席すると約束するので、それまで充分に疲れをとるようにゆっくり静養させることにした。疲労がひどく、昼間も床に横になっている。宿題となっている推薦入試の作文を書かなければならないというので、夜、夫の帰宅を待って手伝ってもらい、作文を書かせた。1月22日、入学試験があり、その翌日が合格発表であったが、合格判定が出なかった。なぜこれほど欠席が多いのか高校側が直接その理由を聞きたいと中学校に連絡してきたらしい。本人に面接をしたうえで判定するということだった。その翌日、翔太に私と夫がともにつき添って面接に臨んだ。高校側は校長先生と教頭先生の2名だった。欠席の理由についてはこどもの頃からのぜんそくがいっこうによくならないことなどを簡略に説明しただけであったが、先生方のほうが翔太を諭すように高校生活をするうえでの心構えをいろいろとお話しして下さった。私と夫はくどくどと弁解がましいことをいう必要などまったくなく、ただ耳を傾けて聞いていた。「ぜんそくは精神的なものだから自分で治そうとする意志が大事です。昼間疲れたからといって寝ないこと」など注意や励ましをいただき、最後に「高校に入ったら少しぐらい具合が悪くてもできるだけ休まないように頑張ります」と翔太が約束して、やっと入学が許可された。このとき、翔太の状態が「不登校」であるということはいわなかった。高校進学に際し、中学校の先生方の援助は多大なものがあったが、先生方と何回となく面談を繰り返し、その都度翔太の状態を懸命に説明したが、現実に起きているこの異常な状態を理解してもらうことはきわめて困難だという印象をもった。一般的に認知されていないこの病気のような状態について懸命に説明を尽くしたところでやはり理解されない。いったいそれはなんなのかという不可解さがあるだけだ。なにしろ病名がないのだから、現実に起きている状態を病気としか思えないといい張っても認めてもらえるはずもない。病気ではないというのが医師の一般的な説明なのだ。これほど生活が困難な状態であっても、これは病気ではないと診断されたのでは親としてなす術はない。しかし、かといって「不登校」という言葉をつかうことには大変抵抗を感じた。言葉というものは概念を明確化するものだが、この不登校という言葉はそれとは逆に問題を拡散させる方向へ向かわせる言葉である。さまざまな理由によって欠席しているこどもたちを一まとめにして名称を与えて

しまうのだから、この言葉が与える意味は各人それぞれによってまったく異なったものになってくるだろう。翔太の場合、欠席理由は学校嫌いや怠惰によるものではないと確信するが、この不明瞭な言葉が与える印象は相手がどのようなものとして受け取るか予測できない。30日以上の長期欠席者のなかには翔太のように原因不明で欠席している生徒たちが一部にいるが、この原因についてもさまざまな研究者が異なった見解を述べているので、教育関係者といえども共通の理解が行き渡っているわけではなく、やはり不明瞭、不明確なままである。B高校にはこのことをこっそり隠しておこうとか欺くような意図は断じてなかった。この漠然としてとらえどころのない言葉がもたらす無用の誤解を避けたかった。この言葉を使用することによって共通の理解に達することはできないのだから、使わないほうがよいと考えただけだ。いずれにせよ「不登校」という言葉が表すものはあまりにも不明瞭であいまいで私には無責任さを象徴するようにしか思われなかった。「不登校」という不明瞭な事象をさらに混乱に導くような非科学的な発想は信じ難いものだった。とにかく私にとってこのような言葉の使用は忌避すべきものだった。この苦しい状況を理解してくれたのかどうかはわからないが、とにかく高校進学を果たせたのは中学校の先生方の巧みなチームプレイが功を奏したからだろう。

　高校へ進学が決まったことによる安堵感があったとみえ、「僕高校へ行ったら勉強するよ」と明るく前向きに話すのとは逆に、日一日と元気がなくなる。入学試験とその翌日の高校の校長先生との面接の後、2週間欠席が続いた。その間、毎朝定時に起こそうと試みたが、起きられなかった。ひどく気分が悪いといって、起きていてもつらい様子だ。ある朝、11時半頃起きてきて、血の気の失せた真っ青な顔で「ひどく気持ちの悪い夢をみた」といった。ちょうど姉が中学3年の7月初旬、毎朝午前中は起きられず、表情が暗く笑みが消えてしまったときにも同じように「怖い夢をみる」といっていたのを思い出した。姉はそのとき、毎日「怖い夢をみるので寝るのが恐ろしい」と訴えていた。その後の翔太はまるで病人そのものだった。食欲はなく、起きているのがつらいといい、終日床についていた。顔は血の気がひき、ひどく青ざめ、足が氷のように冷たかった。午前中に起きてくることもあったが、頭痛がひどく、すでに部屋の暖房は暖かすぎるほど効かせてあるにもかかわらず寒さで震えがとまらないらしい。毎朝起きられるかどうか一応声をかけ、目をさますようであったが、たいてい正午過ぎまで寝ていた。夜は11時頃就寝したが、ラジオや電気をつけたまま寝ることがたびた

びあったため、夜中にきちんと睡眠をとっているかどうか毎夜確認した。相変わらず2週間ごとにぜんそくの診察に通っていたが、いつもの女医、O先生に現在の翔太の状態を説明した。「こどものいいたいことをちゃんと受け止めてあげないとダメなのよ」といいながら、いつも翔太のために時間をたっぷりとっておいてくれた。O先生自身も一生懸命に翔太の気持ちをつかもうとしているようだったが、どうしてこのような状態になっているのかわからないようだった。そこで、O医師が検査をするよう勧めたので、脳波、CT検査など諸々の検査を行ったが、どこにも異常はみとめられなかった。精神科にいい先生がいるから会ってみないかと翔太にいったようだったが、翔太はそれを辞退した。毎朝定時に起きられるようにするためにO医師が睡眠導入剤を処方してくれたので、それを毎日服用することにした。学校に行けないどころか日常生活でさえ困難だ。病人を看護しているのと変わりがなかった。家族がそろって夕食の食卓についていたとき、夫が何気なく「身体を丈夫にしなさい」といった一言にへそを曲げたように食事の途中で突然席を立ち、自室のベッドにもぐりこんでしまった。とくに説教をするようなきつい口調でもなかったのに、翔太のあまりにおかしな様子に夫は唖然としてみているだけだった。このほかにも親のちょっとした注意に過敏に反応し、ベッドにもぐりこんでしまうことがたびたびあった。普段でも敏感ではあるが、通常考えられる範囲をこえており、それ以来小言や注意にどれほど過敏に反応するかを翔太の健康状態を探るための一つの手掛かりとするようになり、悪い状態が続く間はこの過敏さのために注意をすることもできなくなり、翔太の状態をそのまま受容するほかなかった。ちょうど皮膚をやけどしたときには患部が何かに少し触れただけでひどくひりひりするが、それと同じような「こころ」の状態であったといえるかもしれない。ひりひりするとか、ピリピリするという形容がまさにぴったりとその状態をいいあてていたように思う。2月の第2週の月曜日、2週間ぶりに登校した。その後火曜日から土曜日まではすべて欠席だった。翌週も月曜日には出席し、それ以外の曜日は欠席した。なかなか回復の兆しがみえず不安になり、回復がおくれることを危惧したため「ひどく疲れて回復が遅くなると困るから学校に行かなくてもいいんじゃないの」という私の勧めにたいして、翔太は「月曜日は技術と美術の気楽な授業ばかりだから大丈夫」と答え、そのとおりに実行した。1月後半の推薦入試と翌日の面接から2月末までの6週間のあいだ、試験当日の出席もあわせて出席したのは7日だけであった。中学校長の推薦取り消し、また高校から合格を取り消されるのではないかと不安になった

が、いったん出した入学許可を容易にくつがえすものではないと腹をくくり、高校の入学に間に合わせて体調を整えるように目標を立て直した。クラスメートのJ君から電話があり、夕刻には機嫌よく話をするが、依然として午前中は起きられなかった。夜もしっかり睡眠をとっているようではあったが、一日中気分が悪いといってベッドを離れなかった。翔太の好きな映画のビデオを借りてきてやった。気晴らしとしてとても役立ったようで、私も一緒になって映画を何本も観た。

　3月に入り、良くなっているのかどうかいっこうに判明しないまま、ただひたすら時の経過により回復することだけを願う毎日だった。都立高校の合格発表も終わり、高校入試のすべての日程が終了し、その後は学課の授業もあまりなく、講演会や遠足などの行事が予定されていた。担任の先生がそのことを連絡してくれた。学課の授業が少なかったのが負担を軽くしたのかどうか、学校に行き始め、徐々に病気から回復して、3月の最初の10日間ほどで通常の生活に戻った。3月の第2週、第3週とすべて登校し、卒業式に出席した。3学期の欠席は54日出席すべきところ27日欠席し、中学3年の欠席日数は220日出席すべきところ103日であった。高校の入学式までには体調を万全にしておかなくてはならないと考えたので、極力疲労を避けるように注意した。春休みにはJ君と自転車を乗り回して、まったくの健康体であるといえるくらいに回復した。自転車で担任の先生が住んでいる東京都下のT市まで自転車で行ってきたらしい。T市までは片道25キロはあるのだからすっかり回復したと思われた。学校があるときは登校するだけで精一杯で、疲労の蓄積がますます状態を悪くするように見受けられるが、春休み中は多くの休息時間と自由時間があるために疲労することもないらしい。この調子なら通常の高校生活を送ることができるに違いないと安心した。

　高校の新学期が始まってから5日目の朝、ベッドの上に膝を折ってうつ伏せになったまま起きられない様子をみて、やはり治っていなかったと思った。その日、登校させないと欠席が決定的になってしまうように感じ、「まだ学校に馴れていないのだから、今日行かないとますます学校の様子がわからなくなる」、「一日休むと行きたくない気持ちがどんどん強くなる」と涙声になって説得したり、怒ったり、30分ほど説得を続け、早退してもよいからという条件に翔太はやっと承諾して生徒手帳に早退の連絡を記入し、必死の思いで追いたてて家を送りだした。その朝は登校がひどく困難な様子だったが、翌朝はなんの困難もなく追い立てられることもなく出かけた。行き始めると、まるで慣性の法則にしたがうかのよう

に比較的楽に出かけられるらしい。不思議に思うが、中学3年のときにも同様のことがあった。行けるか行けないかを決定する要因は翔太にいわせると「偶然」であるらしい。そして、いったん行った翌日は前日に準じるという。1学期の欠席は4日であった。

7月中旬、学期末の面談の前夜頃から眠れないらしく、元気がなかった。「ちゃんと眠ってるよ」とはいうものの眼が赤く充血していた。三者面談のあいだも反応が鈍く話もしない。帰宅後、自室の床に正座し、顔を隠すように上半身をかがめているので、どうしたのかと覗き込むと泣いていた。突然眉を吊り上げ、口をゆがめて怒ったような表情になり、いつもの翔太とはまるで違う顔つきに異様な緊張を感じ、思わず身を引いた。面談のさいに、翔太が趣味に飼っているクワガタのことなどを私がべらべらと先生に話したのがまずかったのかと思い、しきりに「ごめんね」となだめた。2、3日何もしゃべらず、ベッドにもぐりこみ、ゲームボーイばかりしていた。試験休みでもあるので、好きなようにさせておいた。その後、中学校の友人のT君から電話があって、一緒に自転車を乗り回しているうちに夏休みに入り、普段と変わらない様子になった。お盆休みをはさんでその前と後の二回、R県のP市に行った。友人宅に泊めてもらうことについて先方の家では迷惑なのではないかと思い、日帰りにするとか、できるだけほかの方法を考えるように話すが、「ダメならダメとはっきりいうから大丈夫だよ」という。高校進学についてはあれほどの苦しい状況を母子で協力し合って切りぬけてきたように感じていたが、この頃はほとんど話もしなくなった。食事中のマナーの悪さに注意をするが、返事もしなくなった。歯も磨かず、1週間以上入浴した形跡もないような頭髪でいることもあり、母親を疎んじるようになった。中学3年のときのあの苦しさを考えれば些細なことであるようにも思い、また注意しても聞き入れないようなので放っておいた。夫はこの春、再び地方に転勤したが、今回はこのようなこどもたちを再び連れていくわけにもいかず単身赴任した。新幹線で3時間ほどの距離であり、週末ごとに帰宅した。夫が帰ってくると、夫とはうれしそうに話をする。翔太の希望で夫とふたりでモーターショーに行った。

夏休み中の8月下旬、体育授業として合宿があり、それに参加し、2学期を迎えた。

疲れたことを口実に欠席が目立ち始めた。中学生の頃のあどけなく素直な印象はなくなり、口数も少なくなり、表情も暗かった。最低限必要なこと以外は何もいわなかった。こちらの問いかけには口を閉じたまま声だけを発する「んーん」

という面倒くさそうな返事をした。翔太と麻衣のあいだにはあまり会話がないようだったが、最近の翔太のますますひどくなった陰鬱な印象を麻衣は毛嫌いした。思春期の変化であると考えて、このことについてはあまり深く考えなかったが、この「暗さ」から想像すると高校で友人ができたのかどうか、あるいは高校に馴染んでいるかどうか気がかりになり訊ねてみた。「友だちはいない」と答える翔太に「自分からみつけようとしないから、できないのよ」と私は判断したが、翔太のいうところによると、何人かに話しかけたが、話が続かず、気の合う友人はいそうもないということだった。「みんな違うんだよ」といった。

　10、11月には金曜日、土曜日と2日続けて休むことが多くなり、どうしたのかと心配していると、体育の授業がいやだという。中学3年のときは体育の授業はほとんど出たことはなく、比較的元気そうにみえるときでも体育のある日はいつも連絡帳に見学と書くことを要求した。幼い頃から、どちらかというと、体育よりは絵を描くなど美術のほうを好んでいたが、「いやなことでも頑張ってやってごらんなさい。そのうちに楽しくなるから」と教え、ドッジボールなどの苦手な球技も苦手な分だけたくさん練習し、なんでも人並みにはできるようになった。小学校の高学年では得意ではなかったが、サッカーなど友人と楽しんでいた。だから、運動能力に問題があるわけではなく、その理由はわからなかったが、中学3年のときのあの異常な病気の時期はこどもの頃に教えていた「いやでも頑張りなさい」という言葉はまったく通用しなかった。いやなことであっても努力できるのであれば、学校に行くという当たり前のことでこれほど苦労はしなかっただろう。

　体育の授業をこれ以上欠席すると単位が取得できないと先生にいわれ、やむなく出席した。3学期マラソンの練習中にかかとを疲労骨折した。だが、たいしたこともなく3学期中の体育の授業は1時間の欠席のみで、進級するための必要授業時間数をかろうじて満たすことができた。欠席はしないものの英語もいやだという。「語学はやった分だけちゃんと身につくはずよ」という私の言葉に、「いくらやっても全然覚えられない」という。第1学年の欠席日数は26日であった。翔太が考えるにはR県のP市を離れて東京で生活するようになったことが、すべての失敗のもとであると考えているらしい。P市にいるべきだったと最初にいったのは中学3年の12月であった。それまではP市に固執していたわけではなく、小学校6年のとき迎えに来てくれた友人のI君、中学校に入ってからもクラスメートや近所の友人たちとともに何も問題なく生活していたように思って

いた。高校に入学し「学校がおもしろくない」といい始め、それからますますＰ市への執着が強くなっていったように思う。誰しもみな限られた現実のなかで頑張っていると諭してみたが、納得しなかった。週末の土曜日には必ずＰ市の友人と電話で数時間話をしているようだった。東京の現在の生活はいやいやながらかろうじて学校に行っているのであって、現実感に乏しいように見受けられた。翔太にとってほんとうの自分はＰ市にいるのであり、東京での生活は「死の世界」であるという。

　高校に入学してからの１年は中学時代の友人たちとの交際の延長上にあり、１カ月間、起きられなかったというような状態はなかったように思う。夏休みなどの期間は中学時代の友人たちと外出し、以前と変わらないようにもみえたが、学校が始まると暗鬱な表情をするようになった。中学３年のときのあの過酷な状態に比べれば、日々の活動ができるだけましだ。だが、これも高校で気の合った友人をみつけることができなかったからだろう。高校入学後の１年間はあらたな友人関係を築けるかどうか模索し、懸命に学校に馴染もうとしていたようだ。だが、結局、こころはＰ市の友人たちのところへ戻っていった。おそらく、内心はＰ市を離れなければよかったと思っていたことだろう。しかし、現在の高校に通学することについては親に不平をいうことはなかった。生活の場は親に従うよりほかはなく、東京でのこの生活に我慢するよりほかに選択肢がなかったと考えていたかもしれない。一方私のほうは中学３年の切迫した状況を切り抜けられたことで翔太の将来についての心配は解消され、こころの負担は軽くなったが、母親との対話を避けるようになったために内面の把握が容易にはできなくなった。中学のときのように素直に話すということはなくなり、まったく家族の誰とも話をしない期間も多かった。それも思春期の男子の成長の一面とも考え、しかたのないこととして受け入れていた。高校に進学したことの安堵感が大きかったため私は過度の緊張からは解放され、漠然とした将来への明るい希望だけを頼りとして生活していた。

　第２学年に進級する直前の３月、夫が勤務先で職員宿舎を借りているため二重貸与はできないといわれ、現在住んでいる東京の職員宿舎を退去しなければならなくなり、近くのマンションに引っ越した。居室内の原状回復のために故障や破損個所を自費で修繕することになっているので、引っ越し前に各部屋を点検して廻った。翔太の部屋に新しいカッターナイフの疵跡をみつけた。よくよく調べて

みると、廊下の壁の白い石膏ボードにも大きく切りつけた跡があり、高校入学後も依然として続いていたことがわかった。中学3年のときには部屋の落書きとカッターナイフの疵については注意をはらって調べていたので、中学3年のときにつけた疵と高校生になってからのものとはすぐに区別できた。落書きも増えた。いつの間に書いたのかサインペンで大きく「死ね」と書かれてあった。現在は春休みでもあり、引っ越しの手伝いをたのむと快く引き受けてくれた。とても温和な表情だった。引っ越し後の掃除も丹念にしてくれた。このところ2、3日はよく手伝いをしてくれるが、疲れないようだ。

　転居後、夫の勤務先から電話があり、書棚のとびらの交換費用を請求された。とびらを開けた裏側にカッターナイフで「死ね」と彫られていたということだった。新築の職員宿舎であったため、疵をつけたのは我が家の一員であることは疑いようもなく、結局翔太が部屋中のあちこちをカッターナイフで切りつけていたようだった。高額な費用の請求よりも依然として暴力が続いていたことに大きなショックを受けた。このことについて翔太に冷静な口調で問うと「よく覚えていない。多分、中3のときやったんだよ」と答えたが、これほど多くの疵をつけたのはたしかに高校生になってからだ。記憶に間違いはない。修繕費がたいへんだから部屋や家具を疵つけないようにやさしく諭した。2年の新学期が始まった。引っ越した先のマンションの各部屋は鍵がついていた。翔太は自室に入り鍵をかけるようになった。夫は多忙なときは2週か3週おきになることもあるが、たいてい週末には帰宅した。夫が帰宅すると、家族の力関係が変わる。いつも麻衣は居間にいることが多いが、夫が帰ってくると、夫を避けて自室に入る。5月の連休に夫が帰宅し、居間での団欒のときであった。麻衣が居間に入ってきていきなりテレビのチャンネルを替えた。翔太はいつもなら麻衣の傍若無人な振舞いを避けて自室にいることが多いのだが、夫も一緒だったため意を強くしたのだろうか、麻衣の態度にはらを立てて殴りかかった。やっとのことで取り押さえ、どんなことがあっても絶対に手をあげてはいけないと諭した。麻衣にたいしても「身勝手な行動が家庭の平和をめちゃめちゃにしてしまう」ことを教えた。それ以後、麻衣は翔太が以前のようなおとなしい兄ではないことを悟り、兄を避けるようになったが、そのとき翔太は麻衣にたいしてよりも麻衣のわがままを許す母親に怒りを覚えたようだった。居間に吊るしてあったカレンダーに「あいつをかばえ」、「ひとりでいることを恐れない」、「自殺なんかしない」と一面に殴り書きをした。その事件の前か後かはわからないが、再びカッターナイフで切りつけた跡をみつ

けた。自室の勉強机の前の壁にもコンパスの針で開けたような穴が10カ所ほど開いていた。その後も自室に鍵をかけ、返事もしないことが多い。突然怒ったように外出した。かなり遠方まで自転車で走るようだった。福岡で起きた少年によるバスジャック事件の影響もあり、そんなことをするはずがないと思いながらも心配になり、危険なものを所持していないかどうか、スパナを持ちだしていないかを確認した。翔太が外出した後、部屋のなかを点検した。部屋の一角をプラモデル自動車製造工場のように設え、ペンチやドライバーなど工具一式を置いていた。2年生になってこのマンションに住むようになってから、このプラモデル製作に熱中していた。引き出しをあけると、20センチほどの玩具のピストルがいくつか入っていた。高校生になってもこんなもので遊ぶのだろうかと考えたが、いつだったか、隣の公務員住宅で同年代の男子数人がエアーガンのようなもので遊んでいたのを思い出し、単なる遊びなのだろうと判断した。

　連休があけて学校が始まった。ある日、学校から帰った翔太に私が外出するからと声をかけようと部屋をのぞくと、眉を吊り上げ、口をゆがめて怒ったような表情でこちらを睨みつけた。その別人のような異様な顔つきに思わず「ごめんね」といって、あわててドアーをしめた。食事に呼んでも自室に入ったまま返事もしない。好きなときに食べればよいとあきらめ、好きなようにさせておいた。1学期の欠席は2日であった。

　高校に入学してからは陰鬱な表情で話をしなくなり、人が変わったようになってしまったが、2年になってますますひどくなったように思われた。また時折悲憤にみちた別人のような顔をみせることがあった。ことに試験が終わった時期が多かったと思う。また、カッターナイフの疵跡をみつけるたびにショックをうけた。中学3年の2月、やっとの思いで高校の推薦入試の受験にまでたどり着いた直後、まるで病人のように寝込んでしまったときも翔太の状態を目の前でみていたにもかかわらず現実に起きていることについて信じられない思いだった。高校入学後は健康を取り戻し、普通の高校生活を送ることができると安易に考えていた。しかし、この頃の翔太をみていると、やはりおかしい。ときどき怖くなることがある。だが、このようなことをするこどもではないという思いが強い。翔太にしてみれば何か理由があるはずであり、内心さぞ苦しいのだろうと推測し、理解することに努めた。ベッドに横になり、目に涙をにじませてぼうっとしていることもあり、外出の際には翔太がこどもの頃好きだった駄菓子をお土産に買って

くるなど細かく気遣った。自室に鍵をかけ返事をしないときでも、コミュニケーションを断つことがないようつねにやさしく声をかけた。

　2年の夏休み、例年どおりR県のP市の行き、2名の友人宅にそれぞれ1泊ずつして帰ってきた。表情が明るくなった。友人たちと進路について話をしてきたらしく、R県の大学に行きたいという。2学期の最初に三者面談があり、進路について担任教諭と話した。自動車関係の仕事をしたいという翔太の希望を聞き、具体的に調べるのを手伝った。その後、家でもよく話をするようになった。たまたま放映されたテレビ番組でロータリーエンジン開発の当事者の話を聞き、感激していた。また、高校生クイズやロボットコンテストをみながら愉快そうに笑った。高校に進学してからは陰鬱な表情しかなく、翔太の笑顔をみるのはひさしぶりだった。こどもの笑顔がこれほどうれしいと思ったことはない。だが、笑顔をみせてはいるものの翔太は「こころの底からほんとうに楽しいとか面白いと感じられない」という。2年生になってから作り始めたプラモデルの自動車が20台以上に増えた。翔太はものを作るのが好きだという。高校は普通科に進学するよりも工業高校を選択したほうがよかったのではないか。そのほうが楽しく快活な生活を送ることができたのではないだろうかと悔やまれた。だから、翔太が元気を取り戻すことができるのなら「専門学校でも自動車整備工場でもやりたいことをやってごらん」という気持ちが自然に出てくるようになった。進路についての資料調べを一緒にする。自動車整備士になるための専門学校や大学の工学部についてインターネットで情報を集めた。また翔太にとっては交友関係も好ましい環境をつくる条件の一つであることなども考慮し、結局R県の大学の工学部がよいのではないかという結論に達した。男子どうしでは当たり前のような粗野な言動や荒々しい言葉を投げかけられることに敏感なためだと思うが、そのような男子がいない場所のほうがよいらしい。高校に入学してからは母親のことを人間扱いをしていないように疎んじていたが、P市から帰って以来よく話をする。ただ、やはり学校に行くことは楽しくないとみえて、帰宅時には必ずメガネをはずして暗鬱な表情で自室にはいる。幼い頃から感受性が強く、ただ睨まれただけでたじろいでしまうような気弱なところがあったのを思い出した。

　高校に進学してからの翔太をみていると、母としてこれまでにしてきたことが本人にとってほんとうによかったのかどうか、考えさせられるような日々であった。R県のP市の友人たちと別れなくても済むような方法があったとしたらこ

のようなひどい状況にはならなかったのではないか、こどもたちが３人とも P
市を離れることがなければこんな目にあわなくても済んだのではないかと始終そ
のことばかり考え、悩み続けた。だが、こういうことがいえるのも悲惨な体験を
した結果、はじめてわかったことだ。このようなことが起きようとは想像すらで
きなかったし、それについて考える余裕などなかった。この正体不明の病気のよ
うなものにまともに体当たりして、無我夢中でそれと激闘していた。後になって
冷静に思い返してみると、学校生活をこどもに強要しているのではないかと思わ
れるような私の強引さがあったかもしれない。こどものこころに寄り添うといっ
ておきながら、結局はこどもの将来へのレールを引いていることにかわりはない。
当時はあせりがあった。こどもが学校生活から足を踏み外してしまうことにたい
して冷静ではいられなかった。それほどこどもにとっては重要な生活の場なのだ。
ここから放り出されることによって引き起こされる親としての苦悩を背負いたく
なかった。しかし現実には学校以外に生活の場所をみつけることは困難が多いこ
ともたしかだ。母親としてはこどもたちを支えてなんとかこのような状況にいっ
とき耐えればきっと以前のこどもに戻るはずだと考えていた。この時期さえ乗り
切ればこども時代のように健康で快活な日々を取り戻すことができると信じてい
たからにほかならない。そうすればきっとこどもたちはそれぞれの能力を開花さ
せることができるはずだと信じていた。私の生活を支えていたのはこの一念のみ
であった。たか子が中学３年のとき以来、母親としてそれまで信じて行ってきた
教育方針や自己の価値観が否定されるような体験を何度も繰り返し、従来の方針
のままこどもたちに接することはもはやできないことであり、学歴にこだわるよ
りもこどもが活力をもって生活することの重要性をひしひしと感じていた。多少
の困難や逆境もこどもが元気でさえあれば切り抜けることができる。いつかは必
ず以前のような健康な日々を取り戻すことができると信じて疑わなかった。

　大学進学を考えているわりには翔太は相変わらずプラモデル製作に熱中し、中
間テストの前日になっても試験のことなどまったく気にとめない様子をみて、言
行の不一致に何かしら奇妙なものを感じた。そういえばたか子の大学受験のとき
も「これで人生の勝敗が決まってしまうような気がする」といいながら、入試の
現実を直視することができずに逃げ腰であったのを思い出した。自分自身で不安
を抱えきれずに暗い、重苦しい表情だったかと思うと、不安をいっさい忘れて躁
状態のように明るい表情になることもあり、大学入試を目前にして、たか子には

奇妙に分裂しているような印象があったのだった。翔太の大学受験については無理なく徐々に学力をあげていったほうがよいと考え、翔太と一緒に勉強方法についての具体的な話をした。「塾はいやだ」というので、家庭教師はどうかと提案し、翔太も承諾し、早速依頼した。学校は9月、10月で7日欠席し、11月に入り「風邪をひいた」といい、6日断続的に欠席する。「眠れない」と訴え昼夜逆転しそうになる。12月になり、週二回夕方家庭教師がくる。期末試験前に回数を増やしたり、冬休み中は減らしたりと適宜家庭教師と話し合い、期末試験が終了するまでは順調であったと思う。P市の友人がふたりともバイクに乗っているらしく、以前から免許を取りたいといっていたが、試験休みになり、自分の小遣いで免許を取得する。今度はバイクがほしいという。自分で買いたいので、冬休みは郵便局でアルバイトをすることにしたという。父親に許可を得ようとして一喝された。父親からバイクを買うことについての承諾を得られないままアルバイトを始めた。2学期末試験終了後、12月の第二週と第三週はいつもと変わりない様子であったように思う。23日から郵便配達のアルバイトが始まったが、その前頃だったであろうか。言葉に敏感に反応するようになり、アルバイトを始めてから2日目、大好物のハヤシライスを麻衣が食べてしまい、自分の分が残っていないことに腹をたてたのか。自室にこもり口もきかない。そのくらいのことには寛容であるはずだが、なんとなく過敏であるように思い、とても気になる。アルバイト3日目は休みであったため、近所に住む中学2年のときのクラスメートのS君と「バトルロワイヤル」を観にいく。4日目の朝、アルバイトに出かける翔太のために朝食の用意をしながら話をする。車で麻衣を送ってくるからヒーターを消して遅刻をしないようになどと話をしていると、翔太が「麻衣、学校？」と聞くので、「いいえ、塾よ」と私が答えると、「塾はじまるの、こんなに早いの？」と翔太が聞く。「あなたの通っていた塾は特別おそかったけど、普通は朝はやいわよ」と何気なくやりとりした後、私の外出後に翔太は部屋にはいり、壁をがんがん叩いて大暴れをしたらしい。30分ほどで帰宅した私にたか子が話してくれた。どの程度の大暴れなのか詳しくは聞かなかった。その後の目立った変化には気づかなかったが、朝9時半に出かけ、午後4時半に帰宅し、お正月もアルバイトを続ける。帰宅後は自室でプラモデルの製作に熱中する。お正月の2日、こどもたちを残して夫とふたりで外出するが、アルバイトの休みで自宅にいる翔太にくれぐれも麻衣と喧嘩をしないよういっておく。あの喧嘩以来、こどもたちを残して外出するときは必ず翔太と麻衣に注意することにしている。アルバイトも終

わり、冬休み中でくつろいでいる。

　前年の夏以来、「首都高バトル」というテレビゲームに熱中しており、昼間麻衣が居間にいないときを見計らって長時間、遊ぶ日が多かった。お正月の三箇日が過ぎた頃だったと思う。その日もいつもと同じようにゲームをしていたが、そのうち興奮してきたのか、あるいは何かほかの理由からなのかよくわからないが、あぐらをかいた膝をばんばんと力まかせに床に打ちつけて、口を歪めて苦しそうな顔をしてゲームをしている。最初はみてみぬふりをしていたが、あまりの異様な様子に「もう、やめたら？」と声をかける。次の日もゲームをしようとするので「おかしくなるから、やめたら」というが、無言でゲームを始める。身体のうちがわから何かがこみ上げてきて、それが溢れて爆発しそうになるらしく、歯をくいしばり、力んでいる。ゲームを楽しんでいるときの表情とは程遠いものだ。みずからが切羽詰まった状況におかれて死闘を繰り返しているかのようである。いつもの表情は消え、眼を吊り上げ、口を歪めて苦しそうにゲームを続ける。穏やかさの消えた翔太の顔をそばでみていると、何を意図しているのかとその不可解さと異様な表情に気分が悪くなるが、「7時になったら、ニュースみせてね」などといいながら、ゲームを終わらせるために言葉をかける。翌日の日曜日は家族と外出し、変わりなく過ごす。最近、頻繁にP市の友人に電話をしているようである。電話料金の高額な請求にいつもはらはらしているが、その夜も3時間以上におよんだため、夫が「電話をやめろ」と部屋のドアー越しに大声を出す。その後12時近くになってもやめず、再度私がドアーを強くノックしながら「電話をきりなさい」と声をかける。翌朝、夫が勤務地に帰ろうとして、靴べらをとると、長さ40センチほどの木の柄のついた靴べらが真二つに折られている。昼食後、家庭教師から電話があり、自室で冬休みの宿題をしているらしい翔太に確認をとり、4時に来てもらうことにする。何か物音のする気配に翔太の部屋の前にいくと、「ぅおー」と唸り声を張り上げて、床や壁をどんどん叩いている。おろおろしながら、どうしたのだろうと考える。3学期の始業式を翌日に控え、冬休みの宿題が間にあわず、苦しい状態になってしまっているのだろうかと考える。「うわー」と大声を張り上げ、壁を叩く音に「できないのだったら、無理に宿題をしなくてもいいんだから、気分転換してらっしゃい。宿題が間にあわなかったら、明日の始業式休んでもいいんだから」とドアー越しに声をかけ、必死になだめる。「うわー」、「うー」と唸り声を上げる翔太の様子をドアー越しにうかがう。そのうち、ギリギリとカッターナイフの刃を出す音がするので、「壁に疵を

つけないでちょうだい」とやさしく声をかける。ギギギギと部屋のなかから音がする。どのくらいの時間が経過したかわからない。突然部屋から出てきて、外出した。自転車で出かけたようだ。出ていった後、部屋のなかを点検する。壁がへこんでいる。壁に切りつけた形跡はみられず、自分のベッドに何本もカッターナイフの筋がついていた。ごみ箱にカッターナイフでずたずたに切り裂かれた英語の辞書が捨ててあった。何がいけなかったのだろう、どうしたのだろうと自分の言葉や行動を振り返って考えるが、わからない。強いてあげるとすれば、前日の夜、長電話をしていたときに声を荒らげて注意をしたのがいけなかったのだろうかなどと考えてみる。4時に家庭教師が来るが、今日はできないからと事情を説明し、帰ってもらう。2時間ほど自転車を乗り廻して5時頃帰宅し、「今日、家庭教師は？」と翔太が聞くので、「帰ってもらった」と私が答えると、キョトンとしたいつもの顔であった。

　近頃は翔太の暴力に悩まされており、家族に危害を加えないとはいうものの、いつ何をするか予測のつかないようなありさまで、いつもはらはらしていた。翔太の暴力についての心配と中学3年のときの異常な状態もつねに気になっていたため、相談できそうな公共医療機関を資料でさがし、思いきって精神保健センターに相談に行った。精神科医師に相談したいと申し出たところ、これは病気ではないといわれた。やはり「不登校」は病気ではないということになっているらしい。医師ではなく、年配の女性が応対してくれた。学校ではきっかけとなるような事件はなかったというと、育て方や家庭に問題があると頭から疑ってかかっているような話しぶりであった。精神科医師や臨床心理士によって書かれた「不登校」についての本が多く出版されているが、こどもの幼少時のこころの傷や育てかたの問題点が思春期になって挫折となって現われるという説明が一般的なようだ。私としては家庭での教育に問題があるということについてはやはりどうしても納得できない。学校か家庭のどちらかに原因があるはずだと考えるとこういう結論になってしまうのだろう。しかし、どう考えても納得がいかない。もし、家庭に問題があるのならたか子を診ていた医師がそのように指摘するのではないだろうか。こどもの状態について共通の認識をもつものが誰ひとりとしていない、そしていくら説明しても理解してもらえないということが重く心にのしかかる。翔太の病気の状態を目の前で見続けてきた私の事実認識が間違っているとは思えない。今まで述べたことが現実であり、何も原因がなく、この病気のようなものが出てくる。いじめられたとか成績が下がったとか具体的な原因は何もない。私

自身、信じ難いことが起きているという認識しかない。何よりも最初にまず睡眠障害が起き、それにより学校生活が破綻し始めるのである。この時期にはこどもの意識には眠れないとか、頭が痛いなどという身体上の訴えしかないのだ。たか子の場合にはそのような愁訴すらなかった。どうしてこのような状態になっているのかこどもはその理由がわからないのだ。これほどひどい状態を引き起こす原因となるものがみつけられない。日常生活のなかには原因といえるようなものは何一つ存在しないのである。だが、それを説明したとしても誰が信じるだろうか。母親が目の前でみていてもなぜこのようなことが起きるのか理解できないのだから誰も理解できるわけはないと思うが、それでもこのように誤解されてしまうのには耐えられない。おそらくこの問題については、大半の人がこの女性のように母親に何か原因があるのではないかと暗黙のうちに対話のなかからそれを探し出そうとするようだ。涙が溢れ出し、再び感情に呑み込まれてしまったようになり、話が続かなくなってしまった。こどもに元気がなく、笑みが消えただけでも母親は胸が苦しくなる。この得体のしれない病気だけでも悲しみを引き起こすのには充分なのに、おまけに理解してくれる人が誰ひとりいないという孤立感、またさらにはそのような教育はけっしてしていないはずだという無念さが混じり合って、涙があとからあとから溢れ、止まらなくなった。その相談員の女性は「親の会に出れば気持ちが晴れますよ」という。それはそれで何かを得るための重要な機会ではあるかもしれない。だが、多くの親たちの反感をおそれずにいえば、悲しい感情や不安を親たちと共有することにあまり意味を見出さなかった。しかも、私自身の戸惑いが親たちとの接触のなかで解消されるとは思えなかった。私にとってもっとも重要、かつ必要なことは自分のこころの傷が癒されることよりもなぜこどもがこのような状態になってしまうのか、みずからのこころを納得させるような説明がほしかったのだと思う。それに、何よりも「不登校」というあいまいで雑多な概念がもたらす混乱に巻き込まれることが嫌だった。不可解なものを不可解なまま受け入れることがどうしてもできないのだ。なぜこのような病態が引き起こされるのか、理由がないはずはない。あまり親しくない友人に愚痴話でもしているような気詰まりを感じ、私はカウンセリングを二回で打ち切った。相談員が高度の専門教育をうけていないといった印象をうけ、憤りさえ覚えた。

　3学期の始業式の日をふくめ、最初の5日間はいつものように登校する。翌週の月曜日に具合が悪いといい休み始め、それ以後連続2週間欠席をする。欠席し

始めてから3週間目の土曜日、これ以上体育の授業を欠席すると進級できないと注意をうけ、体育の授業のある土曜日だけ出席する。翌週も欠席であった。結局、4週間のあいだ、土曜日に一日出席しただけであった。休み始めた最初の頃は風邪をひいたらしいといっていたが、欠席が長びくにつれて風邪ではないことは察しがついた。目の下が黒ずみ、鬱血していた。いかにも具合が悪そうで、中学3年の2月とほぼ同じ状態であると感じる。昼間の睡眠は余計に状態を悪くするように見うけられ、不安になる。昼夜逆転してしまったようだが、この状態で登校するのはとうてい不可能であることをさとり、なるようにしかならないとあきらめ、少しでも翔太の気分が明るくなるように努める。ある日のお昼頃、いたずらっぽく半分笑いながら翔太は自分の素足をソファで寛ぐ私の足の甲の上に軽くかさねた。「あ、冷たい。」私は思わず飛び上がった。まるで氷のような足だった。学校を欠席し始めてからは、具合の悪い様子はあるものの表情はとても穏やかで、1月8日以来、暴力はみられないようだ。担任教諭が心配をして何度も電話をしてくる。学校のことが心配らしく話をするたびに「明日は行くよ」、「来週は行くよ」といいながらも実際には登校できない。以前と同じ状態だと判断し、こちらも期待はしない。みずからの意志で解決できるのであれば、いつもと同じように登校しているはずだと考える。これまでたか子につづき翔太も同様の状態であったが、翔太の症状は際立って過酷なものだったように思う。これといってなんの理由もわからないままにいきなり不可視のものによって侵襲されたような印象だった。まるで歯が立たない敵にたいしてなす術のない状況を耐え、時間の経過とともにこどもが活力を取り戻し、再び歩きだすのを見守るといった経験を何度となく繰り返してきた。そのたびに自分をささえていた価値観の崩壊を繰り返し、「学校がすべてではない」という思いもあり、ただ学校に行くということがこれほど多くの労苦を払わなければならないのかとなかば投げやりなあきらめも出てきそうになるが、翔太のほうはP市の友人たちと肩を並べていたいらしく、留年せずになんとか進級し、大学に進学したいと思っているらしい。とにもかくにも母親にとってこどもの健康が奪われた状態は耐え難い。欠席し始めてから5週目の水曜日にマラソン大会があり、留年したくない翔太は出席する。体調はかなり良くなり、自転車をいつものように乗り廻すことができるくらいには回復しているようだ。2月14日、マラソン大会の終了後、担任教諭と一時間ほど話し合い、その後校長室に呼ばれ、「入学したときに約束したことを忘れたのか」と大声で一喝されたという。その叱咤激励が功を奏したのか、翌日から登校し始める。私

は高校への進学については中学校の先生たちの協力なくしてはなかったことをつねづね想い起こしてはいたが、それと同時に推薦してもらった中学校にはけっして迷惑をかけられないことは充分に承知していた。高校に進学した直後に、不登校のあの状態がぶり返しそうになったときもこの誓約があったからこそどうしても登校を断念させることはできなかった。もし、高校進学が推薦でなかったとしたら、ここまで頑張ることができたかどうかは自信がない。だが、本人に何より大きなエネルギーを与えていたのはP市の友人たちだった。なんとか高校を卒業するために生活のなかに気晴らしや気分転換を見出し、そこからエネルギーをいくらかでも充電しながら自己観察とそれにもとづいた自分流のやりかたでかろうじて生活を続けていたようにみえる。翔太にとってはP市の友人への電話は気晴らし以上のものであり、「生きる」ためには必要なことなのだという。最近は自転車にあきたらず、バイクを買うことの承認を要求している。翔太にとってはバイクを乗りまわすことが「死の世界」からの脱出であるという。

　この異常な体験についてさまざまな記憶が頭から離れず、どうしてこのようなことになってしまっているのかとただひたすら悲しい。私の育てた、以前のこどもはどこかへ消えてしまった。私はこどもをこのように育てたつもりはないのに何かがおかしいという思いが強かった。中学3年のとき以来こどもをあるがままに受け入れ、いくらかでも状態が良くなるように細かく気をくばり、また、兄弟に悪影響を与えない配慮し、こどもたちにたいしてはいつも笑顔で接するよう努め、表面的には以前とまったく変わらない家庭生活を維持することに努めた。しかし、状態が悪化すると病人のように看護する以外に方法はなく、ただひたすら回復するのを待つだけだった。真っ暗な暴風雨の海にさまよう小舟のように波に身をまかせて漂うしかない。悲しみや絶望が大波のようにふりかかり、こどものことを考えただけで涙がとめどなく溢れ出た。友人と話をしていても、こどもの話になるとまるで条件反射にでもなっているかのように涙が溢れ、止まるところをしらなかった。感情のコントロールができないほど悲しみでいっぱいになり、いつ突然涙が溢れ出すかわからないような不安定な状態のために人と話をすることが苦痛になり、誰とも会わなくなった。また、この問題にたいして深い理解をしようとするものがほとんどいないなか、母親にたいする暗黙の非難や疑念を感じるようになり、そのためこの状態をくわしく説明をしようとする気力は完全に萎えた。毎日毎日、涙を流し、抗い難い大きな力に打ちのめされたような無力感

に浸るだけだった。ひとりきりでおもいきり泣くことで感情を解き放つしか方法がなかった。

　私がこどもの頃、つまり昭和30年代に比べるとほんとうに豊かになった。この豊かさがこどもをだめにしているような批判をよく耳にするが、このようなこどもが現実に存在するということをおとなたちは想像さえできないのではなかろうか。このようなこどもたちはおとなが考えている以上につらく、希望のない暗闇をさまよっている。自己の存在を脅かされるような実存的恐怖、劣等感、孤独で未来のない状況におかれた青年がどんな気持ちで過ごすのか、考えたことがあるのだろうか。自殺をほのめかしたこともあったので、つねに翔太の変化を見逃さないように警戒した。私の言動が悪影響を与えることのないよう厳しく抑制した。この危機的状況をなんとか脱することができれば、いくらかは明るい光がみえてくるのではないかとそのことだけをたよりに真っ暗なトンネルのなかを手探りで進んでいるような状況だった。しかし、いっこうに光を見出すことはできなかった。こどもが打ちのめされては立ち上がり、再び打ちのめされては起き上がることを何度となく見守ってきた。だが、この異様な病気がこどもの人生に決定的な致命傷になることだけは絶対に避けたかった。状況を把握しようとするにはあまりにもわからないことだらけであったが、こどもたちの未来の人生が大きく狂うことのないよう、あたかも暴風雨が吹き荒れるなか、あらしが過ぎ去るのを待つようにじっと耐えた。

　一生懸命にこどもの教育に情熱をかたむけてきた。だが、過剰な熱心さではないと思う。テストの点数よりも人間性、芸術性を育み、そして知的好奇心を引き出し、みずからの頭脳で考えることを教え、こどもたちもそのようなものをいくらかでも体現しているのではないかと思っていた。ともかく、勉強よりは友人を大切にすることを教えてきた。しかし、こういう事態に遭遇すると、今までにしてきたことがすべて無に帰すような挫折感と無力感に打ちひしがれる。全身全霊で私の魂を吹き込んだ分身が一撃のもとに無残に壊されてしまったような気がした。自己の存在までも価値のないものに思えた。毎日、来る日も来る日も涙を流しながら、自己の価値観や人生観を洗い流し、こどもを生かすために自己をつくりなおしていたように思う。このようなこどもたちを従来の学歴主義でとらえることはきわめて危険なことだと悟った。それまでの価値を捨て去り、今までは意識されなかったような次元、「生きる」という次元で考えるようになった。こど

もを生かすためには私の内面のすべてが変わらざるをえなかった。それと同時に平穏な家族生活や家族のこころのつながりがいかに貴重で得難いものであるか身にしみて感じた。少し明るい兆しがみえるとうれしくなり、反対にこどもたちの沈んだ表情は私のこころにも影をおとした。そして、このような状態を何度となく経験しているうちに吹き荒れる暴風雨のなかにあってもじっと耐えて見守ることができるようになったように思う。こどもが健康で元気でいてくれさえすれば多少のことはなんとでもなる。しかし、これはこどもたちの過酷な状態に対処する方法を私なりに会得した結果いえることであって、当初は何も考えることができなかった。困難を克服しようと闇雲に現実に立ち向かってきたことが、かえってこころの傷を大きく、深くしてしまったのだろうかとあれこれ悩み続けた。とにかく現在のこのような状態が何に起因しているのだろうかという疑問がこころを圧迫する。中学３年の翔太の異変を精神的外傷であるように自分なりの解釈をしていたが、この程度がひどいほど学業の成就の可能性や進路について選択肢が限られてしまう。健康な状態のようにあらゆる選択肢が用意されているわけではない。学業が成就しないのであれば、就労するしかない。

　そんな状況にあっても救いとなるものがあった。入学のときに温かく迎え入れてくれた高校の先生がたはこどもの窮状を理解しようと努め、実に熱心にこどもと母をサポートしてくれた。出席日数が足りなくなりそうになると先生たちが頻繁に声をかけてくださったので、私のほうは翔太の体調を見守ることだけに専念することができた。高校の先生たちは温かくてほんとうに素敵な先生たちだった。校長先生はじめ教頭先生、担任の先生、その他多くの先生がたが応援してくださり、まるで家族のようだった。このようなこどもにとっては家庭以外の場に、学校であれ社会であれ、応援してくれる人がいるということはこのうえなく有難いことだ。今でも頭が下がる思いである。

次女、麻衣

　麻衣の異変に気づいたのは中学２年生の３学期だった。姉のたか子とは４歳４カ月、兄の翔太よりも１歳９カ月年下だが、学年ではそれぞれ４学年と２学年はなれている。中学１年の秋以降、頭痛を訴えることがあった。ピアノの発表会の直前などは頻繁に起きるような気がしていたが、それほどの欠席もなく、それ以

外には何も問題はなかったと思う。中学1年の3学期、1月中旬頃ぜんそくの発作を起こし欠席する。幼稚園の頃はアトピー性皮膚炎が少しみられたが、ぜんそくの発作はほとんど起こしたことはなかった。翌週の月曜日も気持ちが悪いといい、欠席かと思っていると、突然に「マラソンの練習があるから」といって出かけた。次の週の月曜日も朝具合が悪いといい、遅くなってから登校する。その頃から「ママ、こわい」といい、私のそばで寝るようになる。何がこわいのかよくわからないが、麻衣は暗いところや狭いところが嫌いで、家のトイレに行くのも怖がるようなこどもじみたところが抜けなかったが、何か理由があるのだろうと考え、麻衣の要求をそのまま受け入れることにした。しかし、3学期の欠席はこの3日だけで、その後は元気に登校した。中学2年に進級し、クラブや各行事に楽しく学校生活を送っているように見受けられた。2年の3学期、1月の最後の週から欠席が多くなった。午前中は起きていられない様子だが、ぜんそくでもなく、また風邪の症状もなかった。眠れないといい、朝方から熟睡し始めるようだった。2、3日同じような状態であったが、その翌日、「今日は体育があるから」といい、11時頃出かけていくのをみて、欠席の理由が身体的なものが原因ではないことに気づいた。麻衣はたか子や翔太と違って運動が大好きで、部活はテニスクラブだった。どうやら数学や英語などの学科は疲れるようで、好きな科目だけを選んで出かけていくようだ。やはり、この欠席はたか子や翔太の場合と同じものなのではないかと考え始めた。2月に入り、毎週1日程度の割合で欠席し、中学3年に進級した。新学期当初、欠席はなかった。麻衣は兄弟のなかでは、ふたりの兄弟に比べて真面目さはなく、要領がよかった。面白い、愉快な性格が多くの友だちを惹きつけていたようで、つねに友人にめぐまれていた。3年になっても勉強のほうはさっぱり興味がなかったようだったが、友人たちとともに過ごすことが楽しくてしかたがないといった様子だった。1学期の欠席はさほど多くはなかったが、たか子と翔太の例もあり、この思春期の微妙な時期に勉強を強要することに私自身不安が強く、モラルに関してはいつも注意を怠らないつもりではいたが、そのほかのことについては麻衣の行動をじっと見守るだけで何もいわずに、あるがままの麻衣を受容するしかなかった。3年になって友人と同じ塾に通うといい出し、5月から通い始めた。学校には休まずきちんと出席していた。ただ、塾のほうは疲れるとみえて、途中休みながらもなんとか頑張って夏休みに入った。1学期は順調だった。塾の夏期講習の前半はなんとか休まず通っていたが、後半からは成果が思うように上がらなかったせいか、あるいは疲れが

出てきたのか休みが多くなり、最後の1週間は朝まったく起きられずに欠席した。塾はやめたいといい出した。しかたなく承諾した。2学期が始まる数日前、友人と一緒に宿題をするといい、うれしそうに出かけて行き、だんだん元気を取り戻し、始業式を迎えた。学校が始まると、再び元気に登校した。通常の学校生活を送っているようではあるが、帰宅すると「疲れた」ということが多く気になったが、10月まではたまに遅刻をするくらいであったと思う。麻衣がたか子や翔太のように「不登校」になってしまうのかどうか、とにかくじっと観察していたが、原因がわからないので防ぎようもなく、1月間、2月間とただ見守るだけだった。兄弟のなかでも、真面目とはいい難い性格である。一応、服装や持ち物など中学校指定のものを使用しているが、ルールを無視するのも平気なようで、こどもだからなのか、反抗的だからなのかよくわからない。多分両方なのだろう。ほんとうに難しい時期だ。2年生の頃からクラブで帰りが遅いことがしばしばあったが、3年になってますます遅くなった。携帯電話を買ってほしいというので、買ってやった。自分の小遣いで携帯電話を購入し、電話料金も自分で払っているたか子と、麻衣を甘やかしていると日頃から感じている翔太が猛烈に私に抗議し、非難した。麻衣にとっては必要だからといって説明し、それについて納得したのかどうかはわからなかったが、しかたなく認めたようだった。この携帯電話は私が麻衣に連絡をいれるために必要だった。いつも帰りが遅く、いらいらしたり、ひやひやしたりしながら待っているが、午後8時を過ぎても帰宅しない場合は携帯電話で注意を促した。ほとんどの場合、注意を素直に聞き入れ、その後だいぶ時間がたってから帰宅した。電話にでないときでも注意を喚起することはできるようだった。しかし、携帯電話での友人との会話は時間を選ばず、午前中遅い時間に登校する前に友人に電話を入れることもたびたびあり、ひどいときには夜中の3時頃に電話をしていたのをみつけ、びっくりして注意したが、友だちとのあいだでは驚くことでもなんでもないことのようだった。11月に入り、遅刻や欠席が目立ち始めた。高校受験が近づくにつれて、いよいよ遅刻が増えてくるが、悩む様子もなく正午近くになって登校することもあり、そのふてぶてしさに呆れるが、かといってほかになす術もない。遅刻しないようにと朝いつもの時間に起こすが、試験や大事なことがある日以外は遅刻することなど意に介しないといった様子で寝ていた。たか子の9カ月間の欠席と翔太のたびたびの欠席を注意深くみていたらしく、以前3人でこんな会話をしていたことがあった。麻衣が姉も兄も学校を休んでばかりいたことを指摘した。それにたいしてたか子は「でもあん

たと違って、ちゃんと勉強してました」と麻衣に反論した。翔太が「ぼくは普通だったよ」というので、たか子が翔太に向かって「おまえが一番おかしかったんだよ」といい、その言葉にたいして翔太は「そうかなぁ」と半信半疑のような顔で笑っていたが、その後「私は絶対あんな風にはならない」と麻衣が宣言したことがあった。欠席や遅刻が多いこと、勉強をしないことについては本人に聞くと「怠けている」という返事が返ってくる。「じゃあ、一生懸命すればできるの？」と聞くと「できる」と答える。ところが、塾の夏期講習、試験前など勉強する態勢になり、勉強をし始めると朝起きられなくなり、午前中寝ているような状態になってしまうようであった。翔太が高校に進学してから、中学3年のときのことを振り返り「あのときは怠けていたんだよ」といったことがあった。麻衣も同じように勉強しないのは怠けているせいだというのを聞いて、ほんとうに怠けているから勉強しないのだろうかと考え込んでしまった。たしかに麻衣は翔太のような抑うつ状態はなかった。病気といえるようなはっきりした症状はわからなかった。麻衣が一番軽かったように思ったが、それでもやはりほとんど勉強には身が入らず、午前中遅くまで寝ている状態は同じだった。睡眠障害が最初に起き、睡眠のリズムが乱れたことは3人に共通してみられた。

　他の兄弟に比べて症状としてはっきり出なかったとはいえ、まるで勉強しないこどもを高校へ進学させることについては同様に苦労の連続だった。いくら実力が発揮できないといっても、これほどまでに低い学力は信じられなかったが、たか子や翔太と違って反抗的な性格が親の期待とは反対の方向へ向かわせることはありがちなことかもしれない。ただ、女の子の場合、母親への反抗が性的逸脱行動へ向かわせることだけは避けたかった。そのことについての心配を考えれば学力について麻衣に直接不満をぶつけることは危険とさえ思えた。この懸念は高校へ進学してもつねに頭から離れなかった。進学する高校は格段の努力をしなくても現在の学力で入れそうな高校を自分でさがし、すべて自分で考えて実行した。そして、そのとおりに高校へ進学した。

取り戻した日常

　こどもたちが元気を取り戻すためにいろいろと模索してきたことが、こどもたちにどのように対応したらよいかという方法を徐々に私自身が体得してきた過程

であったように思う。こどもの意思や感情を尊重し、そのうえで母子で対話を繰り返し、将来の方向性を少しずつ見出していくことを何度となく積み重ねてきたように思う。ただ、どのような方法をとるにせよ、たか子とともに受診していたほぼ一年間にわたり、K医師がたか子にたいしてとっていた受容的な態度を次第に私自身が身につけていったことが肝心な出発点になっていることはまちがいない。とはいうもののK医師の診察時間は20分ほどでこちらの疑問に答えてくれるほどの時間的なゆとりはない。しかも、たか子自身のこころのケアが優先されるべきであり、私の疑問は二の次だった。そして、そのための補助的な支えとして自分自身が感情的に流されずに冷静に考えることができるよう、たか子が不登校になって以来5年間にわたって、参考になりそうな心理学書を手当たりしだいに読んだ。「森田療法」や河合隼雄氏の著書など広範にわたって参考にした。自分自身の疑問に関する解答を心理学書からみつけ出すことを頻繁におこなっていたが、疑問にたいする解答とはいっても病気であるかどうかもわからず、明確にされることのほうが少ないような判然としないもの、不可解な対象を少しずつ解きほぐすといったものだったかもしれない。こどもの症状を説明していると思われるものを心理学書にかぎらず、さまざまな研究書のなかから探し出すという作業をつねにおこなっていた。そして、その症状を改善するための具体的な治療法のなかから適用できそうなものを探し出し、受験や登校といったこどもの目標に合わせ、そのための支持的な環境を作るよう配慮し、毎日の生活のなかで実践してきた。だが、正確な理解には程遠いものだっただろう。これは適用できる、できないという選択を感覚によって選り分けていたように思う。しかし、これらの作業をおこなっていくうちにこどもの状態を少しずつ明確化することにつながったのだと思う。不登校の問題について、政治的、あるいはイデオロギーなどの無用の価値観を持ち込むような議論にはとてもついてゆけなかった。また、家庭の文化や価値観もさまざまであるため、誰彼構わず相談すればちぐはぐな返答がかえってくるだろうことは容易に推測され、このことで自分自身がこれ以上不快な想いをすることに耐えがたかった。また、自分自身が従来から親しく交際していた友人たちとは家庭の文化という点では似通っていたが、別の理由から相談できなかった。したがって自分の力だけで、自分なりの模索をするほうが気が楽だった。こうして模索を継続していくうちにもっぱら医学的見地から書かれたものだけを参考にするようになった。さまざまな心理学書のなかでもっとも役立ったのが笠原嘉著『退却神経症』であった。長女の不登校以来、何度となく繰り返し読

んだが、当初はただひたすら悲しい感情や困惑をおさえるために、よく理解できないまま闇雲にすがっていたような気がする。その他、多くの心理学書を読んだが、以前から心理学が好きなこともあり、労せずに多くの文献を読むことができた。だが、翔太が次第に落ち着くにつれ、当初のような狼狽や緊張から次第に解放されるとともに心理学書からも離れていった。このままゆけば、それぞれ３人のこどもたちは健康を回復するだろうと漠然と考えていた。

　夫はこどもたちの普段の生活を始終みているわけではないので、これを異常な状態とは考えていない。一過性の体調不良のようなものとしかとらえられないようだ。もともと他者への安易な情緒的共感を嫌う人だが、この件に関しても私に共感しているようにはみえない。翔太の中学３年のときの欠席について当時は病気らしいとはいっていたものの、今はそれほど気にとめていないようにみえる。この原因不明の状態が何かということについては深く考えてはいないようだ。夫にいわせると学業に挫折したのが原因だろうという。やはり「不登校は病気ではない」と信じて疑わない。しかしながら、私は、このような現実的な問題が原因になっているとはどうしても考えられない。何度も繰り返すが、そのような問題で簡単に挫折してしまうようなこどもではないと断言できるのだが、それを懸命に説明しても理解できないようだ。そもそも夫には心理学的な理解を拒絶するような心性がある。ともかく翔太の異変の不可解さやとうてい理解し難い状態は実際に体験した人でないとわからないのだろう。夫だけでなく、これは誰に説明してもわかってもらえないのだろうか。たか子や麻衣だけでは病気であるということには気がつかなかったかもしれない。身体症状にはほとんど現われてこない。たまたま翔太の体質が影響してこのような症状が出ただけなのだろうか。それにしてもこれほどひどい状態が病気でないとは思えない。たしかにこのような不登校のこどもの病状に悩む親はいるに違いない。だが、夫がそうであるようにこの苦しい状況はこどもと一体となって継続して体験していないと理解できないようだ。まずこの病状の深刻さと不可解さをこどもとともに実感することがないとわからないことなのかもしれない。

　夫は対処しようにもどうにもならないのなら、致し方のないこととしてあきらめてしまっているかのようにみえる。職務上身に付けた習慣からなのか、わからないことは探求するべきものではなく、そのようなことには首をつっこまないというのが彼のルールらしい。ようするに、彼にとっては合理的に理解できないこ

と、社会的に認知されていないもの、あやふやで曖昧なものは存在しないのである。いくらこどもたちの様子が病気のようだといっても、病気という診断がはっきりついていなければ、病気として認めない。既知の概念や社会的通念で頭がこちこちに固まってしまっているようにしかみえない。だから、夫にいわせると「怠けているからだ。こうなっているのも全部自分の責任だ」ということになってしまう。しかももっとも厄介なことは当時の状態を翔太自身が「怠けていた」と記憶していることだ。夫は公務員試験に合格し、現在の職を得ることができたが、現在の地位を獲得したことについては親にもたよらず自己の努力だけで築き上げてきたと考えている。だから、こどもも同じように独力で将来を勝ち取るべきであると考えているようだが、それを達成することができるような健康な状態かどうかについてはまるで考えがおよばないらしい。病気ではないのだから何も問題はない、病気でなければ健康でないはずはないと思っているらしい。繰り返しこどもたちのことについていろいろと説明を尽くし、夫に相談しようとしたが、かえってきた言葉は「こうなったのはおまえの責任だろ」の一言だった。夫はやっかいな問題を直視することから逃げている。

　次女が高校に進学し、こどもたちはそれぞれみずからの足で歩み始めた。こどもたちが落ち着きを取り戻すとともに、私も次第に普段の生活に戻るようになった。ところが、私の生活は以前とはまるで変わってしまった。それまでのようにこどもたちの異常な事態に対処するという具体的な仕事から私が解放されはしたものの、私に残されたのは苦悩と無力感のみだった。こどもにたいしてはいつも笑顔で接するように努めたが、悲しみは途方もなく大きく、こどものことを考えるたびに涙がとめどもなく流れた。表面的には以前と変わらない日常のようであったが、ひとりになると無気力のまま一日中過ごすような日々がつづいた。自分の些細な失敗に耐え難い怒りがつのり、最低限の家事をする以外は何をする気にもなれなかった。こどもたちをなんとか通常の軌道に戻すということを目標に努力してきた今、おおかた達成できたようにも思ったが、あの衝撃はあまりにも大きすぎた。こどもたちとの楽しい日々の思い出はすっかり影をひそめてしまい、悲しみの感情が私のこころにどっかりと居座ってしまった。翔太が中学3年のとき以来の症状は、私にとっては忘れようにも忘れることなどできないほど、強く記憶に刻み込まれてしまった。「不登校は病気ではない」ということになっているが、この不可解な病気のようなものを目の当たりにしてきた私は、いったいこ

れは何なのだろうか、なぜこのような状態になるのかと考えない日はない。原因もなくこのような状態になっていることが信じ難い。突然、こどもが原因不明の難病にでもなったような苦悩に苛まれ、当初は深い悲しみに襲われたまま何も考えることができなかった。何もみえない、真っ暗なおとし穴に母子ともに入り込んでしまったような感じだった。どちらへ進むべきなのか、何もわからない。みえないウィルスにでも冒されているような、この得体のしれない病気に完全に打ちのめされ、悲嘆と絶望のなか、現実に対処するのが精一杯であった。たか子の場合は勉強も継続することができたし、高校では友人にもめぐまれ、通常の生活に戻ることができた。たまたまうまくいっただけなのかもしれないが、結果がよいとそれまでの苦労は忘れがちになるものだ。ところが、翔太の場合、高校でもひどい症状に悩まされ、先のみえない苦しい状態は長く続いた。状態が悪化するとなすすべもなく、ただひたすら回復するのを待つしかなかった。あらゆる活動の停止状態から将来の希望へつなげる可能性のあるものを探し出し、こどもの内面に再び何かをつくり上げてゆく日々の積み重ねだったように思う。彼にとって希望となるものをどんな些細なものでも大事にして、そこからエネルギーを引き出して行くよりほかに方法はないようだ。これまでに育んだこどもとの信頼だけが頼みの綱だった。しかし、こうして翔太が不登校になって以来4年の歳月が経過し、こどもと共に真っ暗闇のなかをさまよううちに、以前の彼らしさを徐々に取り戻してきた。ささやかなユーモアを好み、くすっと笑う穏やかでもの静かな以前の翔太が戻ってきた。うれしい。他人に迷惑をかけないというモラル、どんな人にたいしても敬意をもって接する態度、私がこどもたちとともに培ってきたものがしっかりとこどもたちのなかに息づいているのをみることができた。小学校時代、友人たちと思い切り自由に遊んだ思い出、自分で考えること、耐えること、これらのものが彼のなかにきちんと息づいていたからこそ、苦しい状況を乗り越えることができたのだと思う。

　こうして通常の生活を取り戻し、歳月の経過とともに悲しい感情にひたることからも少しずつ抜け出すようになると、私のこころには異なるものが現われるようになった。こどものこころに寄り添うということを続けた結果、過去に自分がこどもたちにたいしておこなってきた行為が逆の意味を持ち始めた。「不登校」を体験した結果として、私の行ってきた教育が徒労におわったという挫折感が強かったが、その自分の過去の行為が自分自身を襲い始めた。愛情も豊かであった

かもしれないが、怒るときはこどもたちにとってはほんとうに厳しい、こわい母親だったと思う。こどもたちの将来のためと思い、懸命に行ってきたことがこどものこころを無視したひどい仕打ちのように感じられ、過去の記憶に苛まされるようになった。こどもたちにたいしてなんとひどいことをしてきたのだろうか、こどもたちはなんと恐ろしい想いをしたことだろうかと責め苛まれた。今まではこどもたちの教育のためと思い、こどもたちを立派な人間に育てなければならないという一念しかなかった。身体を鍛えるためといいつつ、幼い翔太を雪のなか、無理やり歩かせたこともあった。次女の気持ちを無視したように、自分が忙しいことを理由に夕方の暗闇のせまる中に何時間も待たせてしまったことがあった。次女はその頃未だ10歳にも満たなかったと思う。どれほど怖い想いをしただろうか。みずからの感情を抑制できずに長女の手を思いきり叩いた。いつも同じ記憶が繰り返し蘇るようになり、そのたびに苦痛に苛まれた。なんてひどい母親なのだろうかと鬱々と思い煩う日々がつづいた。この憂鬱は気が滅入っているときには日常の些細なことでも刺激になった。夕食の買い物に外出したとき、たまたま耳にしたこどもの大きな泣き声に耳を覆いたくなるほど苦痛を感じ、大急ぎでその場を離れることがしばしばだった。こどもが恐怖心をおぼえるほどひどく叱る必要はないのではないだろうか。かなり小さな幼児でも実に多くのことを理解しているものだということを今更ながらつくづくと感じさせられた。あんなに小さく、か弱いこどもがいくら親とはいえ大きな声で威嚇されることがどれほど恐ろしいものか想像するといたたまれない気持ちになった。

　その頃から友人とますます距離が遠のいたような感覚があり、交際することが苦痛になり始めた。友人に話せば同情してくれるだろうことは予想されたが、でもどうしても話す気にはなれなかったのだ。こどものことを話せば涙なしには語れず、かといってこどものことを隠して明るく振舞うのも限界があった。これまでに何度か経験したことであったが、家のなかでこどもたちと対話するときと友人たちとの交際では相手が変わることによってこころが揺らぐのだ。場に応じてかなり大きく乖離した自分に気づくようになった。友人たちとの交際においてこれまで当たり前に共有していた社会の価値観でこどもをみるとこどもにたいして不満や情けなさが先にたってしまい、こどもをありのままに受け入れることが困難になる。こどもが不登校になってからは私のなかの価値観が大きく変わってしまったということらしい。友人と今までのように話ができたとしても、今度はこどもに接するときにこどもの視点で考えることができない。こどもを受け入れる

ということは従前の自己の価値や世の中の常識をすべて脱ぎ捨てて、劣等感、虚無感、孤独のうちにあるこどものこころのレベルにぴったりと寄り添うことである。従来の友人たちとの交際とこどもとの生活のかけ離れた価値観のために、ほんとうの自分がどこにあるのかわからないような感覚になり、それが苦痛になり始めた。こどもの健康に比べれば世の中の価値などはつまらないことにしかみえなかった。こどもの立場になって自分の友人たちとの交際を思い起こすと、いかに多くの虚栄、嫉妬、競争心などによって自分を取り繕っていたかと気づかされ、そのような自分に嫌悪感がつのった。結局、私はこどもたちを選び、友人との交際のすべてを断ち切ってしまった。今から考えると、友人にたいしてひどいことをいってしまったと悔やまれた。だが、その当時はこどもたちのことで頭がいっぱいで、友人と交際できるようなこころの状況ではなかった。何より誰とも会いたくないという想いしかなかった。

翔太が高校3年になってからは喉の痛みを訴えることがしばしばあり、医師を何軒か訪ねたが、風邪でもアレルギーでもないと診断された。本人の話によれば最後に近隣の精神科を訪ねたが、罵倒され「不登校は病気ではない」とひどく邪険に追い払われたという。しかし、喉の痛み以外は以前のような抑うつ状態はなくなり、ほぼ健康な状態に戻ったように思われた。とはいうものの私にとってあの打撃はあまりに強く、何もかもがめちゃくちゃに破壊され、それまでに積み上げてきたものすべてが瓦解してしまったようにしか思えなかった。しかし、それも月日の流れとともに少しずつ和らぎ、つらい記憶を封印することだけがかろうじて日々の生活の平静さを取り戻すことにつながった。こうして悲しい思い出を振り返るまいとして孤独のなかで本を読むことだけがこころの支えになった。単調な日々の繰り返しのうちに意識のなかからは異常な過去の記憶を追い払うことができたように思えた。

以前のように5人揃っての家族旅行や食卓を囲んでの家族の団欒はなくなったが、どこにでもありそうな平凡で穏やかな家庭生活が再び始まった。そして、3人のこどもたちは何事もなかったかのようにそれぞれの生活を楽しんでいるようだった。たか子は大学卒業後、派遣社員として継続的に勤務しているようだったが、以前のように自分の生活や友人について細々と私に話すことはなくなった。翔太はやっとのことで高校を卒業し、4、5年アルバイト生活であったが、大学受験のため塾通いを始めた。麻衣は専門学校を卒業し、アパレル関連の会社に就職し、それぞれみずからが選んだ道を歩み始めた。私はといえば図書館通いが日

課となった。これで大丈夫、「不登校」はついに克服できたのだと何か誇らしい気持ちさえあった。しかしながら、あれはいったいなんだったのだろうという疑問は消えたわけではなかった。

第2章　自我分析

　こどもたちが順調な生活に戻って以来、何年経過しただろうか。最初は好きな本を乱読するだけだったが、取り立てて理由もないままフロイトに接近し始めた。こどもたちの異変を精神分析によって明らかにすることができると考えていたわけではない。しかも、最初はほとんど理解できず、何かとてもグロテスクなものに思えて入り込めなかった。どの著作も難解で抵抗をおぼえるようなものばかりであったが、文学、芸術の分析論を読むうちにだんだん興味をおぼえたのだと思う。そしてフロイトのテキストに書いてあることがだんだんわかるようになるにつれてますます多くの著作を繰り返し、覚え込むほど徹底的に読んだ。フロイトの理論をみずからの頭脳に構築していくことに興味を覚え始めた。が、一方ではあの不可解な現象を忘れようとはしたものの何かのきっかけに過去のつらい記憶と感情が蘇った。精神分析が必要だと思っていたわけではなく、今になって思うとなぜフロイトを読みだしたのかまるで記憶にない。偶然にこの二つのものが私のこころのなかで一つになったにすぎない。そして精神的に孤立した生活を十数年間続けているうちに私の思考は次第に何かを表現し始めた。

①微かな感覚

　考え始めた最初のきっかけは小学校のあいだに翔太の性格が変わったように感じたことだ。友人の影響などでこどもが変わることはよくあり、一般的にはさほど気にとめることでもないかもしれない。こどもが元気であれば忘れてしまうようなことだろう。だが、過去の記憶のなかから浮かび上がってきた翔太の姿が何かを意味しているのではないかと思い始め、そのときの様子を思い起こしてみた。

　R県のある地方都市、P市の公立小学校での出来事である。4年生の春頃だったろうか。その日は授業参観があり、私は学校に行っていた。3、4時限目は図工の時間だった。校舎の裏にある、からたちやもみじなどの木々のたくさん茂った校庭の4分の1ほどの広さの場所で、こどもたちがめいめい植物をスケッチす

るのを他の母親たちとともに見守っていた。3時限目終了のチャイムがなり、教室に戻ることになった。クラスメートの母親たちとたわいないおしゃべりをしながら、教室に戻ろうとして下駄箱から渡り廊下へと続くところで、顔見知りのお母さんに呼び止められた。いつもPTAの会合で顔を合わせる人だった。4年生の教室だけは他の教室とは別棟のところにあり、本校舎と4年生の教室を直角につなぐ渡り廊下が東側の植物園と大きな校庭とを仕切るように位置していた。次回のPTAの会議について打ち合わせをしているうち、つい夢中になって話し込んでしまい、周りをみると、誰もいなくなっていた。ほかの母親たちもこどもたちもほとんど教室に戻ったようだった。4時限目開始のチャイムが鳴る前にいそいで話をきりあげようとして、ふと気がつくと翔太が校庭にぽつんとひとりたっていた。「何しているの？　みんなもういっちゃったわよ。」校庭にひとり取り残された様子はいつもの翔太とはまるで違うようだった。友だちをあちこち探し廻っていたのだろうか。いったい何をしているのだろうかと不思議に思うが、何もいわない。「おどおどした」不安に満ちた様子は、まるで思考力が働いていないかのようだった。そして、私と目を合わせたが、無言のまま呆けたような顔をし、背骨がぐにゃぐにゃと柔らかくなってしまったかのように身体を斜めにかたむけ、首をうなだれてのそのそと下駄箱のほうへ歩いていった。しかし、このような状況はこどもには起こりがちなことであるし、そのときはべつに気に留めることもなく、日々の生活のなかで忘れてしまっていた。だが、今突然そのときのことが記憶のなかから浮かび上がってきたのだ。幼児期のことを過去に遡ってずっと思い返してみたが、あの「おどおどした」態度はやはり何か変だと思う。それまでにはみられなかったようなその態度に何か異質なものを感じ、さまざまなことを想起するうちにそれが変化につながっているのではないか、これが変化の兆候を示しているのではないだろうかと考え始めた。当時はこれが重要な意味をもつとは思いもよらないことであり、記憶のなかからは消えていたが、今再びあのときの不安に満ちた翔太の姿がひどく気になりだした。それにはこのような翔太のおどおどした様子だけではなく、さらにもう一つの出来事があったからだ。

　二つ目の兆候は小学6年の転校の際に現われた。夫は仕事の関係で3、4年ごとに転勤になった。夫の転勤にともない家族は転居し、つねに家族5人は一緒だった。翔太が小学6年に進学するときR県のP市から東京に転居した。P市の小学校では親友、潤二君と常に行動を共にし、翔太はこのうえなく楽しい日々

を過ごしていたようだった。しかし、転校することについてはなんの心配もしていなかった。1年生のときすでに東京の小学校は経験していたし、幼い頃から転居を繰り返していたので引っ越しには馴れているはずと考えていたからだ。翔太も同様に感じていたと思う。1学期の始業式が始まる前日まで、私はこどもたちの転入手続きや姉の制服の準備のために忙しく飛び回っていた。その後も数週間ほどは、たか子の通う塾や兄弟3人のピアノの先生やスイミングスクールを探すのに私は忙しくしていたが、そのうちに翔太はだんだんと朝起きられないようになり、いつものように朝決まった時間に起きて、朝食をとって出かけることができなくなってきた。身体の具合が悪いと訴えることはなかったが、とにかく朝起きられなかった。原因がわからなかった。ぜんそくの薬をもらうため、2週間に一度病院に行くことになっていたので、医師にこれまでのぜんそくの経緯や転校のことなどを話し、微熱がつづいていることを話した。最初の診断では風邪もひいていないし、その他に症状もないことから、いつも飲んでいるぜんそくの薬だけもらって帰った。症状といっても37度2、3分の熱があるだけで、他には何の症状もなかった。いつも午後には元気を取り戻し、健康には問題はなかったといえる。朝、学校に行けない、起きられないということだけだった。学校を嫌がっているような様子もなく、とにかく何の理由もみつけられなかった。しかし、田舎の学校では大好きな友だちと楽しそうに遊んでいたところから考えて、今回の引っ越し以外に原因は考えつかなかった。たんなる母親の直感のようなものであったが、なんとなく心理的な影響ではないかと漠然と考えていた。しかし、引っ越しにかんして親を非難するわけでもなく、自己非難や自己卑下といったような言葉も何もなかった。食欲もいつもと変わらず、嘔吐感もなく、どこか身体に異常はあるようにはみえなかった。どちらかというと普段からあまり話すほうではなかったが、このときは極端に口数が極端に少なくなり、ほとんど何も話さない状態だった。4、5日欠席が続いたあくる日、先生が迎えにきたが、その日も起きられず、翌日は必ず登校すると本人がいうので、翔太のいったとおりを先生に伝えた。翔太は先生に会おうともせず、その日も午前中いっぱいベッドのなかで横になっていた。欠席は続いた。4月の初診以来ぜんそくの症状はなく、朝の微熱以外にはほかになんの症状もなかったが、あまりに欠席が続くことに心配になり、再度その小児科の医師を訪れた。30歳を少し過ぎたくらいのその小児科の医師は翔太の様子をみて、健康状態に問題はないと判断したようだった。その後もやはり起きられなかったが、近所に住むクラスの男の子、I君が学校の帰

りに見舞ってくれるようになり、何日かそれが続き、いろいろとクラスのことを話したり、遊んでいったりしているうちに、だんだん仲良くなり、毎朝迎えにきてくれたこともあって、徐々にきちんと登校できるようになった。学校に行くようになってからも微熱は続いていたが、その後の生活はまるで何事もなかったかのように1学期が終わった。夏休みに入るとP市の親友潤二君の家に泊まりに行き、とても満足して帰ってきた。夏休みは近所のI君とよく一緒に過ごした。塾もI君と同じ塾に通うことに決めた。その後は微熱が出ることもなく、なんの問題もなく小学校を卒業した。この6年生の転校時の不調については2学期になって翔太が元気になるにつれて、記憶のなかから消えてしまった。その後、中学入学に際し都内で一度転居したが、何も問題はなかった。中学3年の1学期の体調不良を訴えた最初の長期欠席のおよそ3年前、つまり不登校になる3年前の小学6年の転校時、不登校の前兆ともいえるような欠席状態があったということだ。

　当時は現実に起きていることに対処するだけでじっくり考える余裕などはなかったが、小学6年の転校時の「何か変だ」という私の微かな感覚は、幼少時からの経験の蓄積や教育の成果が消失してしまったように感じたことだ。実際に、翔太のこの欠席について、クラスメートの母親に「過保護なんじゃないの？」といわれたが、「こんな子であるはずがないのに。どうしたのだろう」ということ以外は何も考えることができなかった。私が常日頃翔太にたいして感じていたこととは何か異質なものを感じたという感覚的なものであり、現実の翔太と私のなかの翔太とのあいだの微妙なずれである。転校にも慣れているはずであり、交友関係のトラブルにも充分に対処できるはずであり、何か変だという思いであった。中学3年の1学期になって顕在化したあの「異変」を心因性のものであるとは考えにくかったのも同じ理由による。不登校になる数カ月前の中学2年の12月、養護教諭が懸念するにもかかわらず翔太の不調の原因は学業での悩みや友人とのトラブルなど具体的なことに起因するものではないと私が判断したのは、嫌がらせや暴力的で粗暴な男子などへの対応にたいしてはすでに免疫があると考えていたからだ。こども同士の交流の際に起きるこのような問題は幼少時から何度も経験し、学校生活に支障が出るような問題ではなかったはずであり、そのようなことで学校を欠席するはずはないと思っていた。このことは姉のたか子についても同様であり、この同じ時期、たか子はP市から東京の区立中学校に転校したが、なんの問題もなく通常どおりの学校生活をしている。だから、この1年後の転

校の際、たか子が突然に学校に行けなくなるという事態に私は冷静ではいられなかった。

　さて翔太の小学6年の転校については「何か変だ」という私の微かな感覚はあったものの、この期間の欠席については当時さほど重大なことには思えなかった。翔太のちょっとした躓きは親友、潤二君との別れによって繊細な翔太のこころに何か心理的な悪影響が引き起こされた結果なのではないかと当時は簡単に想像しただけで、この原因を深く考えてみることはけっしてなかった。何かとんでもない事態が起こっているとはまったく想像もできないことだったし、それほど重大なこととは考えてもいなかった。当時は何もわからなかったのだ。何一つ理解できなかった。人生の大事な最初の十数年がこれほどひどいものになるとは思いもよらないことだった。しかし、今再び冷静に思い返してみると、小学4年のとき、学校でみかけたあの「おどおどした」様子と小学校6年の転校した時の翔太はたしかにそれまでの翔太とは違う。小学校4年のときのおどおどした様子は何かが変わったことのサインであり、その後に起こった異変の前兆なのだと思う。何かが変わったために小学6年の転校でちょっとしたつまずきを起こし、それは不登校につながっているように思った。それまでは示したことのなかった「おどおどした」態度、さらには小学6年の転校時、つまり11歳の数週間の欠席状態、これらのことは何か重大な変化を示唆しているのではないかと考え始めた。考え始めたきっかけは「何か変だ。以前とは違う」という当時の私の感覚的な印象から掘り起こした記憶である。

　その記憶の掘り起こしの作業をすすめることにした。以前の回想の繰り返しになる部分もあるが、再度私の記憶のなかにある翔太の過去のことについて考えてみた。過去の記憶をさかのぼりながらあれこれ考えていくうちに「何か変だ」という感覚の奥にある記憶につながった。それは友人関係が変わったのではないだろうかという疑問である。6、7歳頃までの友人関係は流動的だった。つまり、誰とでも仲良く遊んだ。それはP市に引っ越す前、東京で生活していた頃のことである。幼稚園の年長クラスで一緒になった少年とは気が合ったらしくとくに親しくなったが、1年生になったときもとくに親友と呼べるほど親しくしていた友人はいなかったと思う。幼稚園のときに培った自分にたいする自信と多くの友人たちとの交流から得られる喜びはまったく変わらないもののようにみえた。小学3年の頃まではいかにも男の子らしく積極的で自信にみちたものだった。堂々

とした、小さくとも一人前の人間であるという雰囲気はそれまでの私の教育方針は間違っていない、そして良い結果として現われているようでとても満足していた。

　夫の仕事の関係からどこに転勤しても職員宿舎に住んでいた。だから、物心がつく以前からすでに同年齢のこどもや両親など多数の人間が集う環境にいたために、近所のこどもたちだけでなく誰とでもつねに積極的に遊んでいた。初対面のこどもでも意気投合すればひたすら楽しく遊ぶことができた。私はあれこれ命令してこどもたちの生活に介入するのがいやだったので、こどもたちの安全を確保できさえすれば思う存分自由にのびのびと行動させた。最初の試練は東京の幼稚園の年中組への転入だった。当初は男の子どうしの乱暴な振舞いや嫌がらせにすっかり神経をすり減らしてしまったようだったが、母子で話し合いながら解決すべきこと、克服すべきことを見出す手助けをし、こどもがさまざまなことに挑戦し、できるだけ長所をのばすことができるように工夫した。そのうちに昆虫のことに関しては誰にも負けないという評価を獲得し、友だちと積極的に交際できるようになっていった。経験によって自信をつけた翔太は6、7歳になると教育の成果が結実したと思われるような確固とした性格を形成していったように思う。何事にも積極的で自信に裏打ちされた態度、熱中して取り組む姿勢、仲間たちと心から楽しんでいたように思う。また、何かを思い込むとただひたすら脇目も振らずに熱中するようなところがあり、ひとりもくもくと作業に打ち込むことが多かった。遊ぶ相手がいないときは昆虫観察に熱中していることが多かったが、昆虫以外には不思議なあそびを自分自身で考え出してはひとりで遊んでいた。また、ひとりでいるときや妹の友だちと一緒のときは自分のやり方を押しとおし、マイペースだった。自分の主張、自分のやり方、自分のキャラクター等、7歳の少年にしては自己形成がしっかりと出来上がっていると感じていたが、それは周囲の目からもはっきりと認識できるものだった。自分というものがしっかりと存在していた。だから、何をするときでも母親がほとんど口出しをしなくても安心して彼自身の判断に任せることができた。自信に満ちた彼の態度からは明らかに成長が感じられ、まったく安心できる存在だった。そして、妹や妹の友人といった年下のこどもだけでなく、みずからの周囲にいる友人たち、さらには人間だけでなく虫たちも含めて面倒見の良いところが彼の性格の特徴の一つだった。またそれと同時に生来の気弱さがあった。普段家庭内や気のおけない友だちのあいだでは自己主張の強さはあったが、少しの叱責やちょっとした非難めいた言葉に過敏

で、私がちょっと声を荒らげただけでひるんでしまい、目には今にも涙が溢れそうになってしまうのがいつものことだった。私は翔太のこの気弱さを嫌っていたが、こども時代の私とそっくりだといつも思っていた。だが、男の子らしさは充分すぎるほどあったと思う。趣味の対象は昆虫のほかにも自動車や機関車などが大好きで遊ぶときは男子だけの集団のなかにいることが多かった。翔太のこども時代はまったくの普通の少年であり、両親が健在で兄弟や友人と喧嘩したり騒いだりする何処にでもいそうな少年だといってよいと思う。周囲の人たちからもそのような評価だったし、昆虫への没頭の度合いがはなはだ強く個性的といわれることはあったが、その他については教師、医師そして、周囲の人々から発達や性格の問題などの指摘を受けたことはない。それとは逆に性格がとてもおだやかで大人しく、乱暴な言葉を吐くとか、荒々しい態度は母親でさえみたことがなかった。他のふたりの兄弟と同じように両親や祖父母の愛情を享受していたごく当たり前の少年であったと断言してよいと思う。親友、潤二君と出会うまでは教育の成果を充分に認めることができるような、明るく、のびのびと屈託なく振舞う少年であり、世話好きな昆虫少年であった。

　幼稚園2年間と小学校1年の合計3年間、東京で生活をした後、小学2年のときR県のP市の小学校に転校した。無二の親友、潤二君と親しくなったのは小学3年生になってからだった。いつも4、5人のグループでマウンテンバイクを乗り回し、屋外での遊びに熱中していたらしい。長時間にわたり遠出しているようで家で遊ぶことはほとんどなかった。そのグループのなかでも潤二君は別格だったようだ。他の友だちについて私に話したのは友だちの名前くらいで、それ以外のことはあまり知らなかった。潤二君のことは両親のことから兄弟のことまで翔太の話をとおしてほとんど全部知っていた。潤二君の兄弟と我が家の兄弟と一緒になって遊ぶことも多かったし、夏休みの旅行は潤二君一家の旅行に参加させてもらったこともあった。家族同然であった。友人というよりは人間関係の距離感としては家族と同じくらい近かった。しかも家族と一緒にいるよりもはるかに面白かったようで、家にいるときも潤二君の話ばかりだった。彼の生活のすべてが潤二君中心であったと思う。潤二君と喧嘩をした話は一度もきかなかった。とにかく気のおけない友だちであるらしかった。潤二君のお父さんはその地方都市では名士であるらしく、学校でも強い影響力をもっていた。潤二君のグループに所属していることが特別なことであるようだったが、翔太は潤二君のお父さんには関係なく、潤二君のことが大好きだったのだと思う。5人兄弟の次男であっ

たが、身体も5年生にしては大きく、ほとんど中学生のようだった。学年会長か児童会長を務めていたと思う。成績のことはあまり聞いたことがなかったので、よくはわからないが、けっして大人しい優等生ではなかった。おとなに対してはとても礼儀正しかったが、遊びかたは乱暴といってよいほど荒々しかった。その場にいたわけではないので、よくわからないが、マウンテンバイクでかなり危険なことをしていたようだった。脛を血だらけにして帰って来たことがあったので、理由を聞くと、急な坂をマウンテンバイクで降りる遊びをしていて、ひっくり返って転げ落ちたといっていた。それにしても、とても慎重な翔太の性格から考えれば、ひとりではけっしてそんなことはできないだろうと思った。潤二君のすることはなんでも一緒にしていたが、かなり無理をしていたのだろう。遊び疲れて帰宅すると、「頭が痛い」といって早々と寝てしまうことがたびたびあった。潤二君自身、友人たちだけでなく、先生からもその素質を高く評価されるような秀でた存在であったが、翔太にとっては特別な存在だったに違いない。潤二君との交際は小学3、4、5年の3年間とその後、翔太が東京へ転校した後も7、8年は続いていたようであったが、ようするに潤二君は翔太にとってはかけがえのない友、理想の友だったのだと思う。

②性格の変化

　翔太の友人関係について考えてみた場合、潤二君との交友関係だけを思い起こして検討した場合にはまったく普通の友人関係であり、何が問題になっているのかはわからないだろう。私も翔太の小学6年の転校の際には「何か変だ」という意味不明の感覚のみであり、何か異常があるなどということは頭の片隅にすら浮かばなかった。それは二つの友人関係を比較することによってしかみえてこない。つまり、潤二君と親友になる以前と以後の比較である。記憶の掘り起こし作業を継続する中である事実が浮かんできた。小学2年（7歳）のとき、P市の小学校に転入する際、R県にある国立大学の付属小学校の編入試験を受験したことがあった。試験当日、隣にいた男の子とすっかり意気投合して楽しくなってしまい、ふたりではしゃいでいたらしい。試験が終わり、とても楽しそうな表情で母親のもとに戻ってきたが、別れ際にその男の子に名残惜しそうに「バイバイ」といって別れた。楽しかったのと聞くと、「とても楽しかった。でも騒いでいたので先

生に注意された」と話した。編入試験は不合格であったが、そのはしゃぎ過ぎが原因だったのかどうかはわからない。このはしゃぎ様はたしかにいつもの翔太より元気があり過ぎたようにもみえるが、これが以前の翔太だったと思う。たまたまそのとき意気投合した相手がいたためにこころがウキウキして騒ぎ過ぎてしまったのかもしれないが、ほんとうにそれだけのことだろうか。とてもそうは思えない。またこのことに加えて思い出されることは先の受験の結果、市立の小学校に転入したが、このときも何の問題もなくクラスのなかに素早くとけ込み、マイペースで昆虫好きというキャラクターによって承認されたようだった。いつも夢中になってクラスメートと、あるいは昆虫と戯れていた。姉が小学4年で転校した国立の付属小学校よりものびのびと遊べる分だけ翔太にとってはかえってよかったとさえ思った。つまり転校による心理的な問題点はいっさい存在しなかったということだ。だから、その頃の性格から考えると、小学6年の転校時の翔太の様子は考えられないことだ。何かおかしい、こんなはずはないのにという微かに感じられる違和感が私にはあったが、当時はこれが何なのか説明できるはずもない。どうしたのだろうという私自身の戸惑いがあるだけだった。しかし、現実に起きていることは否定しようがない。起きていることが現実なのだ。朝起きられない日が何日か続いた。ただそれだけのことだが、これは7歳の頃の翔太の延長上の出来事としては考えにくい。ほかになんの病気もなかった。欠席の理由として考えられるようなことは何もなかった。そして、この数週間の欠席の後、新たな友ができてからは学校生活になんの問題もなく、健康的といえる日常であった。

　おそらく3年生になって親友、潤二君との友人関係が変化の引き金になったのかもしれない。潤二君との交際によって翔太において何が変わったのかと考えてみると、もっとも気になるのが友だちに対する依存度、重要性が変わったことだ。そして、友だちとの距離感が近くなった。以前は友人との関係は淡白だったものが親友との離れ難い感情が強くなったということだろう。そもそも友人関係や人間関係は個人によって距離感や重要度は微妙に異なるのだろうか。その重要度は翔太と潤二君とのあいだの差でもあるだろう。潤二君は翔太にとってはかけがえのない無二の親友であったが、潤二君が翔太と同じ気持ちをもっていたかというと、そうではないかもしれない。潤二君の友情は偽りの友情だといっているのではなく、翔太ほどには熱い思いがなかったと考えることもできるだろう。ふたりの友情がその後も長く続いていたことを考えれば、真の友情には違いないだろうが、ふたりの性格の違いかあるいは情熱の違いなのか、何か微妙に違うものが

あるようだ。翔太にとっては潤二君との生活がすべてといってよいほど大きな比重をしめていたのにたいして、潤二君にとって翔太はひとりの親友としての価値、つまりかなり重要であるには違いないが生活上のきわめて大事ないくつかのもののうちの一つでしかなかったのかもしれない。だから、潤二君にとっては翔太との友人関係は親密であるには違いないが、潤二君は友人関係によって大きく影響されることは少ないのだろうと想像できる。こどもたちにとって友人の存在がどれほど重要であるかはおとなが想像する以上にどのこどもにとってもかけがえのないものであるに違いない。どれほどかけがえのない友人であるかは、たとえば体験の共有によって生じた心の絆とか信頼感などのほかにも価値観や好みなどのさまざまな要素によるだろう。でもやはりたしかに個人によって異なる何かが存在するように思う。小学1年の頃、翔太を慕って、いつも一緒だった同級生がいた。翔太はまるで母親か兄貴分のような存在で、細かく気がつき、何事につけ面倒をみていた。身体の小さな少年だったと私は記憶している。以前はこのような少年を支えるほうの立場にいたはずが、潤二君と交際した以降にはそれが逆転したような印象がある。翔太の変化はこのような友だちへの依存度と深く関連している。また、潤二君は翔太にとっては友人への依存性と同時になくてはならない友、かけがえのない存在だったようだ。友人にたいする依存度とこの「かけがえのなさ」は以前にはなかったものだ。このあらたに現われたような特徴はいったい何を意味するのだろうか。

　当時私は翔太の性格の変化には気づいていない。こどもは人格形成の途上にあるという考え方も変化を見過ごすことにつながっているようだ。友人や先生の影響、改善か改悪か、また一時的か長期的かなど流動的な側面があり、性格が変わるということについてあまり神経質にはならないのが一般的ではないだろうか。だがやはり親友、潤二君との交際以前と以後に二つの異なる友人関係が浮かび上がってきたように思う。これは何か変化があったことを意味しているのかもしれない。この変化の内容次第ではきわめて重大なことを示唆している可能性は大きい。翔太が小学校1年生のとき仲良くしていた身体の小さな少年との友人関係のようにその子にとって翔太は必要な存在であったかもしれないが、翔太にとってはその子はひとりの友人であり、その存在が支えになるほどの重要性を感じていなかった。それと同様に潤二君と翔太ではふたりのあいだには違うものが存在する。小学校1年生のときには翔太がその子の世話をし、相手を包み込むような関

係だったのが、潤二君との交際以降に現われた性格はそれが逆転して潤二君に包まれるような関係に変化したといえる。全般的にひどく依存的になった。年齢がひくいほど友だちに依存的なのは理解できる。また思春期のように親離れの必要なときに友人関係が重要な役割をになうことも周知のことだ。だが、翔太のように友人関係がきっかけになって逆に依存的になるというのはどう考えても不自然だ。4年生のときのあの「おどおどした」様子と6年の転校時の欠席はやはり異変の前兆なのだ。

　この距離感のなさを考えるとフロイトが「集団心理学と自我分析」で述べた「寒さに震えるヤマアラシについての有名な比喩」[1]は重要なヒントを与えるものであると思う。このような距離をおいた友人関係がこどもたちにとっては苦手なものになった。6、7歳の頃まではたしかに「ヤマアラシ」の友人関係だったような気がするが、親友の潤二君と交際するようになってから友人は不可欠になり、過度に依存的になった。こどもたちのなかの何がこのような相違や個人差を生みだしているのだろうか。そのことから考えると、潤二君との交際以降、翔太のなかの何かが変化してしまい、それがこのように友人関係に大きく左右されざるを得なかった状態をつくり出しているのだから、その変化の原因を突き止めることができれば根本的にこのような二つの友人関係の相違を生みだすものが何なのか、それを探し当てることができるはずだ。

　友人関係の違いに気づいたのは、あの異変があったときから10年以上経過した後のことである。当時感じていたのは感覚的な違和感のみであり、変化にはいっさい気づいていない。過去のことをあれこれ回想してはじめて気づいたことだ。小学校に入学した後は親との接触時間よりも友人と過ごす時間のほうがだんだんと長くなっていったため、毎日身近に接していながら、この間に性格が変化したのか、何が変化したのかは母親でさえも全然わからなかった。母親でさえ気がつかないうちに何かが変わった。帆かけ舟という折り紙があるが、帆の部分を手で押さえていると思っていたら、いつのまにか舳先の部分に変化していたとでもいったような感覚である。友人関係が契機になっているのではないかと考えてみたが、何が変化したのかよくわからない。しかも本人でさえ自覚のないままに変化が起こっているようだ。それが意識されないままに変化しているために、本人にとっては今までと違う自分であるなどという自覚はなく、どの転校についても同じように行動しているつもりなのかもしれないが、明らかに行動の仕方が変化している。付属小学校の編入試験のとき、初対面の男の子と楽しそうに過ごし

た7歳の頃と11歳の転校時の活力が消失した様子の違いは明らかである。だが、それはその時々の気分の変調といったものではなく、より長い時間の経過のなかではじめてとらえることのできる変化なのだ。性格の問題として考えるべきものか、きわめて微妙で重要な問題である。性格についてはさまざまな心理検査や性格テストによって、明確になることもあるだろうが、ひとりの人間の性格の変化、あるいはそれと友人関係との関連ということになると、どのように考えたらよいのだろう。友人によって感化されることはよく起こることである。ただ、その場合は趣味とか言動や考え方といったような表面的な変化として現われてくるのではないだろうか。このような表層的な変化であれば母親はたいてい気づくはずである。そのような表面的な部分は変わっていない。だから、こどもの変化に気づかなかった。以前は初対面のこどもでも臆することなく、誰とでもよく遊んだ。友人関係については、幼稚園時代に課題を克服したと考えていたので、小学校の入学時にもまったく心配していなかった。予想どおり、屈託なく、のびのびと学校生活を楽しんでいるようにみえた。小学校に入学した時点で友人たちは新たな顔ぶれに変わり、幼稚園時代の友人たちとはお互いに自宅が遠かったせいもあって、顔を合わせることはなくなったが、ごく当たり前のこととして新たな友人たちとの輪をつくっていった。小学校2年時にP市に転校したときも同じ状況であった。それまでの体験から考えれば、生活の場が変われば新たな人間関係を最初からつくりあげる。これを当然のことと考え、器用に社交性を獲得できたものと思っていたが、11歳の転校時にはこの当然できると思われていたことができなくなった。この誰とでも気軽に楽しく過ごせる技量とは何に由来するのだろうか。これを社交性と呼んでよいのだろうか。それにしてもこの社交性とは社会的スキルではなかったのか。友人関係が変わったこととどのような関連があるのだろうか。あるいは性格の変化なのか。当時は性格が変化したという認識はなかったが、7歳と11歳でこのように性格が変化するのだろうか。考えれば考えるほど不可解だが、この落差は現実だ。7歳の頃はあまりにも幼く、周囲の状況をよく理解することができないから、誰とでも無邪気に楽しく遊べたということなのだろうか。11歳になってそれだけおとなに近づいたからなのだろうか。いや、けっして、そのようなものではない。成長した結果の落ち着きどころではない。その反対に、気の抜けたような反応の乏しさと言語を失ってしまったような無言の状態、病的ではないとしてもまるで無表情である。しかし、このような状態も小学6年の転校時のほんの一時的なものだったので、友人と生活を共にする

通常の学校生活が始まってからは以前とまったく変わらないもののようにしか思えなかった。

　親密な友人関係がこのような異変を引き起こしたと考えてよいのだろうか、ほかに考えられ得るようなことは思い当たらない。親が死んだとか、本人が大事故に遭遇するようなことでもあれば、周囲の環境の激変が心理的に重大な影響を及ぼしたとしても不思議ではないが、それ以外に周囲からの影響が何か異常な事態を引き起こすとは、普通にはあまり考えられないことなのではないだろうか。小学生になれば親の知らないところでの体験が重大な変化を引き起こしたと考えることができるかもしれないが、このような変化は兄弟３人に共通しているのだ。転校が多いことから考えるとカルチャーショックということも考えられるかもしれない。しかし、以前に精神科医や心理学の専門家による「不登校」のセミナーに参加したことがあったが、その際に話し合った母親の話では彼女の息子は一度も転校したことがないということだった。本人の話を聞いたうえで詳細に考えるべきことではあるが、母親の話からは一応翔太と同じ心理状態の不登校であると判断した。要するに精神病、神経症などの病気であると診断がつくもの、学業およびその他の挫折体験やいじめなどの具体的な原因から生じた心理的挫折など、これらのような直接の原因となるものを見出すことができないケースである。だから、それはきっとカルチャーショックのような大きな環境の変化よりももっと身近な生活の場の問題なのだと考えることができる。やはりどう考えても、翔太の変化の原因は日常的な友人関係しかないような気がする。それは結局友だちにたいする依存度に関連していると思うのだが、その依存性が友人関係を契機として強く現われるようになり、それが性格、あるいは人格の変化につながっているようにみえる。友人関係とは環境、あるいは外界の問題、つまりそれは周囲にいる友人たちとの日常生活の場の問題であり、そして人格を精神の内界の問題とすると、友人関係の違いがこのような結果として顕現するなどということは信じ難いことだが、やはりこのこと以外に考えられることはないようだ。７歳と11歳でこのような違いが現われたとすれば、外界の変化が精神の内界に異変を引き起こしたか、あるいは逆に精神の内界の変化が先行して、外界に変化をもたらしたのかもしれないが、どちらにせよ、外界の変化と内界の変化とは関連があるに違いない。友人関係が変わった。それと同時に精神内界に変化が起きている。おそらく、友だちとのトラブルといった日常生活の次元で対処できる問題ではない

のだ。東京からP市への転居の際、たか子を除いてなんの問題もなく学校に行き、しかもおおいに楽しんでいるようにみえた。たか子の小学4年の付属小学校への編入時にさんざん苦労したことはすでに話した。4年後にP市から東京に戻ったが、たか子は中学2年の東京への転校時には不適応は起こしていない。このときは翔太の数週間の欠席以外、ほかのふたりは通常どおりの学校生活だった。P市から東京に戻った1年後に都内で転居したが、理由は先に述べたように暴力事件が頻発する中学校に翔太を通わせたくないという私の考えからだった。たか子が中学3年で不登校になったとき、翔太は同じ区立中学校に入学したが、近隣のこどもたちとすぐに仲良くなったようだった。この都内での転校の際、クラスに溶け込むのにとても苦慮したことを後になって次女の麻衣が私に話したことがあった。小学5年であったが、麻衣は親しい友だちをつくるのにほぼ1年間を要したようであった。何度も転校を繰り返しているにもかかわらず、また、さまざまな辛い状況を経験しているにもかかわらず、ある時期のみ学校に行けない状態に陥るのは転校、あるいは日常的なトラブルや苦境が不登校のきっかけになるわけではないようだ。すなわち精神内界の何かが関係しているのではないだろうか。

　小学2年生まではフロイト理論のとおりに、エディプス段階を達成して、潜在期にはいったと考えてよいだろう。しかし、3年生になって潤二君と仲良くしているうちになんらかの変化が起こった。「ヤマアラシ」のような距離をおいた友人関係は不可能になると同時に「暖を求める欲求」のために友だちが不可欠なものになったといえるだろう。この変化はたとえば「自我」の変化と関連して起こっていることなのではないだろうか。今までに述べた性格の変化の特徴をまとめてみると、

・友だちに対して*依存的*になった、
・*社交性がなくなった*、
・さらには友だちに*固定的に執着し、人間関係の流動性を獲得しにくい*、

などが考えられる。このほかに具体的にどのような変化があったのだろうか。二つの友人関係を比較して考えてみると、性格、行動の仕方など変化した点が多い。変化後の性格について考えてみると、エディプス期の段階で達成した人格の特徴が失われてしまったように思う。小学校4年生のとき、あのおどおどした様子が表わしているとおり、もうこのときにはすでに精神内界における重大な変化があ

り、これが自我の変化の兆候であったということなのかもしれない。友人にたいして依存的になった。以前は他人の言動にあまり左右されずに自分自身の基準にもとづいて行動していたが、自律性がなくなった。もし、自我が一時的な機能停止のようになんらかの影響を被った結果であるとするならば、以前の7歳の頃の翔太に戻ってもよいはずだ。しかし、明らかに変化したままである。獲得したはずのエディプス期の特徴がなくなってしまった。先に述べた特徴のほかに自発性がみられなくなったということもそのように判断する根拠になるだろう。あり得ないことのようにも思えるが、過去の記憶をたどった結果である。当時は人格の変化には気づいてはいなかったため、観察にもとづいた特徴の相違を詳細に述べることはできないが、行動様式と人格、あるいは性格というべきなのかよくわからないがたしかに変化したといえると思う。温和でやさしい性格は以前と変わらないのだが、それまでは長所だったものがマイナスに記号化されたとでもいったらよいだろうか。つまり、自律的な人格の代わりにあらわれてきたものを表現すれば他者にたいしても生活においても依存的で弱々しい部分がより強く前面にあらわれてきたことだろう。また翔太の生活のすべてが親友と共にあり、**人格のすべてがかかわるような距離感の近い人間関係に変化した**ことである。現時点では少なくとも次のようなことがいえると思う。

I. エディプス・レベルの性格の特徴がなくなった

　エディプス的な自我の発達において同一化は自我を拡大する重要な要素である。ところが、翔太の場合に起こったことは何か逆のようだ。自発性、自律性などエディプス期の特徴がなくなった。特徴がなくなったどころかまるで自我が機能していないようだ。順調に発達していれば、このようなことは起こるはずはない。ということは退行なのだろうか。しかし、実際には当時は何かが変化したことにさえ気づいていないのだから、そこから退行という概念がなぜ、どのように適用されるのか答えを探し出すのは不可能だ。もっと事実に即して考えていく必要がある。

　さて、もう一度、6年生の転入時のことを思い出してみよう。そのとき私が感じたことはエネルギーがからっぽだということだ。言動に辻褄の合わないことがあるわけでもないし、微熱以外、病的なところもない。転校したことについて愚痴をいうこともなく、親を恨んで反抗するわけでもない。何も語らない。6年生の転校時のあのような状態はいったいどうしてなのだろうか。食事もきちんとと

れるし、不眠などの日常生活を困難にするような症状もないところからすると、自我の自己保存のための機能はちゃんと働いているようだ。つまり、生体を維持するためのエネルギーはちゃんと供給され、その機能に問題はない。ハルトマンの理論にしたがえば自我の一次的自律機能は正常に働いているということだ。ということは、性エネルギー、つまりリビード[2]の対象関係に限定された問題なのかもしれない。潤二君とは離れて生活をしなければならないのであれば、フロイトの理論からいえば、潤二君の表象を自我に取り込んで同一化をするはずではないのだろうか。しかし、同一化をしない。自我は対象を取り込むことによって同一化の機制を働かせ、自我の力を発達させる。これがフロイトの理論における通常の自我のはたらきである。しかしながら、これらの理論は仮説モデルであるということに留意しなければならない。フロイト理論はあくまで理論的に抽象化された仮説モデルである。個人の分析では実情はまるで違うということがさまざまな文献からは推察される。女子の場合は男子と比較して潜在期にも親へのリビード的なつながりはそれほど簡単には切れないのが普通であるようだ。男子の場合には去勢不安に脅かされるためにエディプス・コンプレックスが急速に抑圧されるようだが、どちらにしても実際には理論どおりではないというのが一般的なところらしい。しかし、それにしてもフロイト理論の潜在期の自我とはほど遠い状態だ。やはり病的に退行した自我なのだろうか。なぜだろうか。

　まるで恋人との別れが信じ難いといった茫然自失した様子で、当時は潤二君との別れがそのような状態にしているのかもしれないと想像し、そのうちに元気になるだろうと考え、さほど重大には考えなかったが、今思い返してみてもそのときの状態を心理的に説明できるような理由もみあたらないように思う。たとえば、フロイト理論では大事な人を失ったときにおこる「喪」について説明したが、このような場合、自我は「喪」を克服するために多くの仕事を課せられてエネルギーを消費するが、自我が「対象喪失」のために機能しているようにはみえない。相変わらずこころのなかでは、P市の親友、潤二君との友人関係を維持し続けていたようだ。苦痛や失意といった喪失体験はない。トラウマとなるような衝撃的な体験もなかったと判断した。あれほど満足げに、まるでこどもの天国のように友人たちと遊んでいたのに、何か衝撃的な影響を与えうるような事件や事故があったとはどうしても考えられない。幼い頃からのことを思い返してみても、結果としてそのような原因も思い浮かばないし、6年の転校時にはだいたいそのような症状も出ていない。言動はまったく正常で神経症とか障害のような症状が

出ているわけではない。小児科の医師に定期的に受診しており、当時も医師に相談していたので、もし神経症や発達障害のようななんらかの障害の疑いがあれば、小児科の医師が専門医の受診を勧めるはずである。

　朝起きられない、登校できないといったことと微熱以外には何も症状はなかった。午後には普通に日常生活を送ることができるし、親のいうことには黙って従う。しかし、何も語らないし、自発的に考えることもしない。誰かが手を差し伸べなければ何もできないといった状態である。ひどくエネルギーが低下している。自我のエネルギーの枯渇状態である。自我のこのような状態をどう考えればよいのだろうか。自己保存のためのリビードは自我に備給されてはいるが、リビードが対象から自我に戻っていない状態、あるいは自我にリビードが備給されていないような状態だ。自我エネルギー貧困の状態である。しかし、小学校6年の転校時では数週間で元気になって学校に行ったので、このちょっとした躓きはごく短期間で終わった。

③分離不安

　P市で常に行動を友にしていた親友、潤二君と別れた後、東京に転校した際に友人がいないことによって学校に行くという行為に支障が出たのも、対象依存的な自我に変化してしまったことを意味するのかもしれない。多分小学校2年生の転校時までは友人の存在に影響されることは少なかったと思う。転校することや、学校内で、あるいは放課後にひとりで行動することにはなんの問題もなく、当たり前のようにひとりでのびのびと振舞っていたはずだ。幼稚園でとくに気の合った少年がニューヨークに行ってしまったときも別に変わったことはなかった。もっともその少年と一緒だったのは7カ月だけだったので、それほど親密にならず別離が苦にならなかったのは期間が短かったためかもしれないが。友人との別離が外傷体験になったりするのであろうか。それはあり得ないだろう。潤二君は依然として大好きな親友であり、夏休みには待ちかねたようにP市の潤二君の家に泊まりがけで遊びに行っている。その後も毎年夏休みには必ず潤二君に会いに行っている。直接会うのは一年に一回か二回だったが、週末にはよく長電話をしていた。この友人との別離、いやそうではない、別離ではない。なぜなら別離とは対象の喪失を意味するものであり、「対象喪失」についての機序は詳細に説

明されているが、そのような状態ではない。翔太の場合、対象喪失による苦痛や失意はみられなかった。ふつうはかけがえのない人を失うと苦痛な感情が出てくるはずだが、それはない。対象を自我に取り入れ、同一化をするのであれば、これほどの問題を引き起こすことはなかっただろう。リビードが対象の潤二君に固着したまま自我に撤収されていないということが問題なのだ。対象喪失の理論はあてはまらないので、正確には友人の「不在」といったほうがよいだろう。変化後の自我にとっては「対象の不在」が多くの問題を引き起こす元凶であるように感じられる。多分小学4年のとき校庭でみかけた、あのおどおどした態度も仲間の不在によって引き起こされたと考えることができる。このときには自我がすでに変化してしまっているために、対象の不在が不安となって態度にあらわれたのではないかと考えた。だが、不安といっても「おどおどした」態度によって示されているだけで本人の意識はそれを不安としてとらえていないらしい。これは実際に事実として起こったことをどのように解釈するかという問題なのだが、以前にはみられなかった「おどおどした」態度は何を表現しているかといえばこれを言語的に表現するのは難しい。ただ対象の不在によって何かが表出されたような印象としかいいようがない。何が表出されたのか。困惑、思考停止、不安の入り混じったものだったと思う。だが、現実には差し迫った危険や脅威を示すものは何もない。9歳の少年になぜこのような奇妙な様子が突如として現われるようになったのかと考えれば自我の変化と関係があるとしか思えない。このような情動がこころのなかのどのようなものに由来し、どのようにして起こってくるのかはわからないが、新たに出現したかにみえる自我についていえば、どのような外的な状況が情動を生じさせるかは一応の結論として下記のように考えておこう。

Ⅱ、おどおどした様子は対象の不在によって起こる

　対象の不在によって引き起こされる心的な状態は何かという難問が出てくる。2、3歳の幼児なら母を見失ったときなどにこのような様子を示したとしても誰も不思議に思わないだろうが、なぜ9歳の少年がこのようにおどおどした様子を示すようになったのだろうか。それまではひとりでいることはまったく問題はなかったはずだ。幼児期の外傷がこのように突然に出現するものなのだろうか。しかも病的な症状はいっさい存在しない。他の自我の機能にかんしてはまったく問題はないと思う。そもそも不安や恐怖が自我に危険を知らせる信号としての役目をはたしているとしても、現実の状況においては危険だと思われるものはいっさ

い存在しない。おそらく外的な危険ではなく、内界において発生してくるものの
ように思われる。フロイトの「不安」[3] についての著作を読む限りでは、「不安」
とは神経症との関連において重要な意味をもつものであるようだ。現実の不安な
のか、あるいは神経症の不安なのかと自問してみればおそらく後者だろう。もし
自我が不安にたいしてなんらかの防御をこうじることができれば、このような状
態にはならないだろう。今まではエディプス・レベルの機能を維持していたよう
に思われたものが、まるで幼児のように対象の不在にたいして自我が機能しない
という現象が生じている。これは明らかに自我が変化したことを意味するのでは
ないだろうか。それにしてもおかしな自我だとしかいいようがない。対象の不在
にたいして自我が対処できない。つまり対象の不在を受動的に受け止めるだけで、
能動的に支配できないらしい。フロイトはこどもの遊び Fort-da について「快原
理の彼岸」のなかで述べたが、母親の不在という体験を能動的に「反復」するこ
とによって自我はそれを受け入れることができるようになる。フロイトはこれを
「反復強迫」と考え、ここから「死の本能」を演繹した。しかし、このような状
態にはなっていないらしい。だが、何度も繰り返すが、おどおどした様子を示す
ようになる前はこのような幼児性を示してはいなかった。母親の不在のみならず、
能動的、自律的な自我は年齢に応じていっさい何の問題もなく発達してきたはず
なのに、なぜこのような幼児的な不安が出現したのか、ほんとうに理解に苦しむ。
不安という危険信号を発しても自我がそれを受け身に感じるだけでそれにたいす
る防御の体制をとらない。まるで自我の変化と不安の顕現が離れがたく一つのも
のになって結びついているかのように異様な不安が出現した。とにかくこの不安
は「信号」であるようだが、いったいどんな自我に変化してしまったのだろうか。

　フロイトは不安を神経症の理解には重要なものであると考えたために神経症と
の関連から考察しているが、かなり漠然としていて把握することは容易ではない。
「不安」の理論というとすぐに思いつくのはクラインだろう。だが、クライン理
論の不安とは自我の最早期の死の本能による迫害不安であり、まったく異なるも
のであるように感じられる。文献では迫害不安にたいする自我の原始的防衛機制
である「妄想 - 分裂的ポジション」と、それに続く「抑うつ的ポジション」の理
論を土台にして考える分析家は多いようだが、あきらかに精神病やメランコリー
とは無関係だろう。翔太にとっての危険とは対象の不在と関連して起こるのだか
ら、死の本能から生じる不安ではないような気がする。

　あるいは学校に登校できないというのは、学校を恐怖の対象に置き換えている

ような恐怖症のようなものなのだろうか。ハンスの症例のように去勢不安なの
だろうか。去勢不安を引き起こすのは母親への愛とそれに伴う父親への敵意であ
る。この二つが混じったリビードが自我にとって危険と感じられる。ハンスは父
親に去勢される不安を馬に咬まれるかもしれないという外部の不安に置き換えて
いる。しかし、翔太の場合はもしも内部の不安を外部の何かに置き換えているの
なら、外部の危険を示唆するような、何かもう少し具体的な対象が存在してもよ
いのではないだろうか。ハンスのようにどんなことでもよいから語ってくれても
よさそうなものだ。危険な対象について手掛かりになるようななんらかの言動が
あるはずだと思うのだが、本人の意識は何もとらえていないことはたしかだ。欲
動の表象を「学校」に置き換えることにより危険を回避しようとする恐怖症であ
ると考えたとしても、誰か一緒であれば学校に行くことはできる。小学校6年の
転校時に迎えに来てくれたⅠ君、また中学3年のときのように一緒に楽しく過ご
せる友人ができると登校できるようになるのだから、恐怖症というよりは対象の
不在から生じる不安である。このように考えれば、おどおどした様子は去勢不安
ではなく、幼児的な退行が対象の不在を警告するものであり、不安が自我の警戒
信号になっているのだろう。確証はないが、このような不安にもっとも近いのが
「分離不安」だといってもさしつかえないように思う。

　分離不安を詳しく研究したのがボウルビィである。ボウルビィは「母子関係の
理論2」のなかでアタッチメント理論にもとづきながら、分離不安の原因を考え
た。ボウルビィの理論の土台になっているのは、比較行動学にもとづいた乳児や
動物のこどもの観察による実証的な研究の結果から導き出したアタッチメント
理論である。こどもは人間であろうと動物であろうと、生得的に母親を必要とし、
乳児期のあいだのアタッチメント、つまり母親にしがみつくことや、母親につね
に接触していることは生育には不可欠のものであると考えた。だからその結果と
して母親と離れることは不安を引き起こす。精神分析理論とは異なったパラダイ
ムにもとづくため、安易に適用できないとは思うが、それでも人間の心理状態を
説明するためには有用な理論であるには違いない。ボウルビィの研究はフロイト
理論における最も重要なものであるエディプス・コンプレックスの理論を概念的
枠組みとして採用していない。母親との離別による幼児の対象喪失と成人の死別
等による愛情対象喪失について、これらの相違点よりも類似性を指摘した。ボウ
ルビィによれば愛する人を失ったときの反応は幼児であろうと成人であろうとど
ちらの場合も同じように耐え難いものであり、こころに及ぼす影響は甚大である

という。しかしながらフロイトは、幼児の「甘やかし」は成人した後の対象喪失に耐えられないような人間にしてしまうと考えていた。ようするにフロイト理論では、愛情対象の喪失によって引き起こされた不安や絶望が過度にあらわれて成人の人格に影響を及ぼすことは幼児的、依存的であるとしているのにたいして、ボウルビィは愛情対象の喪失にたいする嘆きや悲しみはこどももおとなも共通であることを観察によって示している。ボウルビィのいう「悲嘆（grieving）」とはおとなでもこどもと同じように心理的な傷跡を残すというものである。そして、ボウルビィは母親との離別や親の育児放棄などによってこのような悲嘆や苦しみを体験しなければならなかった幼児期の外傷体験がおもな分離不安の原因であると結論づけた。

　ボウルビィは幼児の不安について独自の理論を提唱したが、不安や「悲嘆」は生得的な「アタッチメント」が妨げられたことによって生じるものであり、正常なものであると考えたとしても、翔太の示したような、おどおどした不安が自然に発生する類のものであるとか、状況によっては納得できるものであるなどとは絶対にいえないようなものであることはたしかだ。乳児や年齢の低い幼児が示すような「分離不安」を９歳の少年が示すとしたらやはりどう考えても何かおかしいのではないだろうか。ボウルビィの不安にかんするこの理論が妥当であることと９歳の少年の精神の内界の発達がどのような状態にあるのかは区別して考えるべきことなのかもしれない。

　また、おどおどした不安を母親が一度みただけでこのように判断するのは無理があると思う人がいるかもしれないが、この一つの現象は全体的な印象を集約して表現した氷山の一角にすぎない。対象の不在だけではなく、見知らぬ人にたいして社交性がなくなった。全般的に自信を喪失したような態度、積極性がないこと、長女が見知らぬ人にたいしてそれまでとはうって変わっておどおどした態度を示すようになったことなどから考えても自我が変化したために幼児的な不安を示すようになったとしか考えようがない。ではそれほどの大きな変化があったのなら、なぜ気がつくことができなかったのだろうか。私は気がついてはいる。長女については当時、異なる意味を与えていた。（本文 99 ページ参照）だが、長男の６年の転校時にはいったいどうしたのだろうという違和感があったことはたしかだ。何か変だ、何かおかしいと当時感じてはいた。だから過去の出来事の記憶をたどることができ、その結果として変化があったことを事実として考えることができたが、当時はそれがどのような意味をもつことなのか深く考えることがで

きなかった。たとえ、当時その変化に気がついたとしてもその意味を理解することなどできるはずもなかっただろう。もし、この異変がほんとうに自我の変化と関連するものであるとするなら、それは変容する実体が「不可視」だからだ。たとえば癌などのように目にみえないままに進行するような病気を検査によらずに、人間のもつ範囲の限定された知覚だけで、おまけにもし癌という病気の存在さえ知らなかったら発見できるだろうか。このことと同じことがいえるのだと思う。この変化がいったい何に由来するのかわからないが、もしこれが本当に無意識の領域で起こっていることなら、それは発見し難い変化であり、得体のしれない変容である。しかも癌なら組織が癌化しているかどうかを確認できるが、無意識という「実在」は癌よりもさらに「不可知」である。[4]

　しかしながら、わからないなりに一応、不安について整理しておこう。肝心なことは対象との離別から生じる分離不安がたとえ生得的なものであるにせよ、このような不安は幼児つまり3歳前のこどもであれば不思議にも思わないだろうが、あきらかに神経症ではない9歳の男の子になぜ対象の不在による不安が出てこなければならないのだろうか。なんらかの危険や脅威を察知したときの現実的なものにたいする不安であれば、年齢に関係なく誰にでも起こりうるが、通常は健康な9歳のこどもがこのように得体のしれない不安を起こすことは考え難いことであり、その説明こそがなされなければならないことだと思うが、精神医学または心理学の研究者などによって一般的に述べられていることは母親の育児、またはほかのなんらかの養育にかんする問題から乳幼児期に負ったこころの傷が原因となって学童期や思春期に神経症的な不安としてあらわれるという分離不安説を採用する研究者[5]は多い。一般的にはそのように説明されるが、私はどうしてもここのところが納得し難いのだ。しかも、不安についてどのような理論が妥当であるにせよ、それまではそのような幼児的な不安を示したことなどなかったのに、それが親友との交際がきっかけとなって突然に出現するようになったという事実を説明することはできない。7歳頃まではこのような不安は示したことがなかったのだから、この不安は新たに出現したように思われる自我の特徴ということがいえるだろう。それにしても9歳の少年が現実的な不安ではなく、このような神経症的な不安を示すということについて考察しなければならないということだけははっきりしたのではないだろうか。

　小学4年、9歳のときに校庭にひとり取り残されたときの様子、11歳で転校し

たときの様子をよく思いだしてみると、9歳のときは不安に代表される情動の表出のようだったが、11歳のときの主な徴候は情動の表出ではなかった。登校できない日が数週間ほど続いたということだけである。悲嘆とか苦痛はなかった。もう大きいのだから、母親にはこころのうちをみせかけたのではないかということも考えられるが、家庭内で四六時中顔をつきあわせていて、隠しおおせるものだろうか。高校2年のときに起こした怒りの発作は凄まじかった。あのときは異常な状態だったとしても、なんらかの感情を抱えていれば、片鱗をうかがわせるものではないだろうか。小学6年の転校時に示した無表情と無言語は「喪」によるものではない。やはり、自我の変化がさまざまな奇妙な現象を招いているように思う。

　小学校6年の転校時、欠席日数は数週間ほどでその後はほとんど欠席していないので、このときのことを不登校とみなすことはできないが、重要な前兆であり、見逃すわけにはいかない。学校に行くという活動だけが停止してしまった。自我がなんらかの影響によってそうなったのか、あるいは対象の不在に由来する対象リビードの影響のせいなのか、どちらにしても自我にリビードが備給されなくなった状態である。しかも、学校以外の活動は通常と変わらないのだから、なんとも不思議だ。この点も母親でさえ重大な変化に気がつかなかった理由だ。なぜ、自我にリビードが備給されないのか。多分、これも対象の不在と関係しているのだろう。学校以外の場所では活動できることから考えてみると、やはり対象の不在が学校に行けないという活動停止にもつながっているらしい。この小学校6年の転入時には中学3年のときの抑うつ状態のような病的なところはまったくなかった。中学3年のときの状態はひどかった。食欲はなく、眼の下にくまのできた血の気を失ったような顔、氷のように冷たい足、悪夢と目覚めたときのひどい悪寒、これが病気でなくて何なのだろうかというほどの症状が出て、学校どころか通常の生活さえ困難であった。しかし、そのときと比べると健康状態はすこぶる良い。食欲不振や倦怠感もなく、午後には普通の生活ができた。学校を休んでいて、夕方塾に行かせることには少々抵抗があったが、中学受験のためにはやむを得ず、本人と相談したうえで塾に行かせた。問題は学校に行けないというこの行為のみである。

　エディプス・レベルの自我が変化し、対象の不在が幼児的な不安を引き起こすような自我に変貌してしまった。これは自我が充分に発達していないことを意味するのだろうか。いったいこのような自我は何なのだろうか。なぜリビードが

自我に戻らないのか。潤二君の表象を取り入れたままその対象表象にリビードが固着し、自我が対象リビードを制御することができないような状態になっている。小学6年のときの現象は不安ではない。学校に行けないというただ一つのことだった。フロイトは「自我は性的でなくなったエネルギーによってうごく」といっているので、自我エネルギーのなくなった状態らしい。しかし、自我にエネルギーがないと考えるよりも対象の不在が原因だろう。対象の不在が不安を生じさせ制止をまねくのか、あるいはエネルギーの欠乏によるものなのかわからない。だが、いずれにせよ、このような自我リビードの欠乏はたしかに不登校につながる重要な要因と考えられる。

> 「制止は、自我機能の制限であり、それには、エネルギーが欠乏してしまうことへの用心によるものもあれば、エネルギー欠乏の結果によるものもある。」[6]

　対象の不在が自我になんらかの危険を感じさせ、制止を引き起こした。自我が対象リビードを撤収させることができないため、その結果としての制止である。対象リビードを制御するための防衛機制が何も機能していないように思える。やはりおどおどした不安と同じ理由だ。最初に現われたのは小学4年のときの不安であった。次に現われたのは小学6年の転校時の自我機能の制止である。対象リビードを自我に帰還させることができず、対象が存在することにより初めてリビードのエネルギーが補給されているようだ。

　そもそもリビードが自我に撤収されるのであれば問題は起こりえないように思うが、リビードが対象である潤二君に固着をおこしたままナルシス的リビードが自我に帰還しないことによってこのような状態をつくりだしている。おどおどとした不安の問題と自我がからっぽの状態、この二つの問題は結局、対象の不在という一つの問題に由来するようだ。なぜ、リビードが自我に帰還しないのか。つまり自我エネルギーの貧困化と不安と制止は自我の変化と重要な関連があるのかもしれない。不安は自我の情動信号であるが、では自我の機能はどうなっているだろうか。ほかの防衛機制については何も問題はないとすべきだろう。ただ、対象の不在にたいして防衛を発達させていない。何も対処すべき防御策をもたず、受け身のままに自我が最初は「不安」の信号をあげた。対象の不在が引き起こした不安が信号になって次の段階で自我が「制止」をおこなったと理解できると思う。ともかく次のように結論づけるところまで到達した。

Ⅲ. 対象の不在が「制止」を引き起こした

「制止」は自我機能の制限である。不安を起こさないようにするために機能を制限する場合もあるし、「エネルギーの欠乏の結果による」場合もあり、多くの原因から起こるとされる。親に連れられて塾に行くことはできるのだから、エネルギーが枯渇してしまっているのではなく、不安が対象の不在にたいする警戒信号となっていると考えられる。不安を知覚した自我がそれを処理することができないために無力な自我がすぐさま制止をおこなうと考えれば合理的だ。翔太は学校が休みの期間に入り、近所の友人たちと遊びに行くようになると体力も気力も充実し、自我のエネルギー自体にはまったく問題はなかったようにみえた。自我の自律的機能はほぼ問題はないと思われる。ともかく行動を共にできる友人が存在し、対象の不在が解消されれば、自我エネルギーの枯渇状態も解消されるようだ。

「不安」から何らかの分析の手がかりを探るのはほとんど不可能にちかい。そこで対象の不在が引き起こす自我エネルギーの枯渇というリビードの「経済」状態について考えてみた。そもそもナルシス的な備給がおこなわれていないことが原因のように思う。自我備給さえされていれば対象の不在が制止を引き起こすことなどあり得ないことなのだから。この自我リビードの貧困化をどのように考えればよいのだろうか。なぜ、これほどまでに自我が貧困化しているのか。だが、このような解釈をすると一次的ナルシシズムは存在しないか、あるいは対象に備給されたままの状態ということになってしまう。おそらく、翔太の対象関係を理解するためにはナルシス的リビードが対象に過剰備給された心的な状態、つまり「恋着と催眠状態」が適切な説明を与えてくれるかもしれない。

④恋着 Verliebtheit

「恋着」について考える前に自我の貧困化の原因と思われるものを列挙し、検討した。

　（ⅰ）転移神経症、（ⅱ）喪とメランコリー、（ⅲ）恋着、（ⅳ）器質的な痛みがでた場合

器質的な疾患があるとその部位にリビードを充当させるために、外界にたいする関心を失ってしまうが、当時、翔太には器質的な疾患はなかった。ぜんそくはこどものとき以来の持病であったが、継続的な服薬でおおむねコントロールできたと思う。

　神経症かあるいは神経症的な自我の貧困化が問題であると考えるべきなのだろうか。では、自我と対象リビードが葛藤を起こして自我が性愛の動きを制御できなくなり、神経症のような自我の制止や機能障害を起こしているのだろうか。だが、翔太の不安については症状としての不安ではなく、対象の不在によって生じると判断した。母親の私でさえ当時の変化には気づいていなかった。友人との距離感の変化や性格の変化は兄弟のなかでも上のふたりに共通する。とくに長女のたか子は顕著にあらわれているようで、一緒に外出したときに感じた印象ではおどおどした様子をあからさまに示すようになった。幼稚園時代の能動的、あるいは侵入的、男根的といったほうが適切なのだろうか、その頃の積極的な態度とは正反対である。小学4年の転校のときにクラスメートたちの嫌がらせをうけ、大変な苦労をしてやっとの思いで友だちをつくり、一年がかりでようやくクラスに溶け込んだようだったが、大変に苦しい思いをしたらしく、そのときの性格の変化は大きかった。友人とのあいだでは相手への態度が大きく変わり、以前の男の子のようなきつさがなくなり、とてもやさしい性格になった。喜怒哀楽がはっきり表情に出ること、とても素直であることなど家族にたいしては以前と同じような部分も多かったが、面識のない人にたいしては気弱で、おどおどした様子をみせるようになった。ただ、女の子の場合、思春期が近くなるとこのような変化もありうるのだろうかと考え、その理由については深くは考えなかった。しかし、性格の変化はあったものの不登校のときも神経症なのではないかとか、病気なのではないかということは一度も考えたことはなかった。診察をうけていたときにも医師からそのような診断はなかった。いわゆる原因のわからない「不登校」である。私はたか子のこれまでの過去の生活を考えて、学校に行くようになればまた元どおりに友だちと楽しく過ごしていけるはずだと考えていた。不安以外には症状といえるようなものはなかった。

　では、病気ではないとして考えてみよう。そうすると、原因は「喪」か、あるいは「恋着」である。喪については先にも少し述べたが、対象の喪失にたいする反応であれば自我は「喪」の仕事に没入させられるために自我の仕事が完了するまでは外界から「関心」を引き上げてしまう。自我は内界における対象からリビー

ドを取り戻す辛い作業をおこなわなければならないが、多くの場合、対象を自我内に取り込んで対象と同一化することによって対象喪失を補償する。だから外界における対象の存在と不在が制止の条件になるといった条件による変化はないはずである。つまり、翔太の場合自我にとって危険なのは対象の不在であって、その不在を埋め合わせる誰か、つまりたとえば親友の潤二君ほどの素質にめぐまれた友人でないにしても、代わりになる友人がいれば不安はなくなるのだ。そのうえ対象は失われていないことはすでに述べた。対象表象は保持されたままである。

さらに（ⅰ）、（ⅱ）、（ⅳ）の場合は自我リビードが自我に課せられた仕事を達成するためにエネルギーを消費しているので、自我エネルギーが低下し、これらの仕事以外にエネルギーを振り分けることができないという事情による。（ⅰ）の場合は自我の反対充当、（ⅱ）の場合は対象を自我に取り入れて同一化をおこない、苦痛な感情を伴いながら時間の経過とともに少しずつ対象からリビードを引きはがす作業を課せられる。（ⅳ）の場合は「奥歯の小さな穴ひとつに心が詰まっている」[7]と表現されているように患部にリビードを充当し続けるために外界からの関心を引き上げてしまう。たえず続く衝動刺激が刺激保護を無効にすることにより苦痛をもたらすためであるが、精神的苦痛も同じような衝動刺激の持続から苦痛がおこる。リビード量は一定であるため精神的な苦痛と身体的な苦痛とが代替されるために強い苦痛が両者で同時に起こることはない。（ⅱ）と（ⅳ）は苦痛のために自我を空にしてしまう。しかし、（ⅲ）のほれこみの場合はナルシス的リビードが対象に備給されているために自我が貧困化する。そこで、考えられることは器質的な疾患もなく、神経症的でもないとすれば、（ⅲ）の恋着におけるリビード備給 Besetzung についての説明は彼らの自我を説明するための重要な解釈をもたらしてくれるかもしれない。

この現象はおもに「集団心理学と自我分析」のなかで説明されているが、潤二君の対象表象に固着したまま自我リビードが欠乏する状態は、対象に「恋着」した状態といえるだろう。「恋着」がますます進むと、性的過大評価された対象が自我理想の代わりになるという。しかし対象を喪失すれば同一化によって対象を自我に取り込み、対象リビードを自我リビードに転換させるのが通常おこなわれる自我の仕事ではなかっただろうか。そのようになっていれば、さまざまな困難なことは起こり得なかっただろう。なぜ、そのような自我とは異なる状態なのだろうか。やはり「恋着」が問題なのだと思う。

「集団心理学と自我分析」で述べられているように、恋着と同一化の違いが明確にされている。「同一化と、呪縛とか恋の奴隷状態とか呼ばれる最高度の恋着との違いを描き出すことは、今となってはたやすい。前者の場合、自我は、対象がそなえる性質分だけ自分も豊かになった、フェレンツィの表現に従えば、その対象を「取り込んだ」のである。それに対して後者の場合には、自我は貧しくなった、対象に身を捧げ、自らの最も重要な部分に代えてその対象を据えたのである。」[8] ここでの結論をフロイトは次のように述べているように、「対象は自我の代わりに置かれるのか、それとも自我理想の代わりなのかという二者択一」[9]が同一化と恋着との違いである。「保持された対象」は同一化の対象にはならないのだろうか。ここで翔太の場合を考えてみると、ともかく同一化がまったくおこなわれなかったことは事実である。ナルシス的リビードが対象に固着し、対象表象を保持したまま自我の制御が及ばないような状態である。「恋着」の特徴は「へりくだり、ナルシシズムの制限、自己毀損」である。「自我が自己を犠牲にすること」や「自我の一定の損傷を伴う」のはナルシス的リビードが過剰に対象に備給されたからだ。自我がからっぽになってしまったような印象は、このせいだと考えてよいだろう。

IV. 自我の貧困化は「恋着」によるものであり、対象表象を手離さない

「恋着」、「催眠」、「集団形成」は同じ機制によって起こる。対象の理想化、性的過大評価（過剰備給）がすすみ、最終的に対象が自我理想になり代わる。「目標制止された性的追求」は自我が対象にたいして無制限に「献身」するため、「集団をまとめ上げるリビードが同性愛的な性質のものか異性愛的な性質のものか、と問うことにはほとんど意味がない」[10]といった特徴が生じてくる。先にも述べたが、翔太の心理状態は恋着の説明とぴったり一致するが、たんに対象への恋着と考えるよりも親友の潤二君を集団のリーダーとしたリビード拘束による集団形成と考えるほうが妥当であろう。エディプス・レベルの対象関係として考えるより、フロイト自身「へりくだった従属、従順さ、無批判性」[11]と述べているように集団形成においては性の区別は完全に無視されている。フロイトの説明によれば、一次的な集団とは「恋着」と「同一化」によってリビードが拘束されるために集団形成が可能になるという。「同じ一つの対象を自我理想の代わりに置き、その結果、自我が互いに同一化してしまった、相当数の個人から成る」集団であるという。フロイトはこれを次のような図式で示した（図1）。

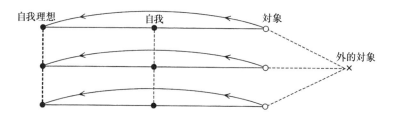

図1 「集団心理学と自我分析」Ⅷ恋着と催眠状態より

　翔太と潤二君の関係がこの図式にあてはまるのかどうかよくわからないが、「恋着」が昂じて対象である潤二君が自我理想の代わりになり、その状態のまま固定されたといった状態である。理想化が強調されて潤二君への「恋着」ばかりが目につき、その他のなかまのことはよくわからない。自我理想のかわりになった対象が翔太の「自我を食い尽くした」のであり、結果として「対象は自我の代わりに」はならなかった。対象に固着し、恋着の状態のままであることが制止を引き起こしたと考えてよいだろうか。

　この恋着によってもたらされた自我の貧困状態は「ナルシシズムの導入にむけて」にも記載されている。「この性的過大評価によって、神経症的強迫を思わせる独特な状態、すなわち恋着状態が生成しうるわけだが、この状態はかくして、対象を利するために自我がリビードの面で貧困化するということに帰されるのである。」だが、恋着の結果として自我が貧困状態に陥ったとしても、「自己毀損」のために一時的に自我が機能不全に陥っただけで、時間による回復をまてばよいのであればさほど問題ではないかもしれないが、それ以来以前のようなエディプス・レベルの自我には戻っていない。偶発的な体験により自我が思いもよらない変形をこうむった、あるいは自我にもたらされた被害のために以前のような機能を失ってしまったのか、どちらにしても「恋着」の結果がこのような自我の出現を招いたと考えることはできる。不安にせよ、制止にせよ、これらを引き起こしているのは対象の不在であり、自我に備給されない状態のままである。

　対象の不在が自我に与える影響を「恋着」によって説明してみたが、フロイトによれば、上記の三つのもののうち恋着以外は退行である。つまり「催眠にしても集団形成にしても、人間のリビードの系統発生からの遺伝的沈殿物である。」[12] こどもたちの自我をそのように考えるとすれば、これは何を意味するのだろうか。系統発生的に獲得されたリビードに影響された自我のかたちとはいった

い何を意味しているのだろうか。しかし、それが具体的にはどのような自我であるかはまったくわからない。何が退行を起こしているのだろうか。それにしてもこのように対象リビードがつくり出している自我の状態は本人の意識の及ばないものらしい。以前に中学3年で不登校になったとき、かかり付けの医師が登校できない理由を翔太にたずねても本人にもよくわからなかった。ということは、リビードの発達や退行がもたらす結果は意識によってはとらえられないものであり、さらにまた通常の思考では理解できない現象なのかもしれない。

　兄弟3人、それぞれ性格の変化の程度に差はあるにしても、偶然による出来事が兄弟3人の自我をこのように変質させたはずはない。なぜなら、たか子や麻衣の場合は対象の理想化、あるいは性的過大評価を翔太ほどはっきりと認めることはできなかったが、やはり友人関係の距離感がちかく、たか子の場合は翔太と同様に対象の不在が不登校と関連し、これが「精神的外傷」になっているのではないかと思う。麻衣の場合はつねに友人に取り囲まれていたため、姉や兄のように制止が顕著に現われていないのでよくわからない。しかし、兄弟3人に起こったことから考えると、3人とも友人との一体感をもとめて交友関係を模索している。同じような価値観や趣味は友人関係をつくるための大事な要素だが、そのうえに距離感の近い、一体感を共有できる友人、一緒にいることがこころの底から楽しいと思える友人を強くもとめている。距離感のなさ、一体感を共有することが必須の条件になっているようである。学校、家庭、その他の生活全般を共有できる友人、すべてをあけすけに語り合うことのできる友人である。互いに干渉しない部分もあるような距離をおいた友人関係は苦手なようである。そのようなきわめて親しい友人がいることが生活するうえで不可欠なようである。現にたか子は大学卒業後も親しい友人ができ、国内旅行だけでなく、しばしば外国旅行をしている。つまり兄弟3人とも同じようなタイプの自我に変質しているのだ。濃密な一体感をもとめるような自我である。

⑤一体感

　フロイトが述べたところによると、恋着のもたらす状態は外界との自我境界、つまり愛する対象との自我境界が不明瞭になってしまうような、たった一つの例外的な状態である。友人との一体感をこの状態と同じと解釈してよいだろうか。

とすると、重要であると考えられるのはロマン・ロランがフロイトに送った返事のなかで言及している「大洋感情」についての説明である。フロイトが「ある錯覚の未来」と題した小論をロマン・ロランに送ったところ、そのなかのフロイトの論旨、宗教は集団妄想であると言明されていることについてロマン・ロランは次のように返信した。

　　「宗教に関するあなたの判断には全面的に納得するが、あなたが宗教性の本来の源泉を適切に評価していらっしゃらないのは残念だ。」

　　「この源泉は、自分の思いをけっして去ることのない特別な感情であり、自分の知る範囲でも、他の多くの人々が同様の感情を持つと述べている。おそらく幾百万の人々にその感情があると決めてかかってよいのではないか。これは、自分が「永遠性」の感覚と名づけたい感情であり、何か無窮のもの、広大無辺のもの、いわば「大洋的」という感情なのだ。この感情は純粋に主観的な事実であり、教義などではない。これがあるからといって、当人の死後の永生が保証されるわけではないが、各種の教会や宗教体系もこれを宗教的なエネルギーの源泉と捉えて、それぞれ特定の回路に引き入れ、また当然それを吸収してもいる。いかなる信仰も錯覚も拒むにせよ、このような大洋的な感情さえあれば、それだけを根拠に、人は、自分は宗教的だと名乗ってよい……。」[13]

　このロマン・ロランの手紙にたいして、フロイトは「私は少なからぬ困惑を覚えた。私自身はこの「大洋」感情なるものを自分のなかに見いだすことができない」と書いているが、あえてこのような感情を表象内容から類推すれば「俺たちにはこの世界から転げ落ちようがない」、「外界全体と解きがたく結ばれているという感情」であると説明した。フロイトの言葉を要約すると、それはあたかも外部と内部の自我境界が消滅してしまったかのように感じる状態であり、恋着において恋人と一体になったかのような状態は、乳児がかつてもっていた「純粋な快自我」の「本源的な自我感情」であると説明している。快原理が支配する原初期の自我は外的なものと内的なものが区別される以前の、より包括的な自我感情であり、成熟期の自我感情は幼児期の「一切を包括していた感情が萎えしぼんだあとの残余にすぎない。」「この原始的な快自我の境界線は、経験による訂正を免れ

えない。快の恵みをもたらすものとして放棄したくないもののうちのいくつかは、自我ではなく対象であり、追い出したい苦痛のいくつかは、自我の内に由来し、自我から切り離しえないことが明らかになる。」[14] このように「一切を包括していた感情」をもつ原初の自我は快をもたらす良いものを「食べたいのか」、不快の源である悪いものを「吐き出したいのか」の区別を判断する。[15] これが自我の第一の判断機能である。そして快自我から現実自我へと発達すると判断の機能は「現実には存在しておらず、ただ表象されているだけの主観的なもの」と「それとは違う現実的なもの」とをそれぞれ内部にあるものと外部にあるものとして区別するようになる。つまりそれは主観と客観の区別である。このような自我の第二の判断機能によって快自我の境界線は訂正されざるをえない。

　フロイトの理論における原初期の自我についての説明は、「否定」Verneinungという論文では自我のもつ二つの判断機能が内部と外部をどのように区別するか、また「文化の中の居心地悪さ」では上記のとおり外部との一体感について述べられているが、抽象化された理論なので原初の自我の形成と発達についてはいずれも具体的に述べられてはいない。そこでマーラーの理論はきわめて貴重なものであるように思われるので参照した。マーラーは誕生後2、3週間を「自閉段階」、2〜4カ月頃を「共生段階」とし、これらは「母子非分化」[16]の状態であり、その後の「分化」の段階を「分離 - 個体化」の理論として公式化した。マーラーはその著作のなかで「分化」する前の「共生段階」がロマン・ロランの説明した「大洋感情という無限性の感覚」をもつ状態にあたると述べている。

　ロマン・ロランが指摘した大洋感情、外部と内部を識別し始める「現実自我」に先行する「快自我」の状態、マーラーの「共生段階」、これら三つはみな自我の起源である「原始的な快自我」に相当すると考えられるが、フロイトの説明した恋着とはこの原初期の「快自我」の復活であり、「これは普通の状態ではないが、さりとて病的と断じることもできない」ような「本源的な自我感情」である。友人たちとの一体感の正体とはこの「大洋」感情と同じものであると考えてよさそうだ。「この感情の思想内容と言うべき万物との一体感」[17]がロマン・ロランのいうように宗教と関係することをフロイトは否定しなかったが、フロイトにとっては感情とは「学問的に論じるとなると一筋縄ではいかない」ものであるし、宗教的欲求の起源はあくまで幼児の「寄る辺ない」状態によって呼びさまされた父親への憧憬である。「ほとんど捉えどころのないこれらの量と格闘するのは、私にとってはなはだ難儀な仕事であるのは認めざるをえない」とフロイトは述べて

いる。だが、フロイトが大洋感情について充分説明してくれたおかげで成果をうることができた。友人との一体感は「宗教的エネルギーの源泉」ともいえる大洋感情に由来するものだと判断できるだろう。

　このように考えると、機能不全で未熟な自我が偶発的に出現したというよりもやはりこのようなこどもたちの自我が重要な意味をもつものであるかもしれない。「恋着」がナルシス的リビードを対象に過剰備給させ、対象である親友の潤二君の表象が自我理想の代わりになって取り込まれた状態であると考えることができる。フロイト理論によれば「同一化は、精神分析において他の人格への感情的拘束の最も初期の発現として知られている」[18]ものである。理論では通常父親との同一化が父親に愛されたいという対象選択、つまり裏エディプスコンプレクスといわれるものに先行し、一方母親への対象備給であるもっとも初期の対象選択、つまり母親への対象愛を父親に同一化した自我が抑圧する。父親のようになりたいという同一化と母親を愛の対象に選ぶ対象選択の二つの感情拘束について考えてみると、同一化と対象選択の区別は恋着において説明されている自我と自我理想の区別に重なり合うのではないだろうか。同一化の場合には対象が自我に取り込まれ自我の代わりになるが、「恋着」の場合には取り込まれた対象が自我理想の代わりになるという。「対象は自我の代わりに置かれるのか、それとも自我理想の代わりなのかという二者択一の方が、この事象の本質をうまく捉えている、という洞察である。」[9]対象が自我に取り込まれるのではなく自我理想の代わりになるということは、「恋着」では快自我が外部のものを対象として自我の客体部分に取り込んだ状態に相当するといえる。結果的には取り込み方の違いとして表現できるかもしれないが、原初の状態においては主体と対象が分化する以前の分かち難い状態である。だからその非分化な段階では自我の形成すら認められるかどうかわからないような状態なのだから何も判別しようがないが、原初の「共生段階」の一体化から自我が発生する局面で対象の取り込みが同一化にならずに恋着になるような自我、つまり対象との最初の拘束が「自我の客体において着手される」ことによって形成される自我もありうると考えざるをえない。

　後に、フロイトは「自我とエス」のなかで第二局所論として自我の構造についての理論を展開したが、そこでは自我理想を超自我と命名した。これは父親か母親を自我の主体部分に取り込むことによって形成されたものであるが、心的装置において自我を監督するような役割をするものが超自我である。わかりにくい説明をさけるために男性の「自我理想または超自我」の形成に限定して考えること

にしたい。男児の最初の対象備給において父のようになりたいと思う父との同一化と「母をもちたい」という対象選択と、さらにこの二つが逆になった裏エディプスコンプレクスといわれるもの、父を対象選択し、母に同一化をするという四つの傾向が完全なエディプスコンプレクスであるとされる。両性性の素因によって父のようになりたいという父との同一化が優勢であれば、その結果として父に同一化をし、超自我が形成される。母を愛する、あるいは父を愛するという対象選択はいずれもみずからの性器が切断されるかもしれないという「去勢不安」から抑圧される。しかし、こどもたちの自我を考えるにあたって、恋着における自我理想が示しているものは、「自我とエス」に述べられたような父親の同一化によって形成された自我であるとはどうしても思えない。同性である潤二君の表象を取り込んだままの状態であり、同一化の機制が働かない自我である。それは自我形成の原初期において対象と一体化した自我である。対象を自我の一部として取り込んでいるということからいえば大洋感情によって説明されるものとぴったり一致すると考えたが、その後の自我の状態はやはりどう考えても同一化が存在しない。一体感から自我が出現するにあたって「同一化」よりも「恋着」の機制のほうが優勢な自我もありうるのではないだろうか。恋着のメカニズムが根源的に作用しているようにしかみえない。男の子であるというアイデンティティには問題はないので生物学的な男性性を獲得していることは疑いないが、男性としての同一性を獲得できたことと父親との同一化が存在しないこととがどのような関係にあるのかがわからない。ともかくもフロイトの著作において恋人との一体感、外界との一体感を説明しているものは大洋感情以外にはない。だが、ロマン・ロランの問いかけにたいしてフロイトは多くの人びとがこのような「宗教的エネルギーの源泉」である大洋感情を体験していることについては否定しはしないが、やはりフロイトにとっての宗教の源泉は幼児の父親にたいする保護の欲求である。

　つまり、これらのことから考えられることは、同一化によって形成された超自我と恋着によって説明されている自我理想とは区別されなければならないものであり、幼児の最初の対象を取り込む場合の取り込み方の違いを説明するものではないだろうか。同一化と対象選択の二つの取り込み方が自我に相違をもたらしていると考えることができる。恋着は同一化とは別のもう一つの原初的な機制として存在することになる。表のエディプスコンプレクスを抑圧したと想定される場合には思春期以降、異性である女性にほれこむことは最初の対象選択と同じ性対象、つまり母親が「再発見」[19]されたことを意味することになる。恋着の場合の

対象とは快自我が「体内に取り込」んだ外部の客体、それは「母親の乳房」である。この自我の内部としての「母親の乳房」はのちに抑圧され、失われた対象となる。先に説明した完全なエディプスコンプレクスをもう一度思い起こすと、父に同一化をおこない、母親を愛の対象として選択した場合、同一化として取り込んだ対象は非人格化され、自我内に特別な審級を生じさせるが、母への愛はいったんは抑圧され、思春期以降の対象選択において異性の女性を性愛の対象として選択することが失われた「対象の再発見」になる。つまり、快自我が取り込んだ外部＝対象＝母親の乳房というのはこの「失われた対象」のことを意味する。だから恋着とは抑圧されたはずの最初の対象選択、つまり「母親の乳房」を対象とした快自我の一体感情が再度復活していることになる。ならば母にたいする最初の対象選択は自我の客体部分を構成する自我理想であると考えることができる。つまり、「恋着と催眠状態」、「ナルシシズムの導入にむけて」に説明されている自我理想とは「自我とエス」に説明された超自我とは明確に区別すべきものなのではないだろうか。

　「集団心理学と自我分析」において「恋着」と「同一化」は対象との「心理学的に異なる二つの拘束」として説明されたものである。父親への、同一化の機制は先にみたように対象にたいする感情拘束のもっとも初期の根源的な形式である。同一化と対象選択の区別は「父親は、人がそうありたい存在」なのか、あるいは「人がそれをもちたい存在」なのかという違いであり、「拘束が自我の主体において着手されるか、それとも、自我の客体において着手されるかの違い」[20]である。取り込まれた対象が自我の代わりになる、つまり同一化をするのであれば、そもそもこのような問題を引き起こすことはなかっただろう。現実の対象を放棄しなければならないとき、対象表象を自我に取り込み、対象備給していたリビードを自我に撤収する仕事、つまりこれが「喪」の作業であるが、自我が時間とエネルギーを費やしてこの作業をやり遂げる。大事な対象を喪失したとき、このような困難な課題を達成した後にはじめて自我は再び以前の活力を取り戻すことができるようになる。フロイトによれば対象との一体感は「無制限なナルシシズムの復活を目差している」状態である。一体感の状態から対象と離別しなければならない状況になったとき、もしナルシシズムを前提にするのなら同一化をおこなうナルシス的な状態に戻らなければならない。それは対象愛からナルシシズムへとリビードは撤収されるはずである。再度繰り返すが、どうしてもこのようになっているとは考えられない。どう考えても違うのだ。ただ、このような推論が成り立

たないとしても、こどもたちがもとめる対象との一体感は曲げようのない事実であり、この状態での対象の不在が問題を引き起こしている。このような一体感の状態から離脱しなければならないにもかかわらず対象との離別が同一化にならない。

小此木啓吾氏によればメランコリーにおいては「自己愛的同一視」へと退行するような対象愛の欲求があり、この「病前性格」が顕著であるという。「自己愛的同一視」とはどういうものか説明をすると、「愛情対象とのかかわりそのものがすでに自己愛的であり、相手との間に現実自我による認識の上では自他の境界が確立しているにもかかわらず、快感自我による情緒面ではこの事実を否認した自己愛的同一視（幻想的一体感）による愛し方をする」[21]という。この「自己愛的同一視」をもとめるような対象選択が病的なうつ状態を引き起こす要因のうちの一つであり、対象喪失を契機に対象との「幻想的一体感」から「自己愛的同一視」への退行を引き起こす。自我内に取り込んだ対象に愛と憎悪のアンビヴァレントな感情が向けられることは「喪」の場合でも同様だが、対象愛、あるいは「自己愛的同一視」の段階に退行すると、リビードが自分自身に向け換えられることによって自我は致死的な攻撃にさらされる。恋着における対象との一体化の状態からの自我の修復作業の過程において「喪」の仕事ではなく、病的なメランコリーが発症する要因の一つが「リビドーの自我への退行」である。換言すれば、「この種の自己愛的な対象選択の優勢な人物にとっては、対象の喪失は自我の喪失を意味する。」（アンダーラインは引用者）幻想的一体感が口唇期への深い退行を引き起こすことを前提とすれば小此木氏の説明を翔太にあてはめて書きなおすと、翔太のような自我を次のようにいい表すことができるだろう。──この種の依存的な対象選択の優勢な人物にとっては、対象の不在は自己毀損を意味する──ということになる。そして付け加えなければならない重要な問題点は、翔太に起こっている現実はどう考えても対象と一体化したままでありナルシス的同一化があるようにはみえないことだ。

V. 「自己愛的」ではない対象との一体感

友人との別離は別れがたく、対象への愛着をなかなか抑えられないものであるが、普通は別離が長びくとともに離れ難い感情もだんだん低下する。だが翔太の場合、対象の表象を保持したまま対象にたいする情緒的絆はまったく以前とかわりなく、再会は喜びに満ちたうれしい感情であって、対象への非難や羨望などの感情はないようである。依然として理想化された対象の表象を抱え込んでいるよ

うだ。リビードの可動性がなく、リビードが対象に固着したままである。対象への愛情が強ければ強いほど恋着が進み、その結果として早期の幻想的一体感の再現になってしまうようだ。この心的な状態をより詳細に検討するためにフロイトの論文「文化の中の居心地悪さ」、「否定」そして「欲動と欲動運命」の三つを総合させて考えてみる。「本源的な自我感情」とは「快」の源泉である対象の一部を取り入れ、自分の一部であるにもかかわらず「不快」なものを外に投げ捨てる快自我の感情である。「私は食べたい」のは「快」と感じる対象であり、また「不快」の原因となる自我の一部を「吐き出し」、外部に「投射」するということになる。「本源的な自我感情」とはリビード発達の口唇的編成段階の「感覚系列」のみが強く作用する「生粋の快自我」の感情である。だが、フロイトの三つのテキストを注意深く読むと、「欲動と欲動運命」において自我の不快な部分を外界に投射するという表現と「大洋的な感情」とはいささか異なるようにも感じられる。つまり、同じ時期の快自我であっても「不快」が外界に投射され、外界を「敵対的」[22]なものに感じるのか、あるいは「自分がまわりの世界とひとつに連なって」いるような「大洋的」なものとして感じるのか、違いがあるのではないだろうか。一体化した自我は明瞭に区別できないとしても外界を「敵対的」と感じるのか、「外界全体と解きがたく結ばれている」のか、二つのものは異なるものではないだろうか。というよりむしろ、外界は「敵対的」なのか、「万物との一体感」をもたらすものであるのか、快自我の感情から派生する観念内容は正反対のものになる可能性があるのではないだろうか。愛する対象を自我内に取り込んだために外界との自我境界が不明瞭になってしまうような快自我の状態とは、二つのケースがあるように思う。結局、友人との一体感とは二つのうちの後者の状態である。後者の場合の固着がこどもたちのような対象依存的な状態になるものと思われる。精神分析的な解釈を推し進めることにより原因は大洋的な感情をもつ快自我の対象固着ではないだろうかと一応の結論をだしたが、これまでのところ実際には病的なところや、幼稚なところはまったくない。考えの道筋になんらかの間違いがあり、たとえこのような解釈が妥当ではないとしても、こどもたちがもとめているものはともかく対象との一体、友人たちとの濃密な一体感である。

⑥ナルシシズムの制限

　幼児的な不安を示すようになったこと以外には自我の機能に異常はないようだ。かえって幼児的な退行とは逆に洗練された人格をもつとさえ思えてくる。おかしなことをいっているように思われるかもしれないが、先にも述べたとおり自我の形成に問題があるわけではないと思う。新たに現われたように思われる人格とはいったいどのようなものであるかというと、エディプス・レベルの人格ではないと述べたが、幼児的な印象はあまりない。大人しい、また萎縮したような印象はあるが、謙虚で自己抑制された奥ゆかしい印象さえある。しかし、他者依存的で自立傾向がみられない。他者との一体感、対象の存在が不可欠である。自己愛が顕著に抑制されている。明らかに自己よりも他者を優先させるような行動、自己を抑制し、まず他者への配慮を優先し、他者を尊重し、自己の謙遜、自己主張の抑制がみられる。家族のあいだでは以前と比べて極端に変化したという印象はうすいが、見知らぬ人たちとの応対をみているとあきらかに変わったことがわかる。だが、当時はこのようなこどもたちの態度の変化は「不登校」に由来する困惑、不安そして自信のなさから生じたものだと私は解釈していた。たか子の場合には態度の変化は小学４年の転校後にはすでにみられたが、この原因については、新しい友だちに適応するためのやむを得ない変化であると漠然と考えていただけで当時つきつめて考えてみることはしなかった。見知らぬ人たちのあいだでは強い不安を示し、おどおどした態度になった。麻衣の場合は顕著ではないが、上のふたりはうちとけた仲間といるときとはまるで違う表情を示すようになった。たか子は見知らぬ人との対面では消え入りそうな声と不安げな眼差しをあからさまに示すようになり、不安と緊張を強いるものになった。親しい友人との会話を聞いているとまさに幸福感に満ちているように感じられるが、そのような友だちがいないとまるで別人のように暗い、曇った表情である。翔太の場合は特定の親しい友人以外になると、変にかしこまってしまい、誰とでも馴れ馴れしくしゃべることができないようである。あまり親しくない人にたいする過度の礼儀ただしさ、口数の少なさ、ぎくしゃくした敬語だらけの言葉づかい、妙にへりくだった態度、他者の評価を気にするあまりの意識過剰の対人関係など、これらは元来私がもっていたものと同じものであるように感じた。翔太は小学６年の転校以来学業がまったく身につかなくなったことはショックだったが、謙虚で控え目な性格は

私にとってはあまり抵抗のないものだった。なにしろ母親でさえ変化に気づかなかった。適応するためにはやむを得ない性格変容であるように感じていたが、原因のないことではなかったのだ。

　先に述べたことを再度繰り返すことになるが、兄弟3人とも子育ての過程では母子の密着度が強かったために幼稚園に行けなかったとか、あるいは不安が強いために幼稚園や小学校低学年のときに母からの分離がうまくいかなかったとか、問題になるようなことはいっさいなかった。マーラーの「分離 - 個体化過程」は順調に達成し、小学校2、3年の頃までは自立傾向の強い自我に発達したことは事実である。なぜこのような他者依存的な自我に変わってしまったのかよくわからない。その原因はともかく、自律的で自立した自我とはまったく別の自我が出てきたと考えざるをえない。ただ、病的な依存性があるわけではない。家庭生活においては変わったと思われるようなものはなかった。人格や性格の点で問題になるようなことはいっさいなかった。長期的な視点にたってあらためて想起と熟考をかさねた結果、やっと何かが変化していることに気がついた。翔太とたか子の場合は友人関係の変化というべきか、性格の変化というべきか、新たな自我の出現といってもよいほどの別の人格が出てきたような気えする。距離感や隔たりを感じさせない家族のような友人関係がきっかけを作った。そして、この変化は「恋着」によって自我リビードの欠乏が生じたためであると考えるに至った。翔太の場合には恋着が進んだ結果として自我が対象に食い尽くされ、自我リビードの欠乏に至ったと考えたが、たか子をみていると、理想化や過剰備給の問題はあまり大きな要素としては感じられない。それよりも対象との一体感を強くもとめ、そのような対象の存在がはじめて十全な自己の意識というべきか、自己の感覚というべきかよくわからないが、そのようものを与えているような印象をうけるからである。ここで「自己」という言葉を使うが、「自己」の概念を定義するのは容易ではない。分析家によって定義が異なるからである。ハルトマンは自我から自己の概念を明確に区別した。またコフートの「自己心理学」やウィニコットの「自己」のように分析理論の中枢に位置する場合もある。だが、フロイトの場合、理論のなかで最重要なのは無論のこと「自我」であり、その他の「自己」や「主体」は言葉としては区別されているが、何も定義されていない。フロイトの「心的装置」において「自己」の占める場はないように思う。フロイト理論にしたがうかぎりは自己の概念は明確にはならないが、リビードの備給の対象は他者か自己かという備給対象にかんするかぎりで「自己」を明示することにす

る。この意味で考えるかぎりでは、備給されるのは自我ではなく「自己」である
と考えるほうが適切であると判断できる。こどもたちの実際の自我機能について
は健全であるようにみえるからだ。

　さて、こどもたちの現実を思い起こすと、対象の理想化がすすんでいないよう
にみえても自己備給しないことは、たか子の場合も同様である。一体感の対象に
ついては、大好きな友だちということ以外にはよくわからない。潤二君のように
対象に過剰備給されているかどうかはよくわからないが、ともかく自我がリビー
ド備給によって満たされているとはどうしても思えない。対象の不在が自己感に
影響し、自己表象にかんして自己をとらえることを著しく困難にしているように
みえる。フロイトによれば「自己感情の一部は一次的なもの、つまり子供のナル
シシズムの名残」[23]であるというが、対象不在のこのような状態にあっては自己
愛や満たされた自己感情が存在するのかどうか訝しく思ってしまう。自我リビー
ドを「自己」に向けてナルシシズムを満たすような状態ではないことだけはたし
かだ。たか子は中学3年生の1年間、学校に行けなかったときは不調が顕著で
あったが、高校に入学し、1学期が終わる前には親しい友人ができ、見違えるよ
うに元気になった。また、翔太は中学校を卒業した後の春休みの期間には体力も
気力も充実し、備給対象が存在するかぎり、自我のエネルギー自体にはまったく
問題はなかったようにみえた。対象の不在のみが問題を引き起こす。

　「恋着」の対象に備給し続けたために生じた「自己毀損」は、「対象が自我を食
い尽くした」という表現がもっともよく状態を表していると思うが、「食い尽く
した」という言葉が使われているのはやはり口唇期と関係があるからなのだろう。
あるいは対象に呑み込まれてしまったという表現も口唇期の特徴をよく表した言
葉ではないだろうか。自我理想を占拠した対象によって無力にされた自我が対象
に捕えられたままになってしまい、「本源的な自我感情」への退行から容易に抜
け出せないといった状態なのかもしれない。対象に固着した自我は対象を同一化
によって取り込むことをせず、対象の不在によって生じるものは「苦痛」ではな
く、「不安」である。不安につづいて起きたのは「制止」であった。その原因が
なんであれ、対象の不在によって自我機能の一部が制限されたと考えてよいだろ
う。他者に愛されないと自己が出現しないような他者次第の自己であり、希薄な
自己感が問題であるような印象をうける。対象の不在が自己の存立に大きく影響
しているように感じる。プラトンの「饗宴」のなかのアリストファネスが語った
神話のように「真二つにお切りになった」[24]片割れをもとめ続け、同性の対象が

存在することによってはじめて自己感が生じてくるかのような印象をうける。自己と自我の関係がよくわからないが、自己が対象表象を保持しているのではなく、「対象は自我の自己愛をすっかり獲得する」ような形態であり、それが「自我の一定の損傷を伴う」と考えるべきなのかもしれない。

　何度も同じことの繰り返しのようだが、何がこのような自我の変化を生じさせたのかを「リビードの目標」の観点から考えてみたい。「恋着と催眠状態」で述べられているように 「目標制止された欲動」は自我の貧困をつくり出すようだが、こどもたちの場合ではナルシス的リビードが自我に戻らずに他者に愛されることによりはじめて幸福な自己が存在できるらしい。「目標制止された欲動」が自己よりも他者の存在を優先させることは、他者に愛される自己という、他者を迂回して自己に備給されることを意味しているのかもしれない。原初期のリビードが「性愛」リビードであるのは当然のことだが、「集団心理学と自我分析」において強調されているように、集団結合の要素としてのリビードは「目標制止された」ものでなければならないはずだ。つまり、催眠、集団形成におけるリビード拘束は「直接の性的追求の脱落」がなければならず、「集団の基礎となっている拘束」は「目標制止された欲動から成り立っている。」このリビードが問題なのだ。口唇期のリビードは「情愛のこもった」zärtlichであるが、フロイトの文献を読むかぎりでは母へ向けられた欲動を抑圧した後の「情愛のこもる感情拘束」とは「感性的な対象的拘束を継承するもの」[25]であるという。しかし、集団結合は「目標制止された」ものでなければならないとすれば、この点において「リビードの系統発生からの遺伝的沈殿物」の問題があると考えられるかもしれない。リビードが性器的編成に到達している場合には、「恋着」の状態においてリビードは口唇期の段階に退行したとしても可動性があり、たとえ時間を要するとしても自我は退行から再び現実自我へと戻ることができるだろう。だが、「恋着」以外のもの神経症、催眠、集団形成は「退行という特性」をもつという。「恋着」が一過性なのか、あるいは対象に固着したままの状態なのか両者の相違が決定的なものであるのかもしれない。また、神経症とは、性的な目標が禁止されているか禁止されていないかというリビードの「目標」に関連しているようだが、これは「内的な障害」の有無と関連しているのかもしれない。これについて「集団心理学と自我分析」においてリビードの目標と関連した重要な記述がある。これが矛盾を解く鍵であるように思う。

第 2 章　自我分析　　103

　　「目標制止された性的追求が直接的に性的な追求から帰結するのは、性的
　　目標の獲得に対して内的あるいは外的な障害が立ちはだかる場合であると
　　聞いても、もちろん、われわれは何ら不思議には思わないだろう。潜伏期
　　における抑圧とは、そのような内的な——あるいは、より適切な言い方を
　　すれば、内的になった——障害である。」[26]

　つまり、性的目標を阻んでいるのは内的な障害と外的な障害があるからである
と説明している。それに続く説明では「外的な障害」とは「原始群族」の父親が
息子たちに禁欲を強要した「外的」な拘束であり、集団形成のリビード拘束が
「目標制止された欲動」であるのはこのためであると説明している。とすると集
団形成を可能にするリビード拘束の場合には内的な障害となるものは何も存在し
ないと考えるべきなのだろうか。
　前エディプス期の対象とのリビード拘束をどのように理解したらよいのだろう
か。前エディプス段階の対象とのリビード拘束と、集団形成のリビード拘束とを
同じ前提で考えるのは困難なような気がする。そこで、「リビードの目標」を離
れて、まず自我の理想化の機能をリビード理論によって考えてみる。対象を「性
的過大評価」し、過剰備給をさせるのは対象が自我の理想と関連するからだろう。
フロイト理論におけるナルシシズムと理想化の関係がヒントを与えてくれるかも
しれない。幼児期のナルシシズムはどのように推移するのだろうか。
　「恋着」の自我理想は愛の対象であると同時に理想化にかかわる重要な役割を
もつ機能であると考えることができる。理想化を追求することはナルシス的な満
足をえることであり、自尊心を満たすことである。フロイトによれば「恋着」の
ような性的過大評価は男性特有のものであり、このような男性の愛の対象選択を
「依托型」と呼んだが、愛の対象は「幼児的な愛の条件」を満たすものはなんで
も理想化される。翔太と潤二君の関係を自我のナルシシズムと理想追求の問題と
して考えてみる。
　自我の発達は幼児期の一次的ナルシシズムから次第に距離をとることにより成
人の理想へと目標を移行させてゆくが、自我が理想を実現するために現実の自己
を観察、批判するのが自我理想の機能であり、最終的に自我理想を満足させるこ
とがナルシシズムを充足させることになる。まず理想の形成は幼児期の自己愛
Selbstliebe から離れてゆき、完全性をそなえた理想自我 Ideal-Ich に幼児の
Selbstliebe は移される。現実に直面して理想自我 Ideal-Ich の充足が困難になる

と自我理想 Ichideal というあらたな形式のもとにナルシシズムを取り戻そうとする。だが、その自我理想 Ichideal は理想化の機能と良心の機能を併せもつ審級であり、自己の理想として示された自我理想の要求を満たすことがナルシス的な満足につながる一方、良心の要求と批判的な制約を課すことによってナルシシズムの充足を監視する。「自己感情」、「自我感情」あるいは「自尊心」[27]はナルシシズムを満足させることによって高められるが、それは幼児期のナルシシズムの充足体験が源泉となっている。その源泉は三つある。(a)「自己感情の一部は一次的なもの、つまり子供のナルシシズムの名残であり」、(b)「他の一部分は経験を通じてたしかなものとなる万能（自我理想の成就）に由来し」、(c)「三つ目の部分は対象リビードの満足に由来する。」[28]「自尊心」を満たすのはナルシス的リビードの遷移によって隔てられたこれらの三つの充足のいずれかを取り戻すことである。「誇大妄想」による幼児的な全能感をもった自我が現実的になっていくにつれて、現実自我は一次的ナルシシズムから距離をおく。理想化の機能は理想追求のための努力を自我に継続させるが、最終的な目標は幼児期のナルシシズムを再び獲得することである。しかし、幼児期のナルシシズムとは何を意味しているのだろうか。他者がいないとナルシシズムや自尊心さえも存在しないようにみえるのはいったい何なのだろう。フロイトのいうように一次的に存在するはずの自尊心の源泉としての「一次的ナルシシズム」がなぜ存在しないのだろうか。多分 (a) と (b) との関係から考えてみると、(a) よりも (b) のほうが強い、つまり幼児期の原初的なナルシシズムよりも (b) の自我理想の充足のほうが強い。つまり、自我理想の成就による万能感が強い。また (b) と (c) を比較すると、自我理想に固着があるのか、対象に固着があるのかを区別するのは容易ではないが、やはり (c) よりは (b) が強いのだろうと思う。つまり、快自我がもたらす対象との一体感は不可欠であり、幼児的万能感を満たすような対象をもとめていることになる。(a) の自己感情が充足されればこどもたちのような状態にはならないと考えると (b) における自我理想が自己を支配しているような自我の様態である。つまり、これが最終的に自我の貧困化に解答を与えるものかもしれない。通常フロイト理論で述べられているような自我の場合では (b)、あるいは (c) によって恋着が起こったとしても最終的に (a) が自己をまもるはたらきをするのだろう。結果的に (a) の機能が充分に機能していないということは自己をまもる自尊心のはたらきよりも自我の理想追求の機能のほうが強いということなのではないだろうか。エディプス・レベルの自我理想ではなく、前エディプ

ス・レベルの自我理想への固着が影響しているようだ。エディプス・レベルの自我理想、つまりそれは去勢する父親であるが、それはエディプスコンプレクスを抑圧した後のエディプス・レベルの自我理想、つまり超自我である。このような自我理想は母との近親愛の禁止を命令する父でもあり、その監視下にあるリビード備給はあくまで自我にふさわしく備給されるものであり、昇華あるいは脱性化された自我エネルギーとなるだろう。しかし、集団形成のための自我理想とはエディプス・レベル以前の対象選択をモデルとし、自我が対象に同一化するのではなく、対象と一体化したリビード拘束である。「恋着」のような対象選択が対象との同一化にはならず、対象との一体化になるのはエディプス・レベルの超自我との関係ではなく、前エディプス・レベルの自我理想との関係で考えるべきであることを証明している。このようにエディプス・レベルの超自我と前エディプス・レベルの自我理想とを区別することができるのなら多くのことを説明してくれるかもしれない。前エディプス・レベルの自我理想は理想化の観点からもエディプス・レベルの自我とは異なるものであってもおかしくはない。ようするにエディプス・レベルの自我ではなく、前エディプス・レベルの自我はその客体部分にある自我理想が強く作用し、対象との一体化欲求が強く、それは「人間のリビードの系統発生からの遺伝的沈殿物」が強く作用している自我である。この二つの自我、超自我と自我理想によって区別される二つの自我の様態の差は大きいのではないだろうか。このように考えることができれば個人によって友人関係、あるいは集団にたいする向き合い方が異なる要因の一つを説明することができるかもしれない。

　リビード理論、あるいは超自我と自我理想の区別から自我の貧困については説明できただろうか。現在の分析では二者期、三者期という言葉で対象関係について表現されることが多いが、フロイトは二者期、三者期という言葉は使用していない。フロイトに従って前エディプス段階と表記するが、その前エディプス段階とは父、母、子の三者のエディプス「複合」の関係にいたる前段階の母と子、あるいは父と子の二者のみの関係である。フロイト理論においては前エディプス・レベルの愛について記述されているものは「女性の性について」、「女性同性愛の一事例の心的成因について」などがあるものの、けっして多くはない。エディプス・レベルにおける父親との関係を分析したものがほとんどである。いわゆる「ドーラの症例」のようにフロイトの分析例は必ずエディプス的な関係であり、二者のみの関係を分析する場合にもつねに父の存在が不可欠である。まさに

106

「父」の分析である。そして、三者の性愛が織りなす「複合」＝コンプレクスを抑圧するのは父親に同一化した自我である。エディプスコンプレクスを抑圧するのは容易なことではなかったので、内面化された父親に力を借りたのである。それにたいして前エディプス・レベルの自我理想とは母親を対象選択したものであり、おそらく万能をもたらすものは母に由来する自我理想との充足体験なのだろう。もしここで完全なエディプスコンプレクスを再度思い出すと、個人の両性的素質のうちの男性の要素が強ければ父親に同一化し、コンプレクスを抑圧した後は超自我が形成されるはずであり、また裏エディプスコンプレクスとしての父親への愛を抑圧できないとしてもそれは父親コンプレクスとして現われてくるので、こどもたちの場合にはこのような結果にはならないだろう。もし、父親にたいして幼児的な固着があるのだとすれば、現実に父親との関係において密接に関わることがあるはずであるが、父親との関係において考えるべきことはあまり存在しないように思う。理想化された父親像をもっているようであり、しかも現実の父親とのあいだの距離感はとても大きいような気がする。そして自我が自我理想の支配下にあるようにみえるのは、前エディプス的な愛の関係において受動性が幼児期のまま維持されていることと関連するだろう。親友の潤二君に固く結びついたリビードとはどのようなものかというと、対象との関係において固い結束をつくり上げるリビードであり、前エディプス・レベルの自我理想によって支配された、理想化された対象との結合を追求するようなリビードである。対象が全能感をもたらすように感じられるのは、自我の理想化の作用であり、この作用にために潤二君は翔太にとっては「理想」であり、「かけがえのなさ」を満たすような友であったのだろう。

VI. 一体感は自我理想による万能感

前エディプス期の母子のリビード拘束が理想化の強い影響をうけるとしても、最初の母へのリビード拘束は充足にはけっして至らないというのが現実のようだ。フロイトは「女性の性について」のなかでこの早期の母子関係におけるリビードについて述べている。この母親との関係は女性のみではなく、男性においても同様の説明があてはまるという。

　　「自分だけが愛されることを求め、分け前にあずかることでは満足しない。しかし、この愛情のもうひとつの性格は、それがまた本来のところ目標を

もたず、完全には充足されえないことである。したがって、この愛情は必ずや失望に終わり、敵対的な態度に取って代わられる定めにある。」[29]

　弟や妹が生まれれば、母を独占したいという愛は失墜せざるを得ない。あるいはまた、充分に乳を与えてくれなかったという不満から母親への敵意になる。「子供のリビードはこれほどにも強欲な」ものであり、「母親への拘束は、これが最初の拘束であって、実に強い繋がりであるからこそ、没落せざるを得ないというのが実情なのかもしれない。」[30]いずれにせよ、この段階の母とのリビード拘束は、目標が達成され充足にいたることはけっしてないとフロイトはいう。母親からの離反を促す要因にはさまざまなものがあり、男子の場合では母親をめぐって父親との競争関係に入るのが一般的なようだが、女子の場合では性愛そのものが愛と敵意というアンビヴァレントな性質のために母親への愛が憎しみにかわることも考えられるようだ。

　母子一体の万能感は「純粋の快自我」から生まれる。これらは「共生段階」の体験によって得られたものであったとしても、現実自我が発達すれば母にたいする幻滅や敵意が生じてくる。母親の育児の良し悪しとは無関係に、不充足は必ず生じるはずであり、乳児がいつでも100パーセント充足していることこそありえないだろう。たとえどれほど巧みな育児であったとしても、乳児の要求を完全に理解することなど不可能である。また言語機能を獲得する以前の段階では、母子二者間の双方向的なコミュニケーションには限界がある。強い欲求があり、激しく泣いて母親を呼ぶことや、とにかく身体を動かしてなんらかの訴えをすることはできるかもしれない。だが、それにたいして何を訴えているのか母親にも理解できないことはよくある。なんらかの意志表示ができるようになる前の月齢の幼児では、いくら母親といえども個別の個体であるからには一心同体になりきれない部分はどうしても残る。不足を指しゃぶりなどの自体愛で補うとしても必ず不充足な状態は存在してしまうだろう。たとえこどもを愛する母親が熱心に幼児の要求を推測しようとしても、幼児が自我形成初期の全能感に満たされた状態にあるとすれば、現実においては幼児の要求を充分に察することはできず、現実自我の発達とともに完全性は否定されていくよりほかはない。無際限な「目標をもたない」快自我の要求を満たすものは現実には存在しえないだろう。結局、リビードは敵意や失望へと変わらざるをえない。だが、もし自我理想に固着があり、強い理想化の欲求があるとすれば事情はまったく異なるものになるのではないだろ

うか。そして完全性をもとめるようなリビードの要求に呼応するものがあるとすれば、それは唯一、神を想起させる世界なのではないだろうか。

　　「これは、自分が「永遠性」の感覚と名づけたい感情であり、何か無窮の
　　もの、広大無辺のもの、いわば「大洋的」という感情なのだ。」[13]

　「恋着」における理想化の観点から翔太の自我について考えてみたが、ここで再びリビード的に異なる二つの拘束について考える。前エディプス段階のリビード拘束が「内的な障害」によるのか、あるいは「外的な障害」によるのかはリビードの編成段階との関連を考える必要があるのかもしれないが、もっとも理解しにくい部分であり、混乱に陥る可能性がある。自我は正常な発達をとげているようであり、リビードの発達にかんしては観察から推測できることは何一つない。ただ重要な点は「目標制止された性的追求」と「性的な追求」をする衝動の二つのリビードの相違が対象選択に影響を与えているのではないかということである。二つのリビード拘束の違いは愛におけるそれぞれの特徴を説明できる。恋着には通常、「感覚的」な sinnlich 愛と「情愛のこもった」zärtlich 愛が混在すると考える。性欲動の目標が制止されていない場合、性衝動の目標の達成が満足に至った後、つまり性交が満足をもたらした後は「衝迫」Drang の消滅によって終わる。目標がひとたび達成されれば欲動のもつ力は消滅する。現実生活において異性間で結ばれた永遠の愛とは激しやすく冷めやすい一面をもつが、持続性と理想化をともなう人間の絆はそれとは異なるリビード拘束による。愛を永続させるためには「情愛のこもった」要素、つまり「目標制止された」要素がどれほど多いかによって永続性と一体感の強さを量ることができる。異性愛が感覚的な愛であり、同性愛は情愛的な愛であるとはっきり分けることは、現在の状況から判断すれば現実にそぐわないとしても、分析するためには有効であるに違いない。「感性的」な愛にいたる場合と比較して集団形成の要因を考えれば、集団の絆を持続的で強固なものにすることや、指導者が理想の権化のように感じられることはすべてこのような「目標制止された」リビードが関与しているからである。リビードの「目標」は達成されることはないので、対象との絆が固く、そして永続的な拘束が維持されるような対象関係をつくりだすことができる。「恋着」という名称が異性関係を強調しているように感じられるが、同性の友人における永遠の友情とか、固い絆で結ばれた友情はこのようなリビード拘束によるということ

になる。たとえ対象が自我理想にたかめられるほど理想の友ではなくても、重要な点は対象の性的過大評価とその結果、対象を自我の客体部分に取り込んで一体となっているということである。「恋着」というフロイトの用語がそぐわないと感じられるのなら、「目標制止された」リビード拘束とはたとえ集団の指導者という位置を与えなくても、信じ合うことのできる友、理想の友といった「かけがえのなさ」があればそれだけで固い友情が生じるには充分かもしれない。親友の潤二君のほうはあきらかにそのようなタイプではないようにみえるが、翔太はこのような心理状態になりやすいということを示していることになる。相手が自分よりも優れていると感じられれば、リビードの感情拘束による強固な絆はなおさらのこと自我の理想になりやすいのではないだろうか。一体感を共有できる相手を無意識のうち模範 Vorbild として取り入れることは同一化にせよ、一体化にせよ自我にとっては指針となるに違いない。

　フロイトの集団心理学においては、集団を強固にするのは指導者とのリビード拘束とメンバー同士の同一化である。「集団形成」の図式（本文 90 ページ）が示すように、集団の指導者である「同一の対象」をメンバー各自が自我理想とすることにより集団の結束は可能になる。要するに心理的な理想化の作用が集団内の人々の強い感情拘束をうみだすことになる。恋着のリビードの性質から考えれば、欲動が目標に到達することはないので、高い理想を掲げることによって集団を一つにする、あるいは個人の自我の理想を指導者が具現することによって継続的に人間関係を維持し続けることができる。さらに理想のために永遠に自己献身することがもとめられる。このように、自我理想 Ichideal は集団形成の中核的な機能をもつが、さらにもう一つ重要な要素がある。こどもたちのもとめる濃密な一体感を説明するためにより重要であると思われるのはフロイトの次の説明である。

　　「自我理想から一本の意義深い道が集団心理の理解へと通じている。この理想は、その個人的な側面のほかに社会的な側面も備えており、一家族の、一階層の、一国の共通の理想でもある。それは、ひとりの人物のナルシス的リビードのほかに、大量の同性愛的リビードも拘束したが、この同性愛的リビードはまさにこの道を通って自我へと回帰してきたわけである。」[31]

　つまり「目標制止された」リビード拘束と考えるよりも同性愛リビードによる集団心理学と考えるほうが的確であるかもしれない。異性愛というと集団とは無

縁であるようでも、無批判、謙遜、自己犠牲といった集団形成の特徴をもつと同時に根底には、自己よりも他者の尊重という「社会的な精神作用」においてもっとも重要な要素が存在する。集団が二人だけであろうと、異性であろうと同性であろうと、自我の基盤では集団心理や「社会的な精神作用」が原初期から機能していると考えることもできる。だが恋着の「社会的な精神作用」を強調することは危険である。恋着とは発達した成人の自我機能から考えるときわめて特殊な状態であり、自我理想が対象によってのっとられた状態、すなわち善悪の判断さえ対象に譲り渡してしまった状態である。「愛に目がくらんだものは犯罪をおかしても悔いをのこさない。」だが、それでも愛は人生におけるもっとも重要なものであり、愛がもたらす至福は何物にも代えがたく、愛こそが人生だと考える人も多くいるだろう。

　フロイト理論における「愛」はプラトンのいう「愛」と同様、広義の「愛」である。「愛」とは異性間の恋愛だけではない。恋着というと恋人たちの恋愛関係を想像しがちであり、同性愛にたいする抵抗は少なくないだろう。精神分析の理論によれば同性愛は「倒錯」Perversion である。この言葉のもたらすマイナスのイメージはぬぐいきれない。だが、フロイト自身も述べているように同性愛的な傾向は誰にでも潜在的に存在するものであり、社会のさまざまな集団、会社組織などあらゆる共同体を結合する要素としては不可欠である。ひとりの男性は生涯をとおして異性と同性のあいだを行ったり来たりするものだという。だが、もっとも安定した関係をつくり上げるのに有効なのは抑圧されたリビードではなく、昇華されたリビード、非性化されたリビードである。異性、同性間にかかわらず共同体や人間同士の結束を持続させるためには非性化されたリビードが必要であり、人間関係を成立させるものは必ずしも利益ではないとフロイトはいう。

　　「経験の示すところでは、協力関係の場合には、仲間同士の間にきまってリビード拘束が生みだされるのであって、それが、彼らの関係を、利益の有無を越えて長続きさせ、確かなものにするからである。」

　　「リビードは人生の大きな欲求の充足に依托するものであり、その充足の関わりのある人物を最初の対象として選び出すのである。そして、個人の場合と同様、人類全体の発展の中でも、ただ愛だけがエゴイズムから利他主義への転換という意味で文化要因として働いてきたのである。しかもそ

こでの愛は、女性に対する性愛——および、そこから発する、女性にとって好ましいものはいたわりたいというやむにやまれぬ気持ちのすべて——には限定されない。それは、共同の仕事と結びついて生まれる、脱性愛化され昇華された、他の男性に対する同性愛も含むのである。」[32]

　友人との一体感は前エディプス期の自我理想による万能感に満ちた幻想的な自我感情に由来すると考えたが、このリビードを「目標制止された」リビードと考えるにせよ、同性愛リビードであると考えるにせよ非性化、つまり昇華されたものではなく、性愛リビードであることだけは見落とされてはならないことであると思う。あらたに出現したように感じられた翔太の自我について考察を重ね、その特徴は理想化された対象への過剰備給によって貧困化した自我であると結論するに至ったが、本章②性格の変化（本文 69 ページ）において設定した疑問に答えるものではないだろうか。つまり「ヤマアラシ」のようにアンビヴァレントな感情のあらわれる自己愛的な人間関係とは異なるものとは次のような自我である。

VII. 集団に親和的な自我

　翔太の自我を追跡することによってその特徴を描写してきたが、結局は意識しないままに集団心理学の周囲を経巡っていたらしい。このような集団形成に親和的な自我の様態をほとんどフロイトの用語だけを使って表現したことになる。つまり「おどおどした不安」からたどってきた長い追跡の到達点にあるものとは自律的なエディプス的自我から転換した対象依存的な自我であり、次のフロイトの言葉が説明するものにほかならない。

　　「集団形成が継続する間は、あるいは、それが及ぶ範囲では、個人はまるで自分たちが同型の存在であるかのように振舞い、他人の独特さを我慢し、その人に合わせ、その人に自分をいかなる反発も感じない。そのようにナルシシズムが制限される事態は、われわれの理論的見解に従えば、ただ一つの契機によってしか起こりえない。すなわち、他人に対するリビードの拘束を通して、である。自己愛は唯一、他者への愛、対象への愛においてのみ限界を見出す」[33]

　翔太の自我分析においては対象への「恋着」という行動となってあらわれた。

自己への愛、すなわちナルシシズムを制限するものは他者への愛のみである。これはあきらかに翔太の自我について追跡してきたものである。**それは対象愛である。**

⑦過剰依存

結婚以来、3度目の転勤地は雪深い田舎のK市であった。夏は涼しく、夏休みには家族で山や近くの観光地を訪ね、いつも観光旅行気分で楽しんでいた。車で30分ほど走ると、郊外には渓谷や山があり、週末にはよくドライブに出かけたが、普段でもいつも近くの海岸でこどもたちとのんびりと海をみながら遊んでいた。まだこどもたちも5歳、3歳、1歳と受験戦争の心配もなく、まさに観光地にでもいるような気分で、いつもおにぎりと砂遊び用のバケツを持って、誰もいない海岸を専用の遊び場にして砂遊びに興じていた。遊ぶことが仕事とでもいうように毎日、屋外で日がな一日過ごしていた。長男は3歳2カ月で幼稚園の年少組に通うようになった。最初は嫌がったものの、すぐに馴れた。どちらかというと少し気弱な甘えん坊で、上の子に比べると私から離れたがらないこともあったが、取り立てて心配するほどのことはなく、とくに記憶に残っているようなことは何もない。

職員宿舎に住んでいたので親以外の多くの人々と接触した。ことに私の教育方針として人間関係を重視したので、歩けるようになる前、生後6カ月頃にはすでに同じ宿舎の住人のおとなもこどもも大勢の人間が彼の周囲にいた。これは取り立てて意識しなくても、2歳半年上のたか子についても同様だった。たか子を宿舎の友だちと遊ばせるときは翔太を抱いて、いつもたか子と一緒に屋外で遊んでいたので、必然的に宿舎のこどもたちとその母親たちとつねに一緒にいた。ぜんそくの持病があり、7、8カ月の頃からひどくなり、一度は1歳前にひどい発作をおこしたことがあり、その頃から1週間に一度スイミングスクールに通ったが、そこでも、宿舎以外の男の子と仲良くなり、一緒に遊ぶようになった。宿舎では転勤のため少数の人たちのメンバーの入れ替わりはあったが、3、4年のあいだはいつも同じ顔ぶれの住人だったので、歩けるようになったときには自然とこどもたちの輪のなかで遊んでいた。そのためか、人見知りや気おくれするようなところには気がつかなかったが、初対面の人にたいしては、人見知りというよりは、恥ずかしがったり、照れたりして顔をそむけて母親の胸に顔を押してつけること

がよくあった。こどもの誕生から思春期にいたるまで、夫の勤務地が変わり、宿舎を3、4年ごとに移動していたので、3人のこどもたちは人間関係の環境としてはほぼ同じような環境で育っている。こどもたちが幼い頃、小学校低学年の頃まではこどもたちにとっては友人たちと家族との境界はなかったと思う。いつも玄関のドアーは明け放したままになっていて、家のなかでも自由に友人たちを招き入れて、自分たちの遊びの世界を屋外と同様に延長させていた。いつだったか、朝の7時半頃、長女が友だちとベッドのなかで遊んでいるのをみつけ、びっくりして注意したが、朝食を慌てて済ませると、外で待っていた友だちと遊びを継続させながら数人でぞろぞろと登校していった。私の教育の目標とは複雑な人間関係においても自由、闊達に振舞えるようになること、そのために経験を積み重ねることであったが、そのような方針の実践の場として、職員用の集合住宅に住んでいたことがこどもたちの生育に大きく影響しているといえるかもしれない。

　そして、私のもう一つの教育の方針は3人、男女にかかわらず、同じ態度で接するように心がけることだった。姉であることを強調して他の兄弟のために我慢をさせること、あるいは男の子を大事にすること、末の子をあまやかすこと、これら以外には彼ら兄弟3人が不平等に感じるようなことはすべて慎んだ。年長者が年少の同胞を軽んじるのではなく、あくまでも平等であるべきだと思っていた。宿舎はどこへ転居してもほぼ20世帯位の規模で、こどもはいつも6、7人から多いときには20人以上いたので、親子のパターンをみるともなしに観察していた。こどものよい面をみつけると、母親の何が影響しているのかじっと観察し続けた。職員宿舎はまるで母子関係の標本のようにさまざまな親子がいた。そんな中で見出した子育ての目標は、のびのびと育った、自主性、自律性をもったこども、そして、長じては人から好かれる人間、愛されるべき人柄だった。

　さて、翔太の1歳前後の様子はというと、少し甘えん坊のところがあったが、ぜんそくの発作が起きていないときはきわめて運動量が多く、活発であった。私の生活はつねにこども中心の生活であり、つねにこどものそばにいたので、安心しきっていたのだろうか、母親の姿がみえないと不安を示すとか、後を追いもとめるような神経質なところはあまり見受けられなかった。思いだすかぎりではさほど特別なことは思いあたらないが、よくよく思い返してみるとあることに気がついた。よく寝る赤ん坊だった。びっくりするくらい長時間寝続けた時期があった。生後1カ月ほどはそれほど寝なかったと記憶している。誕生時は正常分娩であったが、羊水の混濁があり、その後少し黄疸が出たもののとても元気だった。

生後数カ月は母乳であったが、吸う力がとても強く、乳首の先端が裂けて出血したことが何回かあった。乳首をおもいきり強くかむこともしばしばあったが、私は気にもとめず、同じように母乳を与え続けた。2カ月間ほどは授乳時間の間隔も短く、量もたくさん飲み、出す便も大量だった。はじめての男の子であったので、長女と比較してこれほどたくさんの量を飲んで、これほどたくさんの便を出すのかとびっくりしたことを覚えている。3カ月ほど経った頃から、授乳時間の間隔がだんだん長くなり、4カ月の頃はほとんど寝ていた。その頃はたか子が3歳になる少し前で、翔太を起こして外に連れ出すのは忍びなく、いつもたか子だけを連れて宿舎の庭で同年齢のこどもたちと遊ばせていた。最初の頃は翔太が起きて泣きだすのではないかといつも部屋の窓の前で中のようすを窺って、始終翔太のようすを気にしていたが、4時間ほどは寝ていた。ひるまの睡眠時間が長いので、夜は寝ないでおきているかと思うと、夜は夜でしっかり睡眠をとった。目を覚ましていても、ほとんど泣かなかった。いつもご機嫌で手をパタパタと動かすくらいで、激しく泣いて何かを要求するということはほとんどなかったように思う。たか子が外遊びに熱中して、うっかり4時間以上、翔太を寝かせたままにしていても、家に帰るとまだ寝ていることがあった。しかし、あまりに大人しく寝ていたので、家に帰ったときに留守の間に泣いていたのではないかと心配になって、涙の痕跡をさがしたが、それもなかった。ついには同じ方向ばかりに顔を向けて寝ていたので、片方の耳の後ろあたりの、頭の一部分が扁平になってしまい、その後2年間ほど頭が変形したまま元に戻らなかった。それほどよく寝ていたのだ。このようなわけで翔太を寝かせたままたか子を外で遊ばせることが習慣化してしまい、翔太が寝返りができるようになるまでの間、このような生活が続いた。誤解されると困るのでいっておかなければならないが、翔太をネグレクトしたのではなく、あまりに長時間寝ていたので、このようなことが可能だったということだ。そのとき、翔太がどのように感じていたかはまったく理解しようもないが、私のゆったり、おっとりした気分が伝染するのか、あるいは何か同じような素質をもっているために、こどももきっとそのようなゆったりした心もちに浸っているのだろうと私は勝手に解釈していた。しかし、兄弟3人を比べてみると、第一子である長女のときははじめての経験で緊張があったように思う。第三子である次女のときは兄弟の友だちやら、長女の幼稚園の送り迎えやら周囲は騒がしかったし、忙しかったので、私もよく覚えていない。たぶん、そのような環境のせいもあったかもしれないが、他の兄弟はこれほど寝なかったように思う。

しかし、基本的に私がこどもを抱いたときの幸福感というか、ゆったりとした充足感は兄弟3人共通だったと思う。ただ、肉体的な接触がこどもに安心感をもたらしていたのは2歳半くらいまでだったのではないだろうか。3歳頃は興味や関心の範囲が格段にひろがり、活発に活動することが多くなったので、母親に接触をもとめるよりもほかのことが関心のまとになっていたようだった。4歳の頃、翔太が東京の幼稚園に転入した頃には手をつなぐこともあまりなくなっていたように記憶している。母親との接触はますます少なくなったが、私は愛情を示すための直接的な表現、たとえば「大好きよ」という言葉や頬ずりやキスなどといった肉体的に接触することは好まなかった。おたがいのまなざしで充分に気持ちが通じあっていたと私は解釈している。何もいわなくても、またおたがいに接触する部分がなくても、こどもたちは私の目のなかにあるものを感じとっていた。おたがいの満足がどこにあるのか暗黙のうちに理解することができた。こどもたちの幸せは私の幸せであることを、こどもたちは私のまなざしのなかに読みとっていたと思う。こどもが笑い、私がにっこりほほ笑むことはお互いに幸福感を確認し合っているように思っていた。だから翔太にかぎらず、3人とも同様に子育てを負担に感じることや、不安になるようなことはまったくといってよいくらいになかった。こどもたちとの生活が幸せの絶頂であるように日々感じていた。

　しかし、寝返りがうてるようになったある日、留守の間にベッドを血だらけにしていたことがあった。寝返りをうって、うつぶせになったときに鼻の先端をシーツに強くこすりつけたらしく、鼻のあたまがすりむけて血が出ていた。かゆかったのか、痛かったのかわからないが、泣きもせず、何回も鼻をこすりつけていたようで、シーツのあちらこちらに血がついていた。それ以来、必ず一緒に連れ出すようになった。母親をはっきり意識するようになると、それまでの様子とは急に変わった。それまではひとりでご機嫌にしていたのだが、急に母親への欲求が強くなった。今度は昼間にはほとんど寝なくなり、いつも私を目で追っていた。母親のそばにいるかぎり、活発でよく動き回った。母親にまとわりついて離れないようなことはけっしてなかったが、2歳の頃までは甘えん坊の表情や仕草がよくみられた。

　子育ての間、こどもが熱をだしたときやけがをしたとき以外、不安になるようなことは一回もなかった。こどもと一緒にいることが私に幸福感をもたらしていたように思う。こどもを抱くだけで、あるいはこどもと一緒にいるだけで満ち足りていた。お母さんたちのなかには子育てに不安を覚える人もいるようだが、そ

のような状況は理解し難いというと叱られるかもしれないが、こどもを育てることに不安を覚えたことはあまり記憶にない。こどもを抱く私自身が何かいいようのない幸福感、ただの幸福感というより悠久のやすらぎとでもいうような、おおいなる充足感にひたっていた。こどもが歩きだすようになってからは活発に動き廻っていたので、これほどゆったりと余裕のある時間はもてなかったが、寝がえりができるようになる前の生後3〜4カ月の頃はこのような感情に包まれていたように思う。先ほど述べたような理由で翔太が4カ月になる前のゆったりした感情がもっとも顕著だったかもしれない。フロイトはこれを母親自身の幼児期のナルシシズムの再生といったが、この充足感はおそらく私がこどもの頃に感じていた充足感が再生されたものなのだ。それはロマン・ロランがいった「大洋感情」にちかいものかもしれない。

「あっ、これは私の幼児期に原因があるのかもしれない」と気づいた。

　当時、育児への強い責任感から「こわい」母親として振舞っていた私は、自分のこども時代のことなどすっかり忘れていたが、こどもの過去を思い返していくうちに、自分自身のこども時代が重要な鍵を握っているように思い始めた。自分では他人と比較したことはないので、特異であると感じたことはなかったが、私の幼児期から児童期の回想のなかに何か鍵があるはずだ。

　私は小学校時代、ひどくひ弱な、神経質なこどもであった。小学校3年生のとき、母親の実家があるF県から東京都内の小学校に転校してきた。教育熱心な母親は近隣の小学校には通わせず、自宅から徒歩で40分ほどの、きわめて質の高い教育であると評判の小学校を選んだ。私はとくに病弱ということもなく、その長い距離を毎日兄と一緒に歩いて通っていた。多分その当時としては、かなりの評判であったのだろう。区立の小学校であったにもかかわらず、私鉄沿線の住宅街のこどもたちが遠くから電車で通っていた。このため放課後は近隣のこどもと遊ぶこともなく、幼少期のように兄が遊んでくれることもなく、学校から帰るといつも孤独だった。淋しかったという印象が強く、学校でもなぜか友だちとの楽しい思い出はあまりない。

　なぜ、今まで小学校時代のことをあまり思い出さなかったかというと、けっこ

う苦しい時代であったと思う。辛かった記憶はないが、楽しかったこともなかった。とにかく、気弱で自分から率先して何かをするとか、話をするとかいうことはけっしてできなかった。動作も遅いし、反応も遅い。話しかけられたり、聞かれたりしても、瞬時に返答することなどできず、すべてにわたっていつもボーっとしていた。しかしながら、それでいてひどく神経質で、気弱で内向的だった。

　現在はこの幼い頃の茫然とした性格はなくなったように思うが、この気弱なところは根本的には今でも変わらない。こんな私であったが、どういうわけか2学期の最初の日に学級委員の選出があり、転校してきたばかりだというのに、学級委員に選ばれてしまったのだ。ボーっとして何もいえず、何をするにもやたらと時間がかかるというのに、どうしてこんな自分がえらばれるのか皆目わからず、また転校生であることを理由に辞退するなどということを考えつきもせず、よくわからないうちに選出されてしまった。多分勉強がよくできたせいだと思う。その後毎学年のうち、1学期は必ず学級委員をさせられた。3年生当時の毎日の生活についてはほとんど覚えていないが、それほど苦しかった思い出は残っていない。その他のことはあまり記憶にないが、とにかく授業中だけでなく、学校生活全般にわたり積極的になるようにと指導を受けた。通信簿に書かれた先生のコメントはいつも決まってそのことだった。気弱で引っ込み思案の私は、楽しそうにしている同級生たちを遠くからみているだけで、けっして自分からその集団に入っていくことはできなかった。でも、仲間に加わることができずに、ひとりで取り残されているようなこともまったくなかった。いつも、誰かが声をかけてくれたり、手を引っ張ってくれたり、必ず誰かが遊びの輪に招き入れてくれた。要するに誰かが手を引いてくれなければ何もできないこどもだったようだ。

　進級しても相変わらず率先して何かをするとか、積極的に友だちとかかわることもできなかったが、いつも友だちに手を引かれて遊んでいた。何かものごとに対応するために先回りをして考えるとか、友だちのことについていろいろと思いをめぐらすとかいうことはまったくできなかった。が、なぜか勉強だけはよくできた。未熟なせいなのか、不器用なのかよくわからないが、この学校生活での茫々とした性格は、林間学校や臨海学校に行くと、ほとんど何もできないような状態になってしまった。自分では参加することについて心配や不安もなく、一生懸命にみんなと同じように行動しているつもりなのだが、そのうちに食事がのどを通らなくなり、だんだん元気がなくなり、日増しになんの活動もできなくなるといった具合だった。昼間、ほかの児童が屋外活動している間は保健室の先生と

一緒に過ごすことが多かった。吐き気がいつもおさまらず、食事をすることが苦痛だった。しかし、かといって行くのを嫌がったことも、不参加だったこともなかったように記憶している。食事や昼間の屋外活動以外は友だちと一緒だった。一緒にあそんだというよりは世話をしてもらったといったほうが適切かもしれない。昼間は保健の先生と一緒に休んでいたが、みなが外から帰って来ると一緒に行動した。しかし、やはり着替えをするのも荷物をまとめるのもやたらと時間がかかり、見かねた友だちが手助けしてくれた。何もできずにいる私の着替えを手伝ってくれたり、脱いだ洋服をきちんとたたんでリュックに入れてくれたり、まるで姉のように世話をしてくれる同級生がいたのだ。学校生活の全般にわたって、このような状態だったと思う。もし、この状態で孤立すれば、神経過敏な私は立ち往生してしまっただろう。友だちがいたお陰でなんとか学校生活を送ることができたといえる。友だちにたいする依存性がきわめて強かったようだ。合宿は高学年のとき、数回行っただけだったと思うが、この嘔吐の原因について、母親が自家中毒らしいといっていたのを覚えている。

　こどもが不登校になる前は、このような過去のことなどまるで忘れていたが、こどもの過去のことを思い返しているうちに過去の自分と何か関連があるように感じ、改めて自分のことをよく考えてみた。しかし、このような小学校時代の思い出が事実を語っているわけではないと思う。つまり、これは当時の私の内面を物語る回想であって、自分の感情が誇張されすぎていて、このとおりのこどもであったかといえば違うだろう。その当時の私が過剰にこころに留めた結果の誇張された回想だ。小学校当時、先生からも両親からも困ったこどもであったとか、心配でしかたがなかったという話は一度もされたことはなかった。逆にとてもよい子で、優等生であったという親の感想はよく聞いた。従順で大人しかったということなのだろう。教師や親からみれば、従順なこどもに思われていたかもしれないが、内面はかなり緊張度が高く、学校など家庭の外では生活しにくかったことは覚えている。でもそれが当たり前のことだと思っていた。おそらく友人との生活を楽しめるほど心理的に成長していなかったらしい。唯一こころ休まるときは父と一緒のときだけだった。小学校３年生の頃までは、父の胡坐のうえにいつも座っていたように記憶している。父の気を引くことが私にとって最も重要なことであり、父に喜ばれることが何よりも私にとってうれしいことだった。父親はいつもそれに応えてくれていた。小学校３年生にもなって父の膝の上にいたなどというと、変に思われるかもしれないが、身体がとても小さく痩せていた。肉

類や魚介類は食べられず、頑張って食べようとすると嘔吐感ばかりが強くなって、かえって食べられなくなってしまい、少量のご飯を水でやっと流し込んでいたような状態だった。食べられたのはキュウリなどの野菜だけで、そのほかにはくだものが好物だったが、食べなさいといわれなければ食べないほうが楽だった。食事が苦痛であったという記憶が強い。ただ、親のいうことにはなんでも従い、父や母の手伝いをしてよろこんでもらうことが、私のよろこびであった。そのような私は父からのたっぷりの愛情を与えられて、とても満足していた。私には愛してくれる対象が必要だったということであり、父親に依存して生活していた。その愛情欲求の度合いが普通よりも大きく、しかも長く尾を引いていたようだ。ほかの人と比較したことはないのでよくわからないが、多分そういうことなのではないだろうか。ただ、みずから進んで愛を獲得するのではなく、愛されたい強い願望をもちながら、それを無言のうちに相手が察してくれることを期待するようなきわめて受動性の強いものだった。

　それでは親が甘やかしたためにそうなったのかというと、そうではないと思う。二歳半年上の兄がいるが、私が誕生した頃は暴れん坊でやんちゃな兄に手がかかり、母にとっては育児があまりにも大変で、ノイローゼになりそうなほど苦労したという話は後によく聞かされた。このような兄に比較して、私は赤ん坊の頃からとても大人しかったらしい。それでも3歳頃までは母親だけがたよりだった。乳児の世話はだいたい母親であり、3歳くらいまでは母親への依存した生活は普通だろう。しかし、何かがきっかけとなって母に依存できなくなったようだ。おとなになってからも、いつも思い出す光景がある。3歳の頃のことだと思う。空想なのか夢なのかはっきりしないが、兄の通っていた幼稚園のジャングルジムのそばで、私が母のスカートの端を握ったまま、そのスカートで自分を隠すようにしてこちらをみているという光景である。この前後の情景は何もなく、何も覚えていないので、何を意味しているのか、さっぱりわからない。こどもが母親のスカートの裾を握っている光景はよくみられるものであり、別にめずらしくもない光景だ。この意味するところが、母親から離れられないとか、ひとりでいられないということを示しているとすれば、特別な記憶として残っている必要はなさそうなものだが、この記憶がいったいなんなのかまるでわからない。多分これがいわゆる「遮蔽想起」なのだと思う。これ以上昔に遡っていこうとしても、何も出て来ない。そして、何かこれがきっかけだったように思うが、それ以来、私の愛情欲求を受けとめてくれたのは父親になった。その後、長い間私の生活の中心は

父親であった。父親が在宅しているときは事情が許すかぎり父親から離れず、出かけるときは一緒について行った。

　私の幼児期から児童期のこのような状態は依存的な状態と考えてよいだろう。さて、この長い期間におよんだ依存の原因が何かという難問が出てくる。少なくとも母親による「甘やかし」はなかったと思う。商家の四女として育ち、幼児の頃は世話をしてくれたのは女中や奉公人だったと母自身が恨みがましくいっていたのを記憶している。親の愛情を充分にうけられなかったのではないかと思わせるような人である。ただ、私にとって愛情の量が少ないと感じたとしても、それが標準的なのかもしれない。母の育ったのは大正時代末期の頃のことであったから、今とはだいぶ事情が違うことは理解できる。また戦後の最新の育児や教育を熱心に勉強していたせいもあり、こどもに愛情や共感を示すことよりも厳しさのほうが多かったが、母親としての責任感が強かったのだろう。私の結婚後、3人のこどもが生まれてからは何かと手助けをしてもらい、自分自身が親になってはじめて母親の立場と愛を理解できるようになったと思うが、さきの母親のスカートを握りしめた自分とは、母への不満を表現していると考えられなくもない。とすると、父親が過剰な愛を私に示していたのだろうか。いや、そうではなく、私の要求にこたえてくれていたのだと思う。父は当時、大学病院の臨床医として勤務するかたわら、大学で教鞭をとっていた。家にいるときは、いつも書斎で机に向かっている時間が長かったように記憶しているが、激務の合間の家庭でのこどもとのひとときがやすらぎを与えていたのかもしれない。冬の日の寒い夜など、冷たい足をふとんの上からさすってくれて、私が寝るときには寄り添ってくれていたような記憶がある。母によって満たされなかった愛情欲求を満たしてくれたのは父だった。父の大きな愛に包まれていた。

　そして、その後、中学に進学する頃になって、依存的な生活がやっと終わった。父親が勤務先の近くにあった私立中学の願書をもらってきたため、いわれたとおり受験し、その中学に入学した。朝はいつも父と一緒に家を出て、通学していたが、その後いつの間にかひとりで通学するようになり、父親から離れていった。中学に入ってからは、それまでのひ弱なこども時代とはまるで異なる積極的な性格が出てきたように思う。多分父親に同一化しているのではないかと思う。あるいは兄に同一化をしているのかもしれないが、とにかくこのような取り込みをも同一化というのであれば男性に同一化をしているのだと自分では考えている。母

の性格の嫌いなところばかりが目につき、母への反発は強かった。今では忍従を強いられた勝気な母の精神的な痛みを理解できるようになったが、どうしても母親に同一化しているとは思えない。だが、男性性と女性性が混乱したかたちで目立つわけではない。あくまでも外見上もこころの中心部分もとても女性らしいと自分では思っているし、また他の人から男性的だと指摘されたことはない。本質的に女性の部分が強いことはたしかだ。つねに男性からは一歩下がっているような男性優位の古風なところがあったが、おそらく母親の女性観を取り入れたのではなく、父親の女性観を受け継いでいたような気がする。こどもたちに悲劇が起きるまでは、夫にたいしても古風な女性を演じていたように思う。深い理由はないが、そのようにすべきだと思っていた。ともかく中学生になってからは何をするときでも積極的、男性的に行動するようになり、小学校の頃の依存的で消極的な性格とはまるで正反対の、能動性、自主性が強調された性格が形成されていったように思う。あまりの変化のはげしさに自分でもびっくりした。つまり、自分のこどもたちへの教育方針が自主性の重視であるのは、みずからの幼児期の依存性にたいする否定的な価値から出てきたものだろう。だが、積極的ではあっても、リーダーにはならない。友人たちの輪の中央にいることは絶対にない。人の嫌がる役割を引き受けるとか、縁の下の力持ちといった立場だと思う。友だちとも楽しく過ごしたが、一方でかなり距離をおいて交際していた。友だちと一緒にいることより、ひとりでいることのほうが好きになった。何事につけひとりで考え、ひとりで行動した。

⑧口唇愛の固着

　これまでに翔太の不登校の前兆を分析してきた。最初のサインは小学4年生のときのおどおどした不安げな様子だったが、実際に変化が顕在化したのは、小学6年の転校時で親友、潤二君との別れがきっかけだった。中学2年の2学期に始まった不登校のまるで病気のような状態は最初に記述したとおりだ。今までの結論として親友、潤二君と一体化した状態であったことを述べた。この大洋感情とよばれる一体感は口唇期の固着が原因であれば、対象が母親かあるいは潤二君かという違いがあったとしても、いわゆる幼児的な不安を示すとしても納得できなくもない。だが、そのように解釈がなされたとしても、このように幼児的な不

安にたいして何ら防衛策がとられていないことについては、実に奇妙な自我としかいいようがない。幼児の不安がなぜ9歳の少年に突然に出現しなければならないかは謎だ。一体感に固着があるとしても自我の機能がエディプス・レベルの自我とはまったく異なるものであり、発達ラインそのものがまるで異なるとでもいうかのように奇妙な自我が出現した。おそらく、先に述べた自我理想の作用が根源的に異なることに原因があるのではないだろうか。つまりこころの装置においてエディプス・レベルの超自我よりも前エディプス期の自我理想が圧倒的に強く刻印されているからだと考えた。つまり自我は、教育など外界からの要請よりも、内界の要求の強さに引きずられたということらしい。繰り返すが、自我が幼児の状態と同じであると考えることには無理がある。通常の生活にはまったく支障はないので、対象関係に限定されると断言してさしつかえないと思う。だが、なぜこのような幼児性が突然姿を現わさなければならなかったのかは理解できない。対象と別れなければならないという現実認識や外界への行動には、まったく異常なところはないので、対象リビードだけに問題が生じているような印象をうける。対象関係以外には自我は退行を起こしていない。対象と一体化した自我は対象表象からのリビードが備給されていたのかもしれないが、対象が存在しないと自我（自己）備給しない。

　対象との一体化された状態からひとり孤独にとり残されたときの苦痛な感情は離別であろうと死別であろうと、想像以上に身にこたえる。おとなの場合は愛する対象との離別は喪（mourning）の過程によって説明できるが、目下考察の対象である翔太の自我の場合、対象の不在によって引き起こされる不安は自己のかけがえのない部分をうしなうという危険が切迫し、これにたいして防衛を発達させていないためであると考えた。自我が客体としての他者をとりこみ、自己としての全体を構成しているために他者の不在が欠損のように感じられるのだろう。愛する対象との一体感は自我境界が不鮮明であり、幼児期の万能感に幻覚的に満たされた自己である。対象との離反は「喪」にともなう「苦痛」の感情ではなく、あくまでも「不安」である。自己保存のための機能は十全に機能しているが、自我理想として他者を抱え込み、対象にナルシス的リビードの備給をおこなっているのだから、対象の不在が自己の重要な部分の欠損と感じられたとしても不思議はない。だが、このようなことはすべて無意識において生じているために、本人の意識においては「対象の不在」が何を失うのかを理解できないのだろう。

　職員宿舎という環境もあって、こどもたちは誕生後からすでに兄弟、友人たち、

その親たちといった多彩な人間関係の輪のなかにいた。みずからの孤独なこども時代に味わったさみしさがこどもたちを正反対の環境におくようにさせ、それが強く影響を及ぼしていることはたしかだ。翔太の幼児期はとくに不安が強かったこともなかった。もっとも、いつも私はこどものそばにいたので、母親の不在を経験することはなかったと思う。幼稚園に行き始めたときも何回かは泣いたこともあったが、それが長引くようなことはけっしてなかった。だから幼児期には分離不安は出現しなかったといえる。分離 - 個体化の過程を経て、エディプス・レベルまでは順調に発達したと断定できる。なぜこれほどまでに未熟な幼児的な不安が出てこなければならないのか、やはり腑に落ちない。

　私の場合は、父親への依存の期間が長かった。これは過剰依存である。翔太の分離不安のようなおどおどした不安と私の過剰依存のこの二つの状態を同じものであると考えてよいのだろうか。親子だからといって、同じでなければならないという理由はないが、私の母がいうのには私は乳児期、幼児期そしてその後の児童期までの期間をとおして、ずっと、親にとってはまったく手のかからないよい子だったという。とくに「あなたは赤ちゃんの頃はほんとに大人しい赤ちゃんでしたよ」ということであった。両親の印象は「とにかくよく寝る子だった」という。私の場合は外傷体験よりは父親の甘やかしがあったかもしれない。それとは反対に翔太については厳しすぎたことが原因になっている可能性のほうが大きいかもしれない。だが、翔太も赤ちゃんのときはまったく手のかからない、とてもおっとりとした大人しい赤ん坊だった。このことを考えると同じ資質をもっているように思えてならない。

　先に、私のかなり長い依存生活について述べたが、父親との関係はエディプス・レベルの関係ではない。私は甘えさせてくれる対象がとにかく誰か必要だったのであり、もし母親がそのような存在として利用できればそうしただろう。対象にたいして占有的、排他的な関係をのぞむこのような関係は、けっしてエディプス段階の「複合」＝コンプレクスの関係ではない。あるいはそのように解釈できるかもしれないが、父への愛着が強かったのは前エディプス的な母子関係を基盤として生じたことなのだろう。この点についてフロイトは「女性の性について」で述べている。では翔太についてはどのように考えるかというと、やはり同じものと解釈できるのではないだろうか。4年生のときのおどおどした様子と6年生の転校のときの活動停止の一歩手前のような状態、そして中学3年のときの不登校は、対象との幻想的一体感に固着があるためにさまざまな異変があらわれ

たと解釈できる。つまり対象要求が強いのは口唇期の一体感に固着があるためであり、自己備給しない自我、つまり他者に愛されないと存在できない自我、対象の不在にたいして自我が能動性を確立できない受動的な自我である。私は対象が母親から父親に変わり、翔太の場合は潤二君との関係に置き直されたが、対象との一体感は口唇期の固着に起因する母子関係の再現と考えてよいだろう。つまり翔太の不安と私の過剰依存はどちらも一体感の固着といえるだろう。なぜこれほど未熟な自我でなければならないのか考えてみると、リビードが依存する対象に過度に偏って備給されているために、自我が影響され、さまざまな異変を引き起こしたのだと思う。一体感の固着が対象の不在による不安を引き起こし、その不安が信号となって自我機能が制止をおこない、ついには思春期において精神的外傷となった。対象が存在するうちはかろうじて学校生活を維持できるが、一体感を共有できる友人の不在が不登校につながっているようにみえる。中学３年の不登校とはこのような自我が対象の不在によって外傷を被ったと考えることができる。口唇的編成段階の固着、しかも対象にナルシス的同一化をしない一体感情が強く自我に刻印されているようだ。

　さて、このような一体感を要求する口唇期の固着は何が原因かを考えてみる。フロイトによれば完全な対象愛とはナルシシズムが対象に転移したものである。だが、こどもたちにとって問題となることはナルシシズムの欠如であり、いずれにせよリビードが対象に過剰備給された状態である。しかし、私の場合には記憶によって想起しようとするのは無理だ。なぜなら、それがあったとしても抑圧によって意識からは遠ざけられているので、今ここで固着の原因になっているものを記憶のなかから引き出すことは不可能のようだ。遮蔽記憶が何を抑圧しているのか、自己分析しようとするには限界があるようだ。自分なりに夢に現われるものを考えてみた。夢の分析が妥当なものになるかどうかわからないが、ともかく私自身の夢のなかに何か解決する糸口がみつかるかもしれない。夢は無意識を探索するための重要な道しるべとなりうる。

《夢》

　とにかく短いものでもなんでも思い出すかぎりの自分の夢を、今から５年ほど前の半年間、集中的にノートに書き留めた。意味不明の夢やその断片を、解釈できるかできないかにかかわらず、とにかく記録し続けた。分析をするにしても長い期間を必要とするようだ。すぐに結果が出ることを期待していたわけではない

が、やはりほとんどの夢を理解できなかった。ところが、それから一年以上経過した頃になって、何か意味らしきものがみえてきた。まったく理解し難い支離滅裂な夢の映像が、何かを象徴しているらしいことに気づき始めたのは最近である。かなり多くの夢を記録したなかで、もっとも重要であると解釈したものだけを掲載する。みずからの夢を大きく二つに分けることができると考えている。一つは洞穴や室内、岩のなかの空間であり、もう一つは上昇する夢である。薄暗い空間とは子宮のなかのような気がするがよくわからない。子宮のなかの知覚が記憶に残っているはずはないと思うのだが、チューブのように細長い管のようなものがよく夢に出てくる。身体が圧迫された状態でやっと通れるほどの細長く狭い通路も同様によく出てくる。あるときの夢のなかではっきりと「これは産道だ」という声を聞いたような気がした。そして、記録した夢のなかに共生段階の母子一体への固着を連想させるのではないかという一つの夢があった。

（2009 年 12 月某日の夢）

　夢をみた日の前日の現実の出来事である——12 月のある寒い日、近所のスーパーマーケットでいつもの女性をみかける。そのスーパーに買い物に行くときまってその女性に出会う。50 歳なかばくらいにみえたが、白髪の交じった頭髪には櫛を入れた形跡はなく、どうやら精神疾患を抱えているようで、商品の陳列棚の前にいつもじっと蹲ったまま動かない。一定の時間が経つと、レジで買った商品のお金を支払って帰るようだが、その日は会計を済ませ、商品を袋に詰めていた。屋外はとても寒いのに素足にサンダルを履き、おまけにはいていたロングスカートが下がって、お尻が半分みえていた。私はみてはいけないと思いながらも気になって、身寄りがない病人はこのような状況にならざるを得ないのだろうか、誰か面倒をみてあげる人はいないのだろうかとか、区役所の人に連絡したらなんとかなるのだろうか、とかいろいろなことをずっと考えていた——そして、その夜夢をみた。

　思い切り足の長い動物で、カンガルーのようだと思うが、顔はカンガルーか犬かはっきりしない。大きな耳が垂れていて羊のようにもみえる（その女性はいつもロングスカートをはいていたので、全体のイメージから例のスーパーマーケットの女性だとすぐに気づく）。アンゴラウサギのような、たっぷりの長い毛でおおわれたウサギが、その細長い足をもった動物の足元にいる。ウサギは長い毛のために大きくみえるのか、まん丸でふっくらとしている。いかにも温かそうな毛

をしている。あしながの動物はとても大きく、上から見下ろすようにウサギをみているが、ウサギは平然としている。そのそばに小さな痩せた子猫が寒さのせいか、ぶるぶると震えてうろうろしていたが、そのあしながの動物にびっくりしてウサギの長い毛のなかにもぐりこむ。痩せた子猫はウサギのふさふさの毛のなかにすっぽり隠れてみえなくなってしまった。

【分析】現在の私について考えてみるとたしかに私がウサギだろう。こどもを包む、愛しむような私の姿を象徴していると思う。とすると、子猫はこどもだ。長男かもしれない。あるいは娘かもしれない。しかし、おそらくは、昔の私は子猫だった。小学生頃までの自分自身について思い起こしてみると、ひ弱でいつもぶるぶる震えているような子猫だった。唯一のくつろぎや安心感のある場所は父と一緒のときだった。大きく私を包んでくれたのはいつも父だった。

おそらくは、ショーペンハウエルの寓話のなかの「ヤマアラシ」がナルシス的な人間関係を象徴しているとすれば、私の夢に現われたウサギと子猫は直接的に温め合う関係を表しているのではないだろうか。これが口唇期の幻想的一体感情を象徴しているのではないかと思う。ウサギと子猫の夢は温め合う欲求が充足された自己と対象の一体化を表していると解釈することができる。包み包まれる関係、包容の連鎖のような関係、入れ子構造のようなこのかたちが無意識の欲求をあらわしているのだと思う。その他の多くの夢は室内空間や洞穴、そして何かに包まれるイメージだが、これらは母胎内への回帰を象徴しているようである。先に紹介した私の夢がもっともわかりやすいイメージを伝えているように思うが、「ヤマアラシ」の関係とはナルシス的な精神作用が強く影響した人間関係であるのにたいし、私の夢のなかに現われたウサギとやせた子猫が「対象愛」を象徴しているように感じられる。「暖を求める欲求」を満たすような対象との包摂関係であり、このイメージが根源にあり、その強い作用をその後の人生に及ぼし続けているように感じられる。こども時代の私を象徴しているのは痩せた子猫だが、私がこどもをもつようになってからは、私は子猫を包むアンゴラのようにふくよかなウサギである。だからウサギも痩せた子猫も双方とも私であり、包み、そして包まれる関係を象徴しているといえる。実に幼稚なイメージであるが、これほどわかりやすいものもないと思う。翔太にとって、親友、潤二君との友人関係は直接に温め合う関係である。けっしてヤマアラシのような距離のある人間関係ではない。距離をおいた友人関係はこどもたちの自我にとっては馴染めないものら

しい。ヤマアラシのイメージとは対照的ではないだろうか。こどもたちの自我の
イメージは多分私と同じような包まれるイメージなのだと思う。

　私の夢は**対象愛**そのものを象徴しているのではないだろうか。だが、固着の原
因については依然としてわからない。再び翔太について考えてみると、母親との
分化が始まる前の共生段階である3～4カ月の頃、よく寝るこどもだと理解して
いたが、そうではなくて放置されていたことによる外傷体験が原因になるという
ことも考えられないではないが、もしそうだとすればもっと早期に病的なものと
して現われてくるのではないだろうか。2、3歳の頃は不安な状況になると泣く
ことが多かったが、そのくらいの幼児であれば不安を示すことや、何かに脅え
て泣くことがあってもあまり不思議には思わないだろう。まったくなんの問題も
なく、ごく当たり前に生育したとしか考えられない。小学4年生のあのとき以前、
友人関係に影響されて自我に変化が起きる以前には、あのような、おどおどした
不安に満ちた様子はみたことがない。このおどおどとした不安が口唇期の固着と
どのようにつながるのだろうか。母親を見失ったときの不安と考えることはでき
ても、以前には、幼稚園時代にも小学生のときにもこのような不安を示していな
かったことをどう解釈したらよいのだろう。この不安がボウルビィのいうような
生得的な不安だとしても、自我の変化と同時にいきなり出現したようにみえた、
この出現のしかたを説明することはできないだろう。9歳の少年に突如として分
離不安が現われたという事実は留意しなければならない。
　フロイトとはまるで異なる概念体系であることに留意しなければならないが、
問題となる不安と自我の関連を考えるために、ボウルビィの研究成果を再度くま
なく検討することで、何か手がかりがつかめるかもしれない。ボウルビィの定義
によれば「分離」とは愛着対象に一次的に接近しえないことであり、「喪失」と
は愛着対象に永久に接近しえないことを意味する。[34]対象喪失はおもに防衛機制
との関連で考察されているが、分離によって起こる不安とはつきつめると恐怖で
あるという。ボウルビィの概念的枠組みは精神分析理論ではないということはす
でに述べたが、豊富なデータの収集とその分析の緻密さから貴重な参考資料であ
る。乳児院や孤児院での観察の記録、およびそれに関するさまざまな文献を集め、
また精神分析の論文も重要と思われる論文には全部目をとおしているようだ。文
献渉猟が徹底的で強迫的とさえ思える。あまりに多くの資料が検討されているた
めに理解が容易ではない。臨床による知見と心理学的実験をまとめあげた彼の理

論だけでなく、多くの研究資料の重要なものを網羅している。精神分析の理論についても同様にさまざまな分析家の説を比較検討している。

　私の解釈が間違っていなければボウルビィの結論は要約すると結局次のようになる。こどもが母親に愛着（attachment）を示すのは生得的であり、一次的な動因によるものである。これは比較行動学のよる動物の実験で得られたデータなどにもとづいて作られた理論であり、精神分析に比較すると、より科学的である。そしてこのアタッチメントを動物に共通してみられる性質であると考え、アタッチメントが妨げられたときに起こる不安や恐怖はその本来的なものが母子の分離によってさまたげられたために起こるものであり、依存的や小児的といった評価をされるべきでない。また幼児期の親との離別、親の家出などアタッチメントの有効性を期待できない、つまり親の安定したやさしさやいたわりを期待できないために引き起こされた不安や苦痛を、本人の環境要因と切り離して理解しようとするのは適切ではない。依存や過剰依存などの言葉が侮蔑的な価値を含んでいるのは、観察者の価値や基準が内在しているためであり、これらの言葉は未成熟という言葉と同様、科学的理論にはふさわしくないと表明している。

　　「臨床文献において"依存的"と"過剰依存的"という形容詞ほど頻繁に使
　　用されている術語はない。しがみつく傾向のある子ども、家をはなれたが
　　らない青年、母親と親密な接触を保つ妻や夫、相手を求める病人、などこ
　　れらの人たちはすべて早晩このようなことばで表現される。これらのこと
　　ばが用いられる場合は常に、否認や軽蔑の雰囲気がある。」[35]

　ボウルビィは分離不安を誘発しがちな要因である「過剰依存と甘やかし」について検討した。このような過剰な依存の原因は親との離別の体験や親の家出、あるいは親による遺棄のおどしなどによるものであり、安定的な愛着をさまたげる要因、つまり「不安性愛着」によって起こることが多いと結論づけた。「過剰依存」の原因は満足の過剰、すなわち「甘やかし」であるといった理解は誤っている。それは、愛着する人物によって安定的な養育を受けられなかった幼児期の悲惨な体験の結果であることを正しく認識することをさまたげる。その結果として、このような人々に理解や同情が与えられないだろうと述べている。フロイトとは反対の立場である。

　フロイトは幼児期の甘やかしや過剰な愛情は、後年の愛情不足に耐え難い心理

状態をつくりだす原因であると述べている。つまり愛着にかんするフロイトとボウルビィの理論を対比させると、甘やかしによるものか、あるいは愛着の有効性を信頼できないためか、という二つの意見にわけることができるだろう。

しかし、またボウルビィはこの原因にあてはまらないこどももたしかにいることを Stendler の研究資料[36]のなかから探しだしている。過剰依存を示すこどもたちのなかには、離別やおどしなどではない原因によるこどもたちがいると述べた。大部分の過剰依存は不安性愛着を原因であることを示したが、そのほかに母親にすべてのことをしてもらうこどもたちの一群があることをその研究から引用している。「同年齢のほかの子どもたちと比較するとき、自分で食事をするとか衣服を着るといった日常のささいな仕事が下手で、母親にしてもらう子どもたちが含まれる。」これについてボウルビィは「愛情豊かであるだけでなく、子どもたちに独力で行動させない傾向をもつ」「保護過剰」のためであると考察している。私の場合はこれにあてはまるようだ。たしかに自分で何かをするというような日常生活のための行動ができなかったが、親がなんでもしてくれた「保護過剰」ではなかったように思う。しかし、翔太の場合はこのような原因はないはずだ。

このように考えていくと、フロイトの甘やかし理論に同意できないとしても、ボウルビィの主張していることのどれにも当てはまらないように思う。過剰依存を生じさせる原因はフロイトの甘やかしかボウルビィの不安定性愛着かという議論は、環境要因にのみ焦点をあてている。だが、フロイトもボウルビィもどちらもこれらの環境要因だけでなく、個体の素因の影響を指摘する。ボウルビィの記述のなかに重要な手掛かりとなるものがあった。個体の素因として次の二つをあげている。

1. ある子どもたちは、ほかの子どもたちに比べて、生来的に、素質上多量のリビドーの要求をもっているため、満足の欠如に対してほかの者よりもよりいっそう敏感である。(Freud　1917b)[37]

2. ある子どもたちは、ほかの子どもたちに比べて、生来的に、より強い死の本能を備え、その本能はそれ自体として異常に強い迫害性・抑圧性不安として現わされる（Klein　1932)[38]

1の文章は、こどもの体質的な要因についてフロイトが述べたことであるが、私の対象にたいする過度の充足欲求は「多量のリビドーの要求」なのだと思う。翻訳によって少しずつニュアンスが異なるものになるので、正確な個所を特定できないが、おそらくこどもの不安についてのフロイトの説明を要約したもののように思われる。

「ノイローゼ的不安は二次的なもので、現実不安の特殊型にすぎないなどというわけのものではけっしてありません。むしろ私どもは幼児の場合に、使用されないリビドから生ずるという本質的な特徴において、ノイローゼ的不安と共通なあるものが、現実不安という姿をとって現われているのを見ているのです。」[39]

母を見失う、あるいは母ではなく未知の人しか見出さなかった失望のために「使用しえないようになったリビド」が不安として放出されるという。また、幼児は元来、生命の危険を認識できず、幼児の不安は生命を守るための本能的な不安よりは、むしろ母との分離によりひき起こされる不安である。

「大人が危ないという警告をあたえなかった危険をも自分で発見する小児があるとすれば、このような小児は、その体質としてかなり大量のリビドの要求をもって生まれてきたか、あるいは早期に十分なリビドの満足をあたえられて、あまやかされてきたのだ、という説明をすればことたります。これらの子どものうちにも、のちにノイローゼになる者があっても、べつにふしぎではありません。」[40]

これはまさに私自身の過剰依存を説明するための重要な記述である。さまざまな理論をさがしたあげくに最後にたどり着いたものである。先に述べたように私の児童期は対象への依存欲求がとても大きかったために精神的な自立が遅かったといえると思う。しかし、これは私の母親が過剰備給したためではない。「大量のリビドの要求」が対象への過剰依存を生じさせたものだろう。リビード固着についてフロイトが述べているが、「幼児の体験という因子といっしょになって、性的体質はまたしても「相補的系列」を形成しています。」[41]「遺伝的な性的体質」が強ければ弱い体験でも固着になりうるし、反対に体質は普通だが、幼児期の性

的な体験の強さゆえに固着になりうるような関係が相補的系列である。私の幼児期を考えた場合、こどもを育てる際の「環境要因」、つまり母親だけの問題ではない。母親の育児と比較して、私自身のリビードの要求のみが特別に大きかったことを意味する。「性的素質」が過度のリビード充足を要求したと考えてよいだろう。その証拠に母親の話によると幼児の頃の私は指しゃぶりがひどかったらしい。満たされない欲求を自体愛によって満たしていたと考えられる。私の過度の充足欲求は母親にたいして要求することをあきらめて父親に向かっていった。結局、愛で満たしてくれたのは、母親ではなく父親であった。

　では翔太の場合はどうだろう。私の「対象愛」が過剰備給されたために固着を起こしたのだろうか。出産後の安堵感とはじめての男の子の誕生はとてもうれしかったことをとくに記憶している。母乳もたくさん出たし、周囲の環境としても祝福された幸福な誕生だと断言できる。ただ一つ気になることといえば、たか子の心理的な不満を考慮して、翔太よりもたか子の行動を気にかけていたことだ。翔太に授乳するときには翔太を片膝にのせ、反対側の膝にたか子を抱いて授乳することが何回かあったと記憶している。しかし、誕生から生後6カ月にいたるまでに激しく泣いて手に余るような記憶やなぜ泣いているのか理解できずにいたような記憶は一回もない。悠久のやすらぎというような私の幸福感については前のところで述べた。親を困らせることのない模範的で親思いの赤ん坊だったといったらいいのだろうか。授乳時にはたくさん飲んで、たくさん寝て、起きているときも寝ているときもいつもやすらかな表情でいた。つまり、いつも悠然と落ち着いた、まったく手のかからない大人しい赤ん坊だった。それは母親の気持ちが投射されたことにより、そのように勝手な解釈に導いているのだという批判は容易に推測がつく。でも、それにしても、まるでテレパシーか以心伝心が存在するかのように、母親の気持ちを現実に察知しているのではないかと思わせるような大人しさである。何かを要求するために泣くとか、あるいは手足をばたばたさせるとか、強い表現やはげしい訴えをしたことはなかった。やはり充足した状態にあったといえるように思う。

　翔太はことによく寝る、大人しい赤ちゃんだったが、ほかのふたりのこどもたちも翔太と私と同様に母子一体感のときの固着がとても強いのだろう。マーラーの分離-個体化の公式理論における「共生段階」のリビード固着が強いために、リビード機能の停滞に陥ったといえるのだと思う。翔太のリビード固着の原因は素因的なものだろうか。それとも、母親の私が自分のこどもにリビードを過剰備

給したためなのか、それともその両方なのかは容易には判断はつかないだろう。ただ、可能性としては私自身の充足欲求がとても強いために生じさせた無意識の過剰な愛という環境要因と、こどもたちのもつ「性的体質」が二重に口唇期の一体感への固着を強めたといえるかもしれない。だが、逆にこの時期、母子非分化の大洋感情に浸っているのが生後3〜4カ月頃だとすれば、こどもが「遺伝的な性的体質」をもっているとしたら、固着を防ぐための育児など存在するのだろうかと考え込んでしまう。なにしろ乳児が何をもとめているのかはまるで母親でさえも推測できないほど未熟な時期である。乳児の精神の内界を想像することはできないのだから、もし母子一体感の固着ではなく、パラノイアの素因をもつ赤ちゃんであるとしたらどうだろう。その場合には大人しい赤ちゃんとは反対によく泣くかもしれないが、大人しい赤ちゃんでもまったく泣かないなどということはありえない。母親はその赤ちゃんの泣き方が相対的に強いか弱いか、あるいは泣くことによって何を要求しているかなどは判断しようがない。ウィニコットの理論にしたがえば母親の充分な「抱っこ」holdingがないことはパラノイアが顕在化する可能性を増大させることになる[42]のではないだろうか。もしほんとうに乳児期のこれほどの早期に固着しがちな「性的な体質」をもっているとしたら、防ぎようがないのではないだろうか。乳児の精神内界を想定することができないことにくわえて、もう一つの見過ごしにできないことは、母親の側がつくりあげる乳児期の早期環境要因、つまり私の場合は愛の過剰であったかもしれないが、これも無意識であるということだ。理論的な探索の結果がこのような無意識にたどりついたのであって、今までは自分自身のことを自立度の強い女性だと思っていた。自己の無意識を探るということがなければ、自分自身のみかたやとらえ方は以前とは変わらなかっただろう。ここでも鍵をにぎるのは環境要因としての母親の無意識である。乳児の精神の内界を推測するのが不可能であると同様に、母親の側でも自分自身の無意識が何をもとめているのかを認識していることなどありえない。自己弁護になるようだが、このような無意識の充足欲求にしても、私の場合の固着は遺伝的な要素が強かったために起こったとしか考えられない。ともかく翔太についてはその後のしつけの厳しさや自立を目標とした教育がなんの効果もあげていないことを考えると、この時期の固着が自我に強く作用したのだろう。迷いながら、少しずつ、そして初めての分析の歩みだったが、ここまで到達するのに何年の歳月を費やしただろうか。自我に何か変化があったのではないかと探ってきたが、結局その原因はこのようなものにたどりついた。

Ⅷ. 固着の原因は「遺伝的な性的体質」

　私の乳児期まで遡ったが、不登校を生じさせた自我の状態とは対象との一体的な固着、つまり対象愛的な固着が原因であるという結論に到達した。これまでのことをとおして考えてみると、孤立した状態と友人と一体感をもてる環境とが明暗を分けているように思う。友人と一体感をもてるときは順調に学校生活を送ることができるが、孤立がこれまでに述べた奇妙な現象につながっているようにみえる。自我が変化したとみられる時点以降の生活においては、対象依存的な心的な状態にあり、こどもたちの孤立を「幻想的一体感」における対象の離反としてとらえることができる。このような自我にとっては対象の不在がエネルギーの枯渇状態になってしまうらしい。先に示したようにマーラーは共生段階の「二者単一体」をロマン・ロランが「大洋感情」と形容したものであると述べたが、この乳児期の「本源的な自我感情」に影響された自我であるとすれば、幼児的な不安を示したとしても理解できないものではないかもしれない。しかし、明確にしておかなければならないことは、不登校になるまでは、これまで述べたような幼児的な不安を示す以外には自我の形成や発達が阻害されていることを示すような兆候は何もなかった。幼児性を示すのは「対象の不在」であり、自我の機能に問題があるわけではないようにも思うが、自我の機能というよりはむしろ「幻想的一体感」であり、「大洋的な」自我感情から生じているようだ。翔太の自我分析を始めたきっかけとなったものは、幼児的なおどおどした「不安」であった。そして、長い道のりであったが、対象と一体化した自我の状態というところまではようやく探りあてた。だが、不登校の状態の直接の原因である精神的外傷、あの病気のような状態とはいったい何だったのかという疑問には答えられてはいない。最初は小学４年のときのおどおどした不安であったが、それが６年では自我機能の「制止」になり、中学３年次にはとてつもなくひどい状態に襲われた。不安と外傷との関連についてオットー・ランクは根源的な不安を出産外傷であると考えたが、フロイトによれば不安とは過去の体験の反復によって再生された情緒であり、母を見失うことによって起きる外傷的状況の無力にたいする反応が「不安」である。

　　「不安とはすなわち、一方では外傷の予期であり、他方では同じその外傷の和らげられた反復である。不安に関して私たちが気づいたこの二つの特

徴は、したがって別々の起源に由来する。不安は、予期との関係において
は危険状況に属し、また、その不確定性と没対象性においては、寄る辺な
さという外傷的状況に属するのである。そしてこの外傷的状況が危険状況
において先取りされるのである。

不安―危険―寄る辺なさ（外傷）、という系列の発展順序に従えば、こう
要約できる。危険状況とは、寄る辺なさが認識され、想起され、予期され
た状況である。不安は外傷における寄る辺なさに対する根源的な反応であ
り、この反応が後に危険状況において、助けを求める信号として再生産さ
れる。外傷を受動的に体験した自我は、今は、同じ外傷の弱められた再生
産を能動的に、つまり、その成り行きを自発的に導こうとしつつ、反復す
る。」[43]

このような外傷の再生産を「浄化反応」であるとしている。こどもは、遊戯に
おいてよくみられるように、受動的に被った不快な印象を今度は自分が主体と
なって能動的に繰り返し、それを制御しようとする。早期の寄る辺ない自我に
とっては不安とは外傷の「予期」か「反復」である。だが、中学3年のまるで病
気としかいいようのない状態、あのひどい状態は弱められた外傷の反復どころで
はない。外傷そのものではないだろうか。もし不登校が「外傷の弱められた再生
産」であるならこれほどひどいことにはならないだろう。何か逆のことが起こっ
たようだ。これまで探ってきた翔太の自我は、不安にたいする能動性も危険にた
いする防御も何もなく受動的な寄る辺ない乳児の状態をそのまま再現しているか
のようである。しかも、中学3年の男子の精神が乳児期の幻想的な一体感情に支
配されていたとしても、現実にあれほどひどい状態がもたらされることがありう
るのだろうか。対象を見失うという「不安」は制止を引き起こし、結局精神的外
傷にまで至らしめた。ところが、よく考えてみると、小学6年の対象との現実的
な離反の時点では「制止」の状態であり、対象表象を保持したまま外傷にはなっ
ていない。また、姉のたか子は不登校の1年前にP市から東京の中学2年に転
入した際にも不登校にはなっていない。とすると、いわゆる不登校とよばれるも
のは対象の不在だけではなく、この時期に起きる内界の何かが影響している。対
象の不在がこの時期にかぎって一体化した快自我に外傷的に作用したのだとすれ
ば、それは思春期 puberty における「性的成熟」と関連するからではないだろ
うか。

第3章　対象愛

　これまで翔太の自我分析の過程を一つひとつたどってきたが、このようにあらたに出現したかのような自我とはいったい何なのだろうか。そこで翔太の自我についてフロイトの自我モデルと、そしてそこから導き出される発達ラインにあてはめて考えるのをやめてみることにした。何か手がかりになるような自我モデルはないかとさまざまな文献にあたって探した。探索はかなりの長い期間を費やしたが、こどもたちの自我に適用できるような理論はなかなかみつからなかった。著名な分析家の理論はいちおう目を通した。「阿闍世コンプレックス」や小此木啓吾氏の著作にあたってはみたものの勉強にはなったが、彼らのような自我について説明をしてくれそうなものはなかった。だが、やっとついにみつけることができた。

バリント理論における「対象愛」

　マイケル・バリントの「オクノフィリア」[1]である。「成立しつつある対象に対するオクノフィリア的人間の反応とは、その対象にしがみつき、その対象を内に取り込もうとするものである。それは対象なしでは自分が寄るべない、安全を保障されない存在だと感じるからである。外からみれば、オクノフィリア的人間は自分の対象関係にリビドーを過剰に備給する途を選んだ者となる。」[2]私が重要であると目にとめた理由は「自分の対象関係にリビドーを過剰に備給する途を選んだ者」という記述であり、仮にこのような備給のしかたが優勢であるような自我を想定することはできないだろうかと考えたからだ。フロイトの理論に準拠すれば幼児的な依存ということになるのだろうが、このような対象への「しがみつき」、愛着、依存をどのように解釈できるかという可能性の問題である。仮にこのような過剰備給を対象との一体感をもとめる「対象愛」にもとづくものだと考えてみたい。この場合の「対象愛」とは、ナルシシズムに対立する概念として、分析家の理論による差異をふくまない一般的なものを想定している。フェレン

ツィの「受身的対象愛」、マイケル・バリントの「一次愛」、アリス・バリントの「一次的対象関係」にもっとも近いもののように思われるが、これらの概念をそのまま適用できるのかどうかはわからない。マーラーによれば分離 - 個体化以前の「共生段階」における二者単一体 dual　unity はフロイトの「一次的ナルチシズム」の状態であると述べた。しかし、それは同時にフェレンツィのいう「〈条件的〉幻覚的全能感」の状態であるかもしれないという。（第 2 章、本文 93 ページおよび注釈 16）私がこどもたちの自我について後者でなければならないと考えた根拠は、ナルシス的な同一化がみられないということである。対象を取り込んではいるが、「自我の代わり」にはならない。取り込んだ対象表象は自我の重要な客体として一体化された状態である。

　異変後のこどもたちの態度をよく観察していると、自己にかんする評価がきわめて低い。自己の表現や主張がうまくできないこと、また謙虚で自己抑制や自己卑下があることや自己への信頼はみられないなど、そのほか自己にかんすることはほぼ同様にきわめて虚弱な自己である。自己についてのイメージが他者次第である。自己表象があいまいなのか、明確な自己表象がないのか、自己というものさえとらえることができないような印象をうける。しかし、自我機能としては異常なところも病的なところもまったくなく、表面的には「わたし」や自分についてはきちんととらえることができるので、一見どこかおかしいところがあるとは認識できない。しかしながら、安定的で一貫した自己表象が希薄であるのは自我の機能から生じているように感じる。自己評価は自我の「自己感情」、あるいは「自尊心」[3] と関連するものであり、自尊心を高揚させるか、低下させるかは性愛リビードの備給が大きく作用する。他者を愛することは自尊心を低下させる。したがって他者の愛を獲得することができるかどうかによって、自尊心は高められることもあればみじめな貧困化となることもある。だが、たとえ愛の対象を獲得できなかった場合でも対象からリビードを自我に帰還させることによって自我が満たされれば、「それもひとつの幸福な愛と呼べるものである。」ところが、対象不在のこどもたちのような自己を無理やり表現しようとすると、自己とはすなわち、無である。リビードが自己に備給されていないことによるものだろう。「自己」を強く押し出すような自我のあり方とはまるで逆である。

　この自己にかんする空虚さはオクノフィリックなのではないかと考えた。このような自我のあり方が対象リビードの過剰備給に関連していると思ったからだ。つまり「自我の貧困」の原因は、「恋着」で述べたように、リビードが自己備給

されていないことによるものと考えると、こどもたちが示す態度を的確に説明することができる。そして、対象が存在してはじめてくつろいだ、幸福な自己が出現してくるようだ。多分、対象に愛されることによってリビードが備給され、それが自己表象につながっているのかもしれない。だから、リビードを自己備給するのではなく、ナルシシズムとは異なる備給、「対象愛」による自我というものを想定することができるのではないかと考えた。仮にそのような対象関係を想定すれば合理的な解釈が可能になるかもしれない。自己への備給ではなく、対象への過剰備給である。しかしながら、このオクノフィリア型がぴったり当てはまるわけではない。なぜなら、このタイプは神経症者の臨床の分析のなかから抽出された二つの病的なタイプのうちの一つである。バリントの提唱したこの二つの類型は「基底欠損」であるという。だが、この理論を応用することによって、フロイト理論に描写されている自我モデルとは異なる自我を想定することができるように思う。ほとんど目をとおした主要な理論のなかで、こどもたちの自我を説明するのにもっとも近似したタイプであると思う。フロイト理論によるエディプス・レベルの自我モデルとは別にオクノフィリアに近いタイプの自我を想定すると、まさに彼らの自我をきちんと説明することができると思う。

　出生後、最初の原始的、排他的二人関係について最初に概念化されたのがオクノフィリア型対象関係であり、乳児は全面的に母親に支えられ、母親がいなくては生きていくことすらできない。少しのあいだの母親からの分離も不安を生じさせるオクノフィリア的関係から次のような傾向が生じる。

　　「(1) 対象の過大評価がある。この過大評価はナルシシズム的リビドーによる過剰備給のせいでは必ずしもない。次に、(2) 本人がその対象から自立するために必要な個人的技倆の発達が多少とも抑止される。」[4]

　個体発生的にも、オクノフィリアはフィロバティズムよりも時間的には早期であると述べているが、オクノフィリアからエディプス複合が発生する。その後、原始的二人関係の第2型としてフィロバティズムを概念化した。同じ排他的、原始的二人関係であるが、どうしても対象を信頼することができず、対象からの迫害にたいして破壊的攻撃性を向け、対象が出現する以前の空間を「友好的広がり」であると感じ、対象にしがみつくよりも空間を愛し、スキルを身につけて自

我を強くすることのみに専念する。オクノフィリアとフィロバティズムはきわめて対照的である。ただ、サディズムとマゾヒシズムが混在することが多く、正反対のものではないように、この二つのタイプも最初の対象の出現についての反応の様態を臨床に役立つ分類として類型化したという。

　　「対象の存在に気づいた時の一部の人間の反応は、過剰な対象備給を行い、重要な対象を保存しこれにしがみつく能力を向上させるというものでその半面、自立的な自我の発達はおろそかになる。同じことに気づいても、別の人たちは過剰な自我備給を行い、自我の働きであるみずからの個人的スキルに過剰に専念し、適切、親密、持続的な対象関係を発展させることのほうはなおざりになる。ここでもう一度言っておくがむろん私は話を単純明快にするためにもっぱら極端な例をとりあげているのである。」

　　「精神病理学との関連を考えると、オクノフィリアは自己滅却 self-effacement, Selbstauslöschung、不安準備状態 anxiety-proneness, Angstbereitschaft、とくに広場恐怖 agoraphobia の形と関連しているだろう。これに対してフィロバティズムは孤立的退却性 self-contained detachment、種々の類妄想的態度 paranoid attitudes、おそらくは閉所恐怖症 claustrophobia と関連しているだろう。」[5]

　「オクノフィルは対象こそ、友好、安全、庇護的と盲信」し、対象が「冷淡無関心になり、はては悪意を持つようになって捨てにかかることがおそろしく、対象にしがみつけば対象から引き離される恐れはないと考えている。対象と対象とのあいだの空間はただもう怖いばかりである。」このようなオクノフィリアにたいして、フィロバットは対象を回避すべき恐ろしいものと感じ、対象発見以前の空間に退行し、その空間を「友好的な広がり」と思い込んでいる人々である。オクノフィリアとフィロバティズムの「世界像」は双方ともに「現実吟味」に欠損がある。外界に存在する同一のものにたいして両者の感じる感情は正反対である。たとえば、オクノフィルは「回転木馬はこわいものだなあ」と感じ、フィロバットは同じものを「回転木馬はスリリングで楽しいものだなあ」と感じてもそれぞれのもつ感覚の意味の発見や解釈に異議をさしはさむことは論理的に不可能であるという。知覚からもたらされる感じかたや意味づけはおよそかけ離れたもの

であり、それにたいする反応も正反対となる。オクノフィルとフィロバットでは回転木馬を正反対に感じるように、「これは外界と内界との混同の典型例である。外界は両者にとって同一である。違うのは内界である。」回転木馬という外的な現実にたいして、尺度となるものは個人の内界であり、「誰しも外的現実とおのれの内的世界とをある程度ない混ぜにしているからである。」

　バリントが対象関係の発達として考えたものは「一次愛、オクノフィリアとフィロバティズム、ナルシシズム、能動的成人愛」[6]である。重要なことは自我の最初期の状態は「一次愛」であることだ。フロイトの一次ナルシシズムは臨床観察所見からえることはできず、議論に堪えられない矛盾したものであるとして一次ナルシシズムを否定し、「一次愛」理論を主張した。乳児が母をひとりの対象として認識する以前の心的な状態を「一次愛」primary love と呼んだ。フェレンツィの「受身的対象愛」を継承したバリントの理論では、新生児は胎児と同様に「環界」に依存することにより生存できるのであり、対象出現以前の「一にして二なる（母子）統一体」[7]の局面においてすでに「対象指向傾向」があるという。「一次対象愛ないし原始的対象愛」とは「対象関係」において「どれかの性感帯に結びついているもの」、つまり「欲動目標の発達」ではなく、「欲動対象の発達」における一つの愛の形なのである。一次愛における周囲の「環界」への依存的備給は乳児が生存に必要とするもの、母乳、空気、温度といった「一次物質」[8]への備給であり、環界と個体の関係は海水中の魚のように境界のない渾然一体となった「調和渾然体」harmonious mixed up の状態にあるという。フロイトの一次ナルシシズムという外界から途絶した状態はありえないことだと反論した。そして、一次愛から対象出現の過程においてリビード備給には四つのものがあると考えたが、そのうちの重要なものとして二つの対象関係、オクノフィリアとフィロバティズムを類型化した。オクノフィリアもフィロバティズムも外傷的な体験の結果として、上記のような特徴的な態度が臨床にあらわれるという。ではバリントのナルシシズムとは何かというと、「個体環界間の攪乱」[9]による欲求不満から撤収した備給を「みずからの未熟な発達途上の自我に備給する」ことであり、原初期の「環界」への一次備給から「二次的」に自我に、あるいは自体愛的に退却したもののみをナルシシズムと呼んだ。換言すれば「二次的に欲求不満を宥和するため自我へと退却」することである。対象関係の発達については詳細に述べられていないようなのでわかりにくいが、ナルシシズムとはおそらくは

オクノフィリアとフィロバティズムの外傷的な作用からは自由な自我であり、対象を妄信してしがみつくことも、対象関係を破壊することもない状態が正常であると考えられるかもしれないが、「健康とは状態の成分が何であるかによるものではなく、その成分が正しい比で加えられ正しい形の結合をしていることが必要」[10]だという。自我リビードと対象リビードのバランスが重要であるのかもしれないが、フロイトは「自我はリビードの貯蔵庫である」と述べているように自我はリビード備給の中心的基盤である。両者ともにリビードの自我への撤収ということだけが同じであるとしても、フロイトの「二次ナルシシズム」とバリントの「一次愛」から自我に退却した「二次的」ナルシシズムの状態とは自我の機能としては根本的に違うものであるように感じる。

　バリントは今までに提案されてきた類型論、たとえばユングの外向型と内向型、クレッチュマーの分裂病質と循環病質といった性格についての類型論よりも臨床に役立つ類型化として、自我における最初の対象との関係をオクノフィリアとフィロバティズムという二つの類型化によって説明した。こどもたちの自我を考えるうえで、このような自我を想定したらうまく理解することができると考え、バリントの理論にたどり着いたが、適用できるのは原初的母子関係におけるオクノフィリアのみである。対象関係の発達過程において、バリントもナルシス的な自我を前提に考えているようなので、オクノフィリアの対象関係がどのように発展していくかについてはバリントとは異なる。バリントの理論においても能動的成人愛に到達するにはリビードが自我に撤収された状態としての「ナルシシズム」が必要であり、エディプス複合を抑圧するものとしてのナルシス的自我を前提としているようだ。結局、こどもたちの自我のタイプとはフロイト理論から抽出されたナルシス的な自我のタイプのほかにもう一つのタイプ、つまり自己備給よりも対象備給のほうが優勢な機能をもつ自我を想定できるのではないかということである。ただ、「一次愛」理論は重要なことを教えてくれた。つまり、バリントの理論に依拠するのであれば、固着は口唇編成段階の「口唇愛の固着」（第2章⑧本文121ページ）ではなく、「一次愛」は「欲動対象」の関係として考えるべきであり、「一次愛」の幻想的一体感において対象愛の固着があると考えるべきなのだろう。しかしながら、自我の起源における対象愛の固着と口唇編成段階との関係は不明である。私は対象愛的な自我を仮定するうえで次ページのような図式を案出した（図2）。『スリルと退行』における原初期の対象関係についての豊かな描写はこどもたちの自我を想定するうえで重要な導きの糸であった。

第3章 対象愛　141

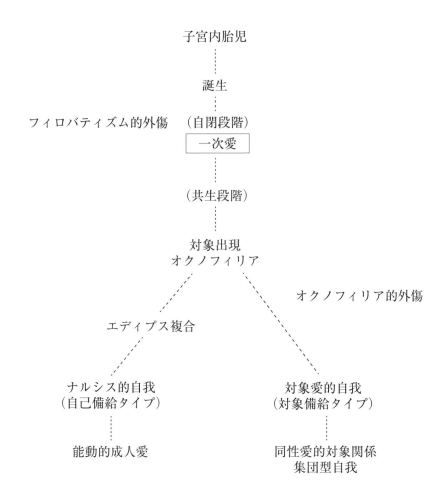

図2 オクノフィリアより発生すると仮定される対象愛的な自我について

「自我は、対象の特徴を身にまとうと、」「エスに対しても、自らを愛の対象として押しつけ」、対象リビードをエスから分離し、自我に戻し、リビードを脱性化する。これがフロイトの「二次ナルシシズム」である。つまり、自我はみずからが対象の身代わりになるのと引き換えに、リビードの「対象」と「目標」を断念させるのである。つまり対象愛リビードは過剰であってはならず、自我の統制

に服従することができなければならない。自我が対象に固着したリビードの抑圧に失敗した例がオクノフィリアである。バリントの主張は「一次愛」の理論ではあるが、自我と対象リビードの関係において自我の優位性が担保され、こどもたちの自我と比較すると、発達経路においてはやはりどちらかといえば「依托型」の男性を想定しているようにみえる。バリント自身、「ナルシシズムの導入にむけて」におけるフロイトの類型論、依托型対象選択とナルシス型対象選択を持ち出して説明しているが、ナルシス型対象選択はナルシシズムから対象関係が発達するにもかかわらず、「主流」[11]ではなく、「一代替路線」であるのはフロイトの一次ナルシシズム理論の矛盾点の一つであると指摘している。つまり、バリントの主張によれば対象関係の起点はナルシシズムではなく「一次愛」でなければならないということらしい。

　フロイトによれば、自我リビードと対象リビードは一方が増えれば他方は減るという関係になる。バリントにおいても同じ原理である。「自我備給」に偏った型がフィロバティズムであり、対象備給に偏った型がオクノフィリアである。つまりバリント理論を単純に図式化すると対象備給も「自我備給」も過剰でないものとしてナルシシズムを設定していると考えられるだろう。外傷体験や固着の可能性は環境としての幼児体験と本人の素因とが相補的に作用し、それらの決定因子が何であるかはわからないが、病原的なものとならないためには自我とリビードが葛藤を起こさないことが条件である。しかし、バリントは初期の原始的母子関係においてオクノフィリアから「エディプス複合」が発生する[12]といっているので、正常な場合にはオクノフィリアに多少の外傷や固着があるとしても、結果的には自我の統合に影響を及ぼさないようにうまく抑圧される必要がある。それをリビード量の問題に限定して考えてみると、自己と他者へのリビードの配分は当然のこと自我を中心になされねばならず、リビードの対象備給はオクノフィリアのような過剰備給であってはならず、自我との関連において対象備給は量的な条件によって規定されると考えられなくもない。そして、フロイトの理論は抑圧が自我の機能の中核的な位置におかれているが、それはバリントの理論においても同様の意味をもつと思わる。結局バリントにおいても、対象リビードが自我の抑圧を妨げることがあってはならないというナルシシズムの優位性が前提となっている。

　このように考えると、バリント理論の対象関係の発達におけるナルシシズムの優位性からは、こどもたちの自我については何も理解できない。こどもたちの自

我について説明しようとすれば、自己備給と対象備給というリビード配分の観点からとらえなければならない。抑圧との関連で考えなければならない問題ではあるが、新たな問題として考える可能性を示唆するものであるようにみえる。どこまでが病気でどこまでが正常であるかを区別するための明確な境界線というものはない。正常な状態では見逃してしまうような諸事情を病理学はわからせてくれるとフロイトはいう。つまり自己備給と対象備給という観点は、バリントの「基底欠損」といった説明だけに終わらないはずである。ここにこそ、こどもたちの自我を説明するための本質的な要素があるのではないだろうか。自己か他者かというリビードの配分の問題に限定していえば、人々は自己愛と他愛の双方のあいだを悩みや葛藤に苛まされながらも行ったり来たりすることによって、自我は微妙にバランスをとりながら成熟に向かうのだろう。オクノフィリアに偏り過ぎたとしても自我の独立性を確保し、またフィロバティズムの方向へ傾いても人間関係を放棄することはけっしてなく、このような精神分析の理論を自覚しなくとも、この二つの要素は社会生活に不可欠なものと考えて、バランスをとって子育てをしているはずである。私も実際にこのように子育てをしてきたつもりだった。フィロバティズムとオクノフィリアのあいだのこの二つのバランスがもっとも重要な問題であり、自我にかんする問題の根幹をなすに違いない。だが、ここに落とし穴があることに気づかなかった。なぜなら、このバランスは「無意識」によって左右されることが多く、自分がどちらに近いのかを意識的にとらえることは難しいのではないだろうか。自我は無意識のうちに幼児期の記憶を抑圧してしまうので、幼児期の記憶を抑圧する側のものも、抑圧された側のものもどちらも無意識である。もし、これまでに述べたように、フロイトの自我モデルのほかに対象備給に偏ったような自我を想定することが可能であるなら、バリントの提唱した二つの備給において基本的にどちらに傾斜しているのかを考えることは、きわめて重要な要素となりうるのではないだろうか。つまり、自己備給が優勢であるのか、あるいは対象備給が優勢であるのかというリビードの配分の問題が存在し、自我の三つの審級へのリビード配分[13]が個人によって異なると同様に、自己か他者かというリビード備給の対象選択によって自我の特徴が異なってくるのではないかと考えた。これほど乱暴に類型化することは問題であるかもしれないが、こどもたちの自我を理解するためにこのような自我を想定することが許されるなら次のようにいえると思う。自我の依存性が強調された利他主義か、あるいは自我の自立性が強調されたナルシシズムかという人格の特徴は「対象愛」という無

意識に支配されているのだ。

　新たに想定した対象備給タイプの自我とは、対象との一体感をもとめる自我である。だから、こどもたちの自我のように「ナルシス的な基盤」ではなく、対象愛によって生育するような人格も根源的に存在するのではないかと考えた。「一次愛」的な固着が強ければ、その影響は自我に根源的に作用するに違いない。「模範」（Vorbild）とみなされた他我に抱かれるように自我が形成されるのかもしれない。「恋着」のように理想化がさほど強調されない場合でも、同性の対象関係において一体感をもとめる自我は「他愛」という性質が強くあらわれるようである。これまでの分析ではこのような自己愛の制限を「恋着」によるものと考えたが、「集団心理学と自我分析」の「恋着と催眠状態」において説明されている、「情愛のこもった」zärtlich 感情とはリビードが「目標を制止された」ことによってあらわれる性質である。他方、バリントがこの「やさしさ」[14] Zärtlichkeit について述べているが、古い自己保存本能に付随してあらわれる「アーカイックな愛」という見方もできるようだ。バリントが初期の論文、「性器愛について」で論じているが、「やさしさ」をフロイトとは異なる観点から考察している。「一次愛」の究極的な目標は成人愛における対象との一体感、全宇宙をも巻き込んだ「神秘的合一」であるが、これこそが S. フェレンツィの「受身的対象愛」という原初期の対象関係であるという。このような対象との一体化をフェレンツィの言語によって表現すれば「母胎への回帰」[15]であり、大洋感情と母子一体感と母胎回帰の三つはすべて同じものであるという。しかし、この「幻想」に到達するためにはパートナー同士の願望や欲求を満たし合うという共同作業が必要であり、真の愛情とは「やさしさと配慮と思いやり」がもとめられる。バリントによれば性器愛とは何かといえば「性器的満足に前性器的やさしさを融合させた」ものである。しかし、バリントのいう前性器的やさしさとは口唇期、肛門期、男根期の部分欲動由来の愛とは区別されるものである。「やさしさ」Zärtlichkeit とは語源的に「病気、虚弱、未熟」など成熟とは反対の意味を含むものであったようだが、バリントによれば「強さと力」だけが支配する動物界とは異なり、「配慮への要求がいつまでも続くのはヒトの幼年期が長いことと表裏一体である。」つまり、「人間は解剖学的だけでなく精神的にも幼形成熟胎児」であり、「やさしさとは、二次的な目的抑止ではなく、発達の抑止なのだ」という。人間とは「いわゆる"成年"に達しても幼児期の愛情形態のところに取り残され

ている動物」であるらしい。性器愛とは前性器段階の愛の形態に比べて「系統発生的に“新しい”機能」であり、「性器愛」も「やさしさ」と同様に「人工的なもの」であり、文明の所産であるという。フロイトによれば「目標制止された」リビードは「恋着」をつくり出し、制止されないリビードの目標は「感性的」な愛を獲得することである。「目標制止された」リビードがつくりだす「情愛のこもった」zärtlich 愛は愛情関係を持続させるためには必要なものであることをフロイト自身が述べているが、それでも「情愛のこもった」愛が性器的編成のもとにヒエラルキーの下位の位置に抑圧され、「感性的」な愛が勝利を収めている。「情愛のこもった」zärtlich 愛と「感性的」sinnlich な愛というこれら二つの愛は個人のリビード発達に関連するようだが、バリントのいうように「文明」という、あまりにも深く、広いところに源泉があるのかもしれない。結局、この「やさしさ」Zärtlichkeit とは成人愛のみならず、親子間においても配慮、敬意、感謝など「永続的な感情の絆の延長が求められる」ように、人間に特有の「発達の抑止」の産物のようである。「やさしさ」とは「目標制止」の結果であれ、あるいは「アーカイックな愛」であれ、いずれにせよ原初期の愛に包まれた感情、「純粋な快自我」の一体的な感情を究極の目標として生じてくるものであるようにみえる。どのようなものとして理解されようが、「やさしさ」Zärtlichkeit とは人間関係において、ことに人間界を弱肉強食の世界ではないと考えるなら人間にとって不可欠なものである。こどもたちの自我を考えてみると同性との精神的な一体感、いいかえれば「こころ」の固いきずなを模索するような自我は他者に「やさしい」自我である。

　大洋感情といわれる、外部と一体化した快自我において充足体験を刻印された自我は、理想化された対象との関係において基本的にこの状態を再現しようと対象をもとめ続ける。対象愛を維持するのが困難になったとき、通常フロイトのメランコリーの理論を適用するなら口唇的段階への退行が起こる。ところが、現実には母親との離反にたえられない幼児であるかのように、対象の不在をどうしても受け入れられないということが起きた。フロイトによれば「個人のもっとも重要な最初の同一化」は父親を「食べてしまう」ことによって「渇望し、尊敬する対象」に「同化」することであり、この一次同一化、「すなわち個人というものの太古の時期の父親との同一化」は、「何らかの対象備給の帰結ないし結末ではないようであり、直接的かつ無媒介的であって、いかなる対象備給にも先立

つものである。」[16]このような一次同一化がどのようなものであるのかはわからないが、長男の場合、自己の性別については生物学的な男性性を獲得しているとしても、それと同時に母親の対象選択が自我理想となり自我に重大な影響を与えているとするなら、この自他非分化の段階においてすでに対象愛の態勢が準備されているということになる。少なくとも快自我は「幻覚的全能感」の状態にあるといえるだろう。翔太が生後4カ月頃、あまりにも睡眠時間が長く、充足しているような印象があったのは母親を対象として認識する前の段階において対象欲求が存在せず、睡眠が幻覚的な満足をもたらしていたのだろう。自他非分化の状態からナルシス的な自我が発生するのか対象愛的な自我が発生するのか、二つの可能性があるように思う。母子一体化した「共生」の状態とは主客合一の状態であり、その一体化した自我の形態がどれほど未発達かは窺い知れないが、「心的現実性」においてこの時期の幻想が決定的な刻印をおす可能性を排除できないだろう。ただ、幻想的に一体化した自我が一次ナルシシズムであろうが、対象愛であろうが一体化した充足感の強さゆえに、理想化された対象への依存を強く生じさせ、現実の対象によって生じる不充足を自我が受容することが困難になるのだろう。このように考えることができれば、メランコリーと大洋感情においては自我の形成がなされるか、なされていないかのような自我の形成原初期であることが自我の対象依存性や不充足による「傷つきやすさ」を説明することが、できるかもしれない。「性的体質」による対象固着は現実の対象への「移行」を困難にしているようだ。だが、「物的現実性」においてD.スターンの乳児観察によれば、かなり早い時期に周囲をとらえる知覚は発達しているようだ。[17]その意味でいえば「現実自我」の発達においては通常、対象との自我境界が病的に不鮮明になることはない。だが「快自我」の充足欲求が容易に対象との一体感情を再生するのだろう。もし、共生段階の乳児がなんらかの知覚として母親をとらえているとすればアリス・バリントの指摘のとおり「一次的（古型）な対象関係」[18]である。彼女はバリントの一次愛と同様に乳児の「しがみつき本能」などの能動性を強調し、フェレンツィのいう受身的対象愛とは区別されることを主張したが、原初的で古型の対象関係があるとアリス・バリントはいう。

　夢の解釈とはヒエログリフを解読するかのようであり、明確な言語に置き換えることは難しいようだが、私の夢の多くは内的空間である。夢ではいつも何かに包まれている。何かに包まれた「わたし」、あるいは内的空間のなかの「わたし」

である。私にとっての部分対象は「母の乳房」ではなく、室内空間や地底の洞穴などであり、何を象徴しているかといえばそれは子宮である。この時期に「寄る辺ない」乳児が外界の「一次物質」[19]に依存的であるのは当然であるとしても、さらにはしっかりと包まれる感覚や暖かさが充足の条件であるように思う。これらの条件が満たされていれば対象欲求の表現をしないような受動性の強い自己、対象欲求があるとしてもそれを強く要求することのできない自己、母親がそれを無言で察知してくれるのを待つような受動的な自己であり、その強い受動性ため欲求不満を身体で表現するよりも睡眠によって幻覚的に充足していたことになる。しかし、厳密にいえば対象と自己をとらえることなどできるはずはないので、なんらかの内的な感覚というべきだろう。フロイトによれば「表象とは全て知覚に由来し、知覚の反復だということを想い起こする必要がある」[20]という。したがって幻想といえどもなんらかの知覚がもとになっているはずである。知覚とは視覚以外にも触覚、聴覚、嗅覚によるなんらかのイメージが存在し、何かに包まれた感覚によって原初期の自己感がつくられるのかもしれない。私の夢でいえば環界を表象しているものはすべて私を包むものである。この時期に「物質」としての対象に包まれた一体感を感覚的にとらえているとすれば、その対象がどのようなものとして知覚されたかは知るよしもないが、何かに包まれた自己、何かに抱かれた自己が即自的に存在しているということかもしれない。翔太の場合も同様にこの時期には現実の対象欲求は少なく、ただひたすら睡眠の「幻覚的欲望成就」[21]hallucinatry wish-fulfilment[22]によって充足していたのだろう。

　いずれにせよ実際には、「一次愛」の状態がどのようなものであるかは窺い知ることはできないが、結局翔太の自我とは「受身的対象愛」というのがもっとも的確だといえる。母親がこどもにたいして示すような能動的な対象愛ではなく、対象に包まれることを望むような受動性が強調された自我であり、リビードの欲望成就の傾向の強い自我である。先の自我分析の最終的な要因は多量のリビードであったが、リビードの量的な影響があるのだろう。私の幼児期の過度の依存性について考えてみると、このように何かに包まれた幻覚的充足の状態を「一次愛」であると解釈することは「分離 - 個体化」以後、外界の対象への依存欲求につながり、現実の対象に愛着したとしてもそれは充分に説明のつくことである。また、翔太についていえば「一次愛」の固着が自立傾向のある人格から対象依存的な人格へと変化させた。けれども、誕生から思春期にいたるまで精神病どころか自我の境界が不明瞭になるような病的な状態はまったく出現したことはないの

148

だから、現実吟味や自律的な自我の機能には無関係な、自己と対象との関係から生じる問題であるようだ。だが、対象との関係をつくるのはリビードなのだから、リビードの発達という観点から考えると厄介な問題を引き起こさずにはすまないのかもしれない。

　バリントの理論に述べられた「一次愛」は対象愛的な自我についていくつかの重要な要素を提示してくれた。だが、第2章「自我分析」において導き出されたⅠ～Ⅷの自我の特徴のなかで集団親和的な特徴や素因的なリビード量の問題については、バリントの一次愛の理論のなかで述べられていることとはまったく一致しない。ということは、バリント理論の一次愛を翔太の自我分析に適用できるのは原初期の対象関係のみに限定せざるを得ない。バリントも依托型対象選択の男性を想定しているので、原初期はバリントの提唱する「一次愛」と同じであるとしても、同性への恋着や集団に親和的な傾向のために発展の経過が異なるのだと思う。こどもたちの自我とはその発達過程において対象愛が根源的に作用を及ぼし、外界を「敵対する」ものとしてとらえるのではなく、外界と一体化できるような人間関係を模索する自我である。さらには異性愛的かあるいは同性愛的かの区別は、発達過程における重大な差異を示しているように思われる。
　こどもたちの自我について「不安」と自我の貧困を手がかりに解明を進めてきたが、このような自我を神経症的なものではなく、共同体に由来する自我であると考えたい。第2章の「自我分析」においてみてきたように、「対象愛」の特徴を示すこどもたちの自我はバリントの理論を大きく超え出ている。端的にいってこれは集団的要素が強く刻印された自我であり、共同体を構成するための自我の形態であると判断できるのではないだろうか。これまでこのような難解な分析理論に耐えてこどもたちの自我についての説明を執拗に進めてきたのは、このような自我とは文化的に継承されたものなのではないかと考えるからだ。他者にたいする「対象愛」がこれほど強調された自我はナルシス的な自我モデル[23]によって理解できるような自我ではぜったいにありえない。フロイト理論によればこれはたんなる退行ということになるのだろうが、考え方しだいであろう。つまり、このような自我はエディプス的な自我とは異質なものであり、人間関係も世界観も大きく異なるものだろう。
　まったく個人的な原因によって「不登校」になるこどもも多くいるには違いないが、その一部には私のこどもたちのように、文化によって継承された無意識が

生じさせた現象であると考えられるケースも少なくはないように思う。これまで翔太に起こった異変について分析してきたが、なぜこのような自我が出現したかと考えればこのような「対象愛」的な自我は基本的に集団を形成しやすいのだと思う。無論すべてが素因によって決定するといっているのではない。実際、私と翔太と同じ傾向の素質があったとしても私は個人主義である。集団にはとても馴染めない。これは私の場合、肛門的編成段階における「ナルシス的男性性」が強く作用しているからだと思う。おそらく父親の愛に包まれていた排他的二者関係において独占的、支配的なエゴイズムが強くなったことやこども時代に友人もなく孤独であったことによるのではないかと思う。だが、こどもたちの場合、つねに友人たちの集団のなかにいた。このことが肛門期のナルシシズムよりも口唇期の「対象愛」が優勢になりやすい環境をつくっていたのではないかと思う。だが、自我の発達にかんして緩慢であり、対象依存的であったのは私のこども時代についてすでに述べたとおりなので、集団主義にならないとしても同じ傾向であると考えてよいのではないだろうか。

　なぜこのような自我が日本の文化的な背景から出現するのかと問われれば、多くの文献のなかでもとくに明確に述べられているのが中村元氏の『日本人の思惟方法』である。その著作において集団は「人間結合組織」と表現されているが、古代より連綿と続く「閉鎖的集団」は農村共同体においてなおも存続し、人々を閉鎖的に凝集させる傾向が顕著であり、そのために「個人よりもむしろ有限にして特殊なる人間結合組織の意義を過当に重視することとなる」と述べられている。つい先頃まで、より具体的には1970年代頃まではこのような共同体が存続していたのではないだろうか。中村元氏のほかにロバートJ.リフトン氏の著作にも日本人の自我について重要なことがおおく示唆されている。「青年と歴史」は私がこどもたちの自我について考え始めた際、多くの重要な示唆を与えてくれた論文である。リフトン氏の分析は当時の日本の大学生たちと実際に面接したものから導き出されたものであるが、青年たちを分析した結果は「自己」の確立の欲求が認められると同時にそれにおとらず集団主義collectivismへの欲求の強い自我であると述べている。その短い論文のなかで母と息子は互いに「理想化」の関係にあることやその他、多くの重要な指摘がなされた。[24] また、R.リフトン、加藤周一、M.ライシュの三人の共著『日本人の死生観』では日本人の宇宙観が「家」などの共同体と密接に結びついていると述べられ、当時の日本人の集団志向性が強調されている。つまりこどもたちの自我分析から導きだされた「対象愛」とは

共同体という文化的な背景との関連から考えるべきものであり、こころのもっとも内奥に他者をもとめる根源的な欲求があることを教えている。個人の無意識の根底に他者との共同体がある。このような自我は共同体を母胎 matrix として成長する自我だということではないだろうか。

「対象愛」とフロイト理論

　翔太の自我を説明するのにもっとも近いものは受身的対象愛である。バリント理論のオクノフィリア型に近い新たな自我を想定した。病的でもなく、また退行した未熟な自我でもなく、ナルシシズムとは異なる自我が現実に存在し、それは合理的な解釈によって説明されるべきであることを主張したいのである。バリント理論がこの自我モデルを想定することを可能にしてくれたが、これをフロイト理論のなかに再び戻して対象愛の概念をより明確化したいと思う。これまでフェレンツィおよびバリント理論からの借用だったが、フロイトの理論における「対象愛」を精査することによって、さらに詳細な理論をうることにつなげたい。こどもたちのような自我を説明するためには、自我の原初期の「リビード的対象拘束」において同一化のほかにもう一つ、「恋着」のかたちを想定しなければならなかった。恋着のように二者一体となった原初の自我のかたちもありうるのではないかと分析したことからバリントの一次愛へとつながった。だが、このような自我の発達がバリントの理論において集団的な自我として直接的に説明されているわけではない。これまでのところ集団的な自我として参考になりそうな要素はフロイト理論における「恋着」のみであり、しかもそれは「依托型対象選択」の場合のような異性への「恋着」とは異なる。問題は同性への「恋着」である。フロイトの集団心理学において説明された感染、模倣といった要素は自我分析には適用できない。「集団心理学と自我分析」から自我理論を引き出すことができないのは、その著作がその後に書かれた「自我とエス」と比較して、まとまった自我理論を提示していないことによるのだろう。ではフロイトにおける対象愛とは何か、フロイト理論のなかで対象愛の説明を補ってくれるものを探す必要がある。

　まず、フロイト理論において、はっきりと対象愛として表現されているものがある。

（ⅰ） 原初のナルシシズムが性対象に転移されたものであり、これは「男性に特有なもの」である。これが異性愛的な恋着＝依托型対象選択＝「完全な対象愛」である。

（ⅱ） 女性のナルシシズムが自分の産んだこどもに向けられる完全な対象愛。

（ⅲ） 集団形成においてはナルシシズムが制限されることが必要であり、「自己愛を制限できるリビード拘束は唯一、対象への愛である」。

（ⅳ） 「欲動変転，特に肛門性愛の欲動変転について」の論稿ではナルシシズムと対象愛を明確に区別して記述している。無論のこと対象愛をひとつの類型として示しているわけではないが、女性の「ペニスへの欲望」が生殖機能との関連から説明されている。

（ⅴ） 対象愛として記述されてはいないが、「対象選択」とは性愛における対象にかんするものであり、この言葉の使用はかなり多い。「喪とメランコリー」におけるメタサイコロジーの理論では原初的な感情結合の機制である同一化と関連して「対象選択」という言葉が使われているが、この論文における「ナルシス型対象選択」は対象愛におきかえることができるように思う。ナルシシズムと対象愛、依托型対象選択とナルシス型対象選択の関係を確認しなければならない。

（ⅰ）についてフロイトは依托型対象選択による完全な対象愛を男性に特徴的なものであると考えていたが、恋着とは「対象の再発見」であり、最初の対象は「世話をしてくれる女性」であった。対象は異性である。

（ⅱ）について、女性は思春期における自分自身を愛する「ナルシス的な自己愛」を経て、みずから出産したこどもに愛を注ぐ「対象愛への移行」があるという。こどもを理想化することから生じる「性的過大評価は、対象選択のナルシス的な痕跡」であり、女性のナルシシズムがこどもへの対象愛に転移することによって生じる。

　フロイトは完全な対象愛を（ⅰ）と（ⅱ）に限定しているが、完全な対象愛とは何を意味しているのかを考えてみるとナルシシズムが性愛の対象に転移したようなリビードの状態であると説明している。それにたいしてバリントによれば、オクノフィリアの過剰備給は自己のナルシシズムが対象に転移したものではなく、

一次愛の備給を引き継いだものである。前提が異なれば対象愛とは原初から存在すると考えることができる。

　（iii）は翔太の自我分析において中核をなすものであり、対象愛という自我のかたちを想定しなければならなかったのは、「恋着」が幼児的な「不安」とともに観察の「土台」となっているからである。「土台となるのは観察のみである。」しかし、フロイトの理論においては（i）と（ii）のみを「対象愛」と限定し、フェレンツィの主張するような根源的な「対象愛」の形態を排除しているように思われる。したがって、フロイトの理論から「受身的対象愛」を説明するのは不可能であるようだ。（i）も（ii）もこれらは対象愛の能動性が強調されたもの、つまり対象を包む能動的な愛だと考えてよいだろう。だが、乳児が対象によって包まれるような愛、根源的に「受身的対象愛」を説明することは容易ではない。対象愛を欲動の機能として考えると最初から受動的な欲動を想定しなければならず、これは欲動の性質に矛盾する。しかし、私の夢に顕現した表象のように受身対象愛を対象に包まれる自我と考えると、愛されたいというのは欲動の性質ではなく、「心の性的特徴」に由来するものではないだろうか。「欲動と欲動運命」によれば「みずからを愛する」というのは欲動のナルシス的な特徴であり、リビードを自我に撤収させることである。だが、このような欲動のナルシス的な特徴とは逆に、他者に愛されたい受身的対象愛は対象への過剰備給であり、いっさい自我には帰還しない。愛される自己という原初の自己感情に固着しているとすれば、こどもたちのエネルギーの枯渇した状態はたしかに他者に愛されることが必要なのだろう。愛による「呪縛とか恋の奴隷状態」によって自己の重要な一部を対象に譲り渡してしまった状態とすれば、対象なしではいられないだろう。恋着による感情拘束は対象の理想化や従属性といった特徴を生じさせる。自我リビードを対象に過剰備給することは対象のために自己犠牲をも厭わないということであり、「自立的な自我の発達はおろそかになる」（本文138ページ）ため主体性を形成しにくい状態になるだろう。そのため依存性によって「愛されたい」欲求が生じるのかもしれないし、自我の本源的な感情は「心の性的特徴」を表したものであり、「万物との一体感」の世界に内在すること、あるいは神に、さもなければ理想化された他者に愛されることは至福の感情に包まれるだろう。同一化とは他者を自我に取り込むことであるが、「恋着」とは同一化とは逆の機制による自己と他者の一体化であり、自己と対象の関係を逆転させること、つまり対象が「主人」で

あり、対象に愛される自己を考えることによって自我の受動性の問題が理解できる。また、このような特徴は対象愛の従属的な特徴を説明できる。無制限の「献身」、「へりくだった従属、従順さ、無批判性」といった「恋着」の特徴は「主」に従属的、依存的であり、対象愛が優勢な自我は自分のパートナーに「主」のような相手を欲するということであり、大人しく、従順な性格はこの対象愛の特徴に由来しているようだ。

　またもう一つ重要な問題について考えなければならない。それは（iv）に説明されている肛門期のナルシシズムと対象愛の問題である。結論から先に述べると、私の場合ナルシス的男性性があり、肛門性愛のナルシス的固着があるように思う。フロイトの「欲動変転，特に肛門性愛の欲動変転について」の論稿において強調されたのは女性の肛門性愛とナルシシズムの関係であるが、愛する人に「捧げもの」をする「対象愛」について述べている。

　　「排便に際して、子どもはナルシシズムと対象愛の二つの態度の間で最初の決定を行う。従順に糞便を放棄し、それを「捧げもの」として愛する人に差し出すか、それとも、自体性愛的な満足のために、後には自分自身の意志の表明のために保持しておくかのどちらかである。後者が選ばれることによって、反抗（わがまま）が形成される。それはしたがってナルシス的な肛門性愛への固執から生じているのである。」[25]

　フロイトの著述では対象愛についての記述はこのように断片的であり、たとえば「喪とメランコリー」における説明のように口唇的編成段階について説明する場合でも、対象愛はたんに愛の対象選択としての意味よりほかにない。対象関係や対象選択についての説明は、自我および欲動、そしてその力動についてのメタサイコロジーと比較して圧倒的に少ないように思う。原初の対象愛を「一次愛」とよび、詳細に検討したのはバリントである。だが、先に検討したようにバリントの「欲動の対象」の発達は中間段階においてナルシシズムを措定しているので、発達についてはバリントとは異なる。対象愛的な自我とは受身対象愛が優勢なままであり、その後の段階でも対象愛的な特徴、つまり従順、謙遜、ナルシシズムの制限などの「恋着」の特徴が現われやすい。だが、このモノグラフにおいて問題となるのは肛門的編成段階における女性のナルシス的男性性である。私

の理解がまちがっていなければフロイトは女性における男性的素質について、女児のなかには男児と同じように「ペニスへの欲望」をもつものがあり、そのナルシス的男性性が第二次性徴とともにどのような変転に至るかを述べたのだと思う。女性の場合には、肛門編成段階における対象選択において、ナルシシズムと「対象愛」が混在するためにこのようなわかりにくい論稿があるのではないだろうか。具体的に自分自身のことで考えたほうがわかりやすいかもしれない。

　上記の引用は、肛門性愛について、対象に「捧げもの」をする態度が対象愛的なものであり、一方贈り物を自分のためにとっておく態度をナルシス的であると形容している。後者を反抗、わがまま、強情、頑固といった肛門性愛に由来する性格であると述べているが、これを「ナルシス的男性性」に置き換えると私の自我、そして翔太の自我について説明できる。しかもこのような自我では受身的対象愛の優勢な口唇期とナルシシズムの優勢な肛門期のそれぞれの特徴が独立して強調されることになるのだと思う。このモノグラフでは肛門的な段階においてナルシシズムを選択することによりそれ相応の性格が現われるといっているが、私の自我はバリントの理論でいえば、オクノフィリア的に固着し、対象愛の一体感情が強く刻印されていると仮定した。つまり私の場合も翔太の場合も対象愛的な固着が強い。私の場合を想定すると、幼児期には対象に愛されたい願望がきわめて強かったが、これを対象愛であると考えるにしても受動性のみが強調された自我である。対象への過剰依存が強く、しかも長かった。しかし、思春期にナルシス的男性性があらわれたのは多分、自我構造の特徴によるものだと思う。規範意識、思考など心的な活動において精神領域の外に投射することはほとんどなく、内面化が強い。また反動形成による防衛が強い。思春期以降強迫的な傾向が出てきた。何度もやり直しをしないと気が済まない。食事の後片付けの際に食器を洗うときにもきちんと洗えたのかどうか気になって必要以上に洗い続ける。あるいは、誰が触ったのかわからないようなものにはなるべく手を触れたくない。そのほかにもきりがないほどたくさんある。だが、生活に支障がでないよう自我の判断力はちゃんと機能しているので、いささか不安は残るが、ばかばかしいこととして抑え込むことができる。この論文にも足踏みでもしているかのように執拗に繰り返しが出てくるのは強迫的な傾向によるものだと思う。いつになっても脱稿できないような感覚にとらわれる。翔太も同様に強迫的であるが、それが現われてきたのは私よりもかなり遅く、高校の暗い時代を終えた後であったように思う。多分私と同じような自我構造なのだと思う。だが、翔太の強迫的な行為はかなり

ひどい。私の場合、この肛門期における「ナルシス的男性性」が大きく作用しているように思う。女性の「ペニスへの欲望」とは何かという問題でもあるかと思うが、このフロイトのモノグラフは私の幼児期から現在への推移を的確に表現しているように思う。そこに記載されてあるとおり、ナルシス的男性性は「男性への欲望」へと変転し、その後こどもたちを育てるうちに対象愛が強くあらわれた。つまりナルシス的リビードと対象リビードの分配と備給において、自分自身を愛する「ナルシシズム」と他者への「対象愛」と二つの愛の間を変転してきたようだ。

　フロイトの論旨を私なりに解釈すると次のようになる。女児における「ペニスへの欲望」を「ナルシス的男性性」と解釈する。素因的に男性性が強い女児が獲得したいのはペニスであるが、それを「糞便，子ども，ペニス」という無意識の産物の等価性によって、こどもを所有したい欲望へと変転させることができる。つまり「ペニスへの欲望」を「こどもへの欲望」に変転させることができるという。神経症の女性においては幼児の頃の「ペニスへの欲望」が抑圧に対抗して「ペニス羨望」として現われることがあるが、「ペニス羨望」として現われない場合でも「こどもへの欲望」が実現されないと神経症になることがあるという。

　神経症にならない女性の場合、「ペニスへの欲望」を「男性への欲望」に変えることによって女性の生殖機能を有効に機能させる態勢をつくることができる。つまり、思春期になって「ナルシス的男性性の一部を女性性のなかに移転し、女性の性機能に害を及ぼさないようにする」ことが可能であるという。それは「ナルシス的男性性」による「ペニスへ欲望」を「ペニスの付属物」としての「男性への欲望」に置き換えることで、「対象愛の男性類型を求める愛情生活」、つまり、それは対象愛的に男性をもとめることであると解釈したが、そのような愛情生活が可能であると述べている。このような愛情生活とは（ⅰ）の完全な対象愛であり、男性に特徴的な「恋着」のことだと思う。実際に自分のことを回想してみても、女性特有のナルシス的願望よりは過剰備給による「恋着」のほうが強い。フロイトはこのように一部の女性にはナルシス的な「女性類型」と同時に「対象愛の男性類型」が併存しうることを述べた。結局、このモノグラフの前半は、女性が第二次性徴の後に、女性の生殖機能と対立するような「ナルシス的男性性」をどのようにして対象愛に変転させうるかという問題、ナルシシズムから対象愛への変転を説明しているように思われる。だから、女児の「ペニスへの欲望」を

「女性の生殖機能に対抗する蠢き」としている。女性が何を獲得したいかという
欲望の内容が、無意識の等式によって入れ替えが可能であり、ペニスを獲得する
という「ナルシス的男性性」から男性をもとめる対象愛に変転できることを意
味するのだと思う。この入れ替えがうまくできないとペニス羨望や幼児期の「ペ
ニスへの欲望」にリビードが退行して備給されることにより神経症が現われてく
ると解釈できる。つまり、これらを判読すると女性の性機能と「ナルシス的男性
性」とは対立するものであり、女性の生殖機能の妨げにならないように「ナルシ
ス的男性性」を対象愛に変転しなければならないということになる。フロイトに
よれば女性における「ナルシシズム」から「対象愛」への変転は二つのケースが
ある。女性の「ナルシス的自己愛」から「対象愛」への移行はみずから産んだこ
どもによって媒介されるケースと、もう一つのケースはこのモノグラフで説明さ
れたように「ナルシス的男性性」から「対象愛」へ変転する場合のように男性を
媒介するケースと、二通りあると説明している。因みにこのモノグラフにおける
フロイトのナルシシズムという言葉には、「ナルシス的な編成」というような自
我の欲動の体制化を意味する場合と自己愛 selbstliebe を意味する場合の二つが
あると解釈している。男性を愛する女性の性機能、あるいはこどもを愛する母性
機能という女性の生物学的な生殖機能を有効にするには「心の性的特徴」におい
て女性性を優位にする必要があり、そのためには女性性に対立するナルシシズム
を対象愛に変転させる必要があるということらしい。

　このモノグラフでは肛門的編成段階における「二つの態度」であったが、対象
選択は思春期のみではなく、性器期前の幼児期においてもいつも行われている[26]
という。これまでの翔太の自我分析で得られたことは対象愛的な固着であった。
ナルシス的な基盤をもつ自我を考えれば対象愛を同一化が代替できるので、正常
な場合に対象喪失が自我に損傷を与えることはない。だが、固着をもった対象愛
は「神経症的強迫を思わせる独特な状態」で対象にしがみつくだろう。それだけ
でなく、この固着は、思春期の男性の自我にとってはカタストロフを生じさせる
のではないだろうか。おそらく、口唇期の対象愛と肛門期のナルシシズムという
「性的特徴」の選択が特異なのではないだろうか。だが、女性の場合にはフロ
イトが述べたようにナルシシズムを対象愛に変転できる。しかし、翔太のように
口唇期に対象愛的な固着があった場合には問題は大きいだろう。したがってこれ
は（v）の対象選択に問題につながることになるが、ナルシシズムか、あるいは
対象愛かという選択は、思春期の男性の自我には避けて通ることのできないアポ

リアとなる。ここではフロイトの理論を踏まえたうえで、こどもたちの自我と周囲の人間を観察してきたものを私なりに述べることにする。まず、女性について述べると二通りのタイプを想定できる。

　女性を例にとってみるとナルシス的女性と対象愛的女性の二つのタイプがあるようだ。前者は多くの人々を魅了するような女優やスターのような女性であり、後者はひたすら愛する人のために自己献身するような母性の強い女性であるといえばわかりやすいだろうか。そして前者の場合、対象関係において自我のナルシス的な成分が優勢であり、生物学的な女性性とみずからを愛する欲動体制を維持しつつナルシス的な自我になるのではないだろうか。自己に関する価値評価は文化によってつくられる自己イメージの問題もあるだろう。そのような自己イメージの問題は除外するとしても対象選択において自分自身が手本になるような自己のイメージはナルシシズムの要素が強く、フロイトの「ナルシス的対象選択」であるといいたいところだが、（iv）でみたとおり女性に関していえば欲動は変転することに特徴をもつために可変的なものである。

　したがって目的は人間を類型化することではない。あくまでもリビードを自分自身に向けてナルシス的リビードとするか、あるいは他者への過剰備給かというリビードの備給の方向性のみで自我の特徴や「自己感情」との関連を考えることにする。自我の「自己感情」は自己イメージや自己表象以外にも欲動の備給に関連して生じてくる。自我リビードに満たされた状態か、あるいは対象に過剰備給した状態かは自我の「自己感情」を高めるか、みじめな自己になるかというように自尊心と結びついている。しかも、これまでに考えてきたように問題は対象愛の過剰備給であり、リビード配分の偏りは対象の理想化、性的過大評価を引き起こす。「完全な対象愛」とナルシシズムの関係であり、恋着とパラノイアという対極に位置する構造を想定している。上記のスターのような他者を惹きつける引力や魅力をもつ人は自己に求心的に、ナルシス的リビードだけでなく複数の他者のリビードまでも多量に引きつけるのとは反対に、ナルシス的リビードさえも自己備給せずに遠心的に他者に過剰備給するような、リビード備給のベクトルが正反対となるような二つの愛のかたちを想定することができるのではないだろうか。愛の中心に存在するナルシシズムと愛を惜しみなく分け与える対象愛の二つの異なる愛のかたちを想定することになる。だが、一般的には女性は自我の「関心」と同時にリビードの欲求が強いといえるかもしれないが、男性はリビードよりはむしろ多くの「関心」を引きたいという現実的な欲望のほうが強いかもしれない。

ただ、今は他の要素を混入させないように自己か他者かというリビード備給のみについて考えることにする。ナルシシズムと対象愛というベクトルの向きが異なる二つの愛はリビードの相補的関係においてに完全に一つのユニットとなることができるような関係である。ただ、理論においてポジとネガ、陽と陰の組み合わせになるというだけであり、現実の愛情関係においてこれが理想的な成人愛や人間関係に一致するわけでもない。たぶん対等な二人関係ではなく、主と従の関係になってしまうのかもしれない。いずれにせよ恋着という対象愛的な要素がなければ持続的な愛にはならないだろう。バリントの例を借用するならドン・キホーテとサンチョパンサ、あるいはファウストとメフィストフェレスのような二人関係である。これは「ナルシシズム的ヒーロー」とその「実母」のような関係であり、「ナルシシズム的ヒーロー」はけっして「自分の足で立って生活していない」という。このようなナルシス的な対象関係はフロイトの一次ナルシシズムを論駁するためにもち出された議論であるが、バリントの臨床所見によれば「ナルシシズム的人間」こそ対象愛による支えが必要であり、「ナルシシズム的ヒーロー」はその「実母」の「対象愛能力」[27]によって支えられているのだという。バリントは「自己愛人間」の特徴をこのように喩えた。しかし、この「二人三脚生活」のうち「自分の足で立って生活していない」のはどちらなのかと問えば、それは必ずしもバリントの指摘するように「ナルシシズム的ヒーロー」のほうばかりではないだろう。「対象愛能力」をもつ女性とはバリントによれば「ぱっとしない非ナルシシズム的相棒」であり、「ナルシシズム的ヒーローの実母」のような女性であるというが、このような女性にとってはすべてを愛する人のために捧げることはそれだけでこのうえないよろこびをもたらすに違いない。純粋にただひたすら愛することが相手のナルシス的な魅力や力強さを「理想化」し、「万能感」に浸っているとすれば、「ナルシシズム的ヒーロー」よりはむしろそのパートナーのほうがより強く幻想的な一体感情に支配されるということもありうる。つまり、幻想的一体感への退行はナルシシズムにおいても対象愛においても生じることは以前に述べた。ただ、バリントの強調するような対象愛能力についていえば私たちにはドン・キホーテのような同性のカップルよりは誇大自己的な傾向のある男性と「対象愛能力」をもつ母性の強い女性といった異性愛のカップルや夫婦のほうが想定しやすいのではないだろうか。これにたいしてフロイトが想定していた女性とはナルシス的自己愛の優勢な女性であり、このような女性を「完全な対象愛」においてもとめる男性を想定していたと思われる。バリントの対象愛

とは男女が入れ替わっている。「対象愛の男性類型を求める愛情生活」とは「恋着」のことであり、フロイトはこのような対象愛を男性に特徴的なものとみなしていたからである。「欲動変転，特に肛門性愛の欲動変転について」の説明がわかりにくいのは「対象愛の男性類型を求める」女性、つまり男性にたいして過剰備給する女性を想い描くことはフロイトにとって想定し難かったのだろう。理想的なリビード充足の状態についていうなら「本当の意味で幸福な愛とは、対象リビードと自我リビードが互いに区別できないような最初の状況のことである」ようだ。

　先に述べた「欲動変転，特に肛門性愛の欲動変転について」の女性のケースとは違い、男性の自我においてはこの理論はまったく通用せず、ナルシシズムか対象愛かの選択は女性のように欲動変転するとは思えない。だが、対象愛とは何かを考えるうえでナルシシズムと対象愛を区別するという観点が重大な要素を照らし出すことにつながるはずである。フロイトが述べた依托型対象選択とナルシス型対象選択を参考にするにはあまりにもわからないことが多く、錯綜した理論に陥りかねないので、フロイトの対象選択の説明からは離れてナルシシズムと対象愛という観点から考える。ここで重要になるのは思春期以降の対象選択でなく、自我の原初期における対象との関係である。問題の本質は原初期の対象との感情結合であり、一次的同一化の問題である。これまで何度も繰り返してきたが、集団心理学において説明された同一化と恋着の区別とは二つの根源的な感情拘束の相違による、自我の原初的な二つの形態をあらわしていることになる。フロイトの対象愛とは自我の根源的な形態ではなく、二次的なものであるのにたいして、バリントの場合には「一次愛」が根源的であり、ナルシシズムは二次的なものである。バリントはフロイトの一次ナルシシズムを否定し、対象愛とはナルシシズムの対象への転移ではないと主張する。根源的な対象愛、つまり「一次愛」が強く作用するなら欲動の編成においてベクトルの向きが正反対になる。根源的に一次ナルシシズムを基盤とするのか、あるいは一次愛を基盤とするのかによってリビードの編成が正反対になる可能性が大きい。ナルシシズムと「一次愛」とはたんなる解釈の問題ではない。つまり、両者の異なる理論を率直に受け入れるなら、自我の根源的な形態を二つ仮定できるということなのではないだろうか。「心の性的特徴」によって対極に位置するような二つの異なる原初的な形態があると考えるべきなのだ。「共生段階」においては主客が非分化であるとしてもここから発達する自我の原初的な形態に個別の二つの形態があると考えざるをえない。つ

まり、これは欲動の体制化を決定する基盤としてのもっとも根源的な「心の性的特徴」の問題なのではないだろうか。原初期の自我の一次同一化が後の欲動の体制化に根源的に作用するように、自我の起源にはナルシス的同一化とは異なる形態である対象愛が根源的に存在することを示しているのだと思う。これまでのこどもたちの分析が示していることは原初期の対象愛をそのまま体現したような人格が現実に存在するということなのだ。対象愛という形態を考えなければ理解できないような人格が実在する。

そのほかにも対象愛とナルシシズムを分析する要素として「自己改造的」autoplastisch であるか、または「外界改造的」alloplastisch なのかと考えることは自我の特徴をとらえるための重要な尺度を提供してくれるに違いない。これらの言葉はフェレンツィに由来する[28]ようだが、対象愛的な要素を分析するときにはとても有効であると思う。フロイトの「神経症および精神病における現実の喪失」によれば前者は現実を是認するのにたいして後者はそれを否認するという大きな違いがあるが、症状の特徴は対象備給と自我備給というリビードに関連して生じてくるようだ。自我の防衛にたいするエスの応酬は前者が「自己可塑的」autoplastisch であるのにたいして、後者は「対象可塑的」alloplastisch に症状が形成される。このように、ナルシシズムと対象愛とは正反対の特徴をもつことを示唆しているように思われる。

はじめに容易にたどることができる男性の対象選択とリビード備給の関連について考えてみる。自我だけでなく、欲動そのものの運命が自我に帰還するような「ナルシス的な編成」がなされる。「わが身への向き直り」や能動性と受動性とを転換させるような特徴がある。自我が発達すると二次的ナルシシズムのように自我は対象を取り込むことによって対象の代わりとなり、対象リビードは自我リビードへと変換される。アメーバの偽足のように対象リビードは自我の自在な統制に服す。対象愛はナルシス的同一化に代替可能であり、これにより自我は対象の性格を取り込む。自我の性格は「かつて断念された対象備給の沈殿」となり、こうして対象選択は自我変容に転化される。つまり自我はリビードの「貯蔵池」であり、対象愛よりもナルシス的な同一化が根源にある。このような特徴をもつために自我の「ダム」が決壊するとナルシス的神経症を引き起こす。あるいはリビードを放出するには愛する対象が必要になる。「喪とメランコリー」に記載されたナルシス型対象選択（あるいは訳によっては自己愛的な対象選択、本書247

ページ注釈 21 を参照）はナルシス的同一化を基盤にもつような自我が抱く対象愛であるということになる。つまり、このような男性は対象との関係においては対象喪失をナルシス的同一化に変化させるような自我の基礎的な機能をもつ。このような男性においてはリビードが自我に帰還する、あるいは撤収するリビードの特性が顕著であり、対象関係においては一次的ナルシシズム、対象愛、二次的ナルシシズム、潜在期、「対象の再発見」という経過を措定できる。このような男性における発達をフロイトの「依托型」であると考えてよいと思うが、第2章において私が翔太の自我を描きだす際にフロイト理論におけるモデルとして想定していたもの、すなわち「ナルシス的な自我」である。リビードが一次的ナルシシズムを放棄することは自己を放棄することになるので、唯一このリビードの習性がくずれるのは女性への「恋着」のみである。

　二つめは対象愛の優勢な男性である。思春期の対象選択は除外して考える。以下に述べるが、思春期の対象選択は予測不可能である。初期の同一化とそれに関連するリビード備給の問題について考える。翔太の自我分析においては、人格の変容後の自我において、一貫してナルシス的な同一化がみられないことを強調してきた。そして、その代わりに理想化された対象への「恋着」が顕著であり、それは対象愛の固着に由来するものであった。だが、先に述べたように強迫行為が強く現われてきたが、これを肛門的編成段階におけるナルシス的男性性と考えてよいだろう。女性の場合は環境における対象の有無によって「欲動変転」が可能であるが、男性の場合には肛門性愛のナルシシズムは女性のように変転することはない。それどころかナルシス的男性性はより強い衝迫 Drang となってあらわれるだろう。対象愛とナルシシズムとはこれまで検討したようにリビード備給において対立するものであることはたしかだ。自我の発生における対象愛の「大量のリビドの要求」から生じる一体化欲求とナルシシズムとが併存できるとは思えない。このことが不登校のときの精神的外傷に関連するように思う。この点について参照できる文献は少ないので参考になるかどうかわからないが、ブロスを参照したい。

　ブロスは父親に愛されたいという女性性が思春期まで残存することについて次のように述べている。「それら（男性性と女性性の両極性）の共在は、性的に成熟しつつある個人においては容易に耐えうるものではない。いい換えれば、両性性の状態は、前潜伏期の子どもの場合にはそれが思春期に喚起する破局的な不調和をもたらさず、耐えられるのである。」[29]ブロスの考察の対象となったのは2

者期の自我理想の影響による「陰性コンプレックス」であり、このために父親に愛されたいという女性性が青年期の自我の統合を阻害するという問題である。青年期の男性にとってはこの女性性が「破局的な不調和」となるため、父親に愛されたいという「陰性コンプレックス」の解消があってはじめて青年期の自我の統合が最終的に完了すると述べている。翔太の場合には「陰性コンプレックス」ではなく、原初期の対象愛が問題となるのだと思う。口唇的編成段階においては男性と女性の対立はまだ存在しなかったとしても、ブロスの指摘はきわめて重要であると考えられる。ナルシシズムと対象愛との対立は思春期の男性の自我にとっては同じような阻害要因になるだろう。やはり思春期のナルシシズムの増大は「対象愛」にとってカタストロフになるのかもしれない。翔太の自我をフロイトのナルシス型対象選択と同じものと考えてよいかわからないが、すくなくとも母である一次対象への固着は見逃されてはならない重要な要因であるように思う。

　　「若い男性が、異常に長期に渡って、しかも強烈に、エディプスコンプレックスの意味で母親に固着していた。それでも、思春期の完了後に、母親を他の性的対象と取り替える時点がようやく訪れる。そこで突然、方向転換が起こる。若者は、母親から離れるのではなく、彼女と同一化してしまう。彼は人が変わり、母親のようになる。そしていまや、彼自身の自我の代わりを彼のためにしてくれる対象を、つまり、かつて彼が母親から経験したのと同じように自分が愛し世話してあげられる対象を捜し求める。これは、しばしば起こり、いくらでも頻繁に確認することのできる経緯だ。その突然の方向転換がいかなる器質的駆動力や動機によるものだと想定されようとも、もちろんそれには全く左右されない。この同一化にあって顕著なのは、それが中途半端にとどまらない点である。それは自我を、最も重要な点、つまり性的特徴という点で、これまで対象であったものを模範とすることによってすっかり変えてしまう。」[30]

　「女性同性愛の一事例の心的成因について」では「ナルシシズムの導入にむけて」におけるナルシシズムの概念化を補うかたちで同性愛について明確に記述している。このモノグラフによれば「精神分析研究が発見した二つの基本事実」として「同性愛の男性は母親に対する特別に強い固着を経験していた、というのが第一の事実であり、正常な人もすべて、顕在的な異性愛と並んで著しい程度の潜

在的あるいは無意識的な同性愛を示す、というのが第二の事実である。」同性愛の場合、「問題は三系列の性格、すなわち、身体上の性的特徴（肉体的両性具有）——心の性的特徴（男性的／女性的姿勢）——対象選択の種類」にあり、これらは、「ある程度は互いに独立に変化し、個人個人のうちで様々に置き換えられながら見出される」と述べている。このようなリビードの停滞から生じる問題、おおむね母親への固着と考えてよいと思われるが、男性であろうと女性であろうとこのような早期の固着をもつ人々が性愛の対象として異性を選ぶか同性を選ぶかは結果からしかわからないという。ようするに原初期の自我の状態が同じ状態であっても、その発達は個々に異なるものとなる可能性が大きいのだから、けっして同じようにはならないということらしい。私のこども時代の強い依存欲求は母親への失望から父親に転移した。その後、思春期にはナルシシズムが増大したが、先にみたように「ナルシス的男性性」を対象愛に変転させた。しかし、こどもの自我を観察し続けたことからいえば対象愛の固着は依然として同性愛着に結びついている。このような固着は対象発見の「二つの道」のうちの一つ、「自らの自我を探し求めて、それを他人のなかに再発見する」[31]可能性は高い。

　対象選択については不明な点が多いので、これ以上の探索は留保したほうが妥当であるかもしれない。しかし、この「二つの道」こそ第2章で述べた「分離不安」、つまり突如として出現した幼児的不安を理解できる唯一の糸口なのだ。なぜなら、第2章「自我分析」で示したようにあたかも異なる人格が眼前にいきなり出現したかのように感じられたその出現のしかたである。自我は不安や個々の衝動にたいしてその都度、個別に防衛の機能を発揮するのではなく、あらかじめ対応できるものとできないものが決定されているようにみえる。なぜフロイトは「性理論のための三篇」の最後の第五節、「対象の発見」の1915年版の追加においてわざわざ「対象発見には二つの道がある」といっているのだろうか。あらかじめルートが設定されていることを示唆しているのではないだろうか。小学4年以降、幼児的な不安が突然出現したような印象があったのは、何かが転換したか、あるいは一つの「道」から別の「道」への変換があったと解釈することによってはじめて理解することができる。このような不安を理解できるとすれば「二つの道」しかない。私なりに解釈すると自我における「二つの道」の間の転換が記憶痕跡に異なる意味付けを与え、「内容あるいは「質」を欠いた、中性的な「痕跡」」[32]に「おどおどした不安」という「情動」を与えたからではないだ

ろうか。性格の変化（第2章②）が起きたように感じられたのはたんなる「欲動変転」Triebumsetzungen ではなく、人格の変化があったと考えることができる。ナルシス的基盤に立脚した自我が対象愛の優勢な自我に転換した。7、8歳頃までは幼児的な不安を示したことなどなかったのに、対象愛に転換されたことが幼児期の過去の出来事に異なる意味を与え、対象との離反が「事後的に」不安という情動を起こしたということなのではないだろうか。「事後性」とはそれまでの体験や記憶が「再体制化され書き換えをうける」のであり、過去の出来事の記憶に新たな意味や「病因的な力を付与するのが書き換えなのである。」[33] そのように考えてゆくと、思春期の欲動の再編成において対象の不在が「情動の放出」となり、それが「事後的にのみ外傷になった。」[34] あるいは「事後性」が「病因的な作用」を与えたと推論することが可能であるかもしれない。この真偽のほどはわからないが、ともかくフロイトの理論を発達理論と同じものと考えることに私が懐疑的だったのはこの「事後性」のためである。こどもたちの発達の足跡を誕生を起点にしてたどっていったとしても原因に結びつかないのは、「事後性」が根拠になっているのだということをはじめて理解した。現在から過去に遡行してはじめて意味をとらえることができるらしい。このように解釈しなければ幼児的な不安が突然に出現したこと、またその情動の放出が精神的外傷となった理由を説明できない。この「対象発見の二つの道」という説明によってはじめてこのような翔太の人格の全体的な変容について理解することが可能になり、なぜこのような自我に変貌してしまったのか納得することができる。固着のある体質はほんの些細な外的な契機でも、容易に、ナルシス的な自我から対象愛的な自我に転換してしまうのだろう。だから母親でさえ気がつかないうちにまるで異なる自我が出現したように思えたのは、状況によって性格のある一部分だけが変化したというのではなく、エスのうちには個体発生の青写真のような「二つの道」に導くものがあるということなのではないだろうか。無論、「性的体質」だけが決定要因ではないとしても、乳児期の初期の影響は過小評価できないということらしい。つまり翔太の自我を考えた場合、母子関係のなかから形成された対象愛と肛門的編成段階のナルシシズムとが不安定で微妙なバランスをとりながら併置しているようにみえる。だから、わずかな外的な影響によっても転換しやすい状態にあるのだろう。私の場合も同様に対象愛固着と肛門期のナルシシズムのどちらも同等に強いのではないかと思われる。長男は私と同じ性的体質を継承しているために男性であるにもかかわらず、この原初期の対象愛的固着が強く出てしまった。これら

の固着は遺伝的なものと幼児期の体験との「相補的な系列」によって形成されるというが、一体感の固着とは偶発的なものではなく、私自身の無意識もふくめてどう考えても歴史的に獲得された遺産のような気がしてならない。教育や環境など外界からの要請にしたがって適応するのが自我の重要な機能であるが、それに対抗するかのごとく、自我において遺伝的な要素が退行的に作用する可能性があることをこれまでの分析が証明しているのではないかと思う。つまり個人における無意識自体が何かを要求するようなものにみえてくる。結局は自我を発達させるための教育よりも、リビードを充足させるほうへ大きく傾いてしまう結果となった。突然の自我の転換、その不可解な原因をさぐるうちにここまで到達したが、性格には素質という可塑的なものに躾や教育などがなされ、限りないヴァリエーションがあるにしても、翔太のような自我にあっては無意識において「リビードの系統発生からの遺伝的沈殿物」が強く作用する可能性があることを示しているのではないだろうか。

　それにしても、私が体験した、あのひどい状態はいったい何をみていたのだろう。第1章に記述した翔太の体験は過酷なものであった。あたかも本人がカタストロフを反復しているかのような印象であった。「不安」、「制止」、「外傷」と順番に起きてきた経緯を考えると、対象の不在によって不安に変わったリビードを最初、自我は制止によって制御しようとした。これを外界における拒否ととらえるなら、次に起こったことは思春期のナルシシズムの増大に影響された自我がリビードを内的に制止しようとしたと考えることができる。つまり幼児期の性愛リビードを抑圧しようとして起った現象なのだろうか。

第4章　最後の一撃

　翔太はかろうじて高校を卒業することができたものの、大学受験には失敗した。「親のために勉強をするのはいやだ」という翔太の意思を尊重し、好きなことをさせた。あまりに暗い高校時代だった。その埋め合わせをしてほしいという願いもあり、ともかく本人の自由にまかせた。アルバイトをしながら積極的に仲間をつくり、仕事でもプライベートでも充実した生活を送り、愉快そうに過ごしていた。飲食店のデリバリーや引越し業者のアルバイトなどを4、5年間続けていたが、将来へのキャリアにはつながらないと考え、大学進学を決心したようだった。23歳ならもうすでに「大人」であると判断するのは当然だろう。心配することもなく本人の意思に任せた。そして、その後5、6年間は中学からの遅れを取り戻そうと懸命に勉強に励み、本人も家族も大学に進学するものと信じて疑わなかった。やっと以前のように健康を取り戻すことができたと思い、安心していた。しかし、3年ほど前から調子がくるい始めたようだ。なんとかレベルの高い大学に合格したいという本人を信頼し、何もいわずに見守っていたが、受験生活が順調に進んでいないことをうかがわせるような印象と、ほぼ10年間におよぶ、あまりに長い浪人生活に、懸念をもたざるをえなかった。この数年来のことを思い返すと、いうことに一貫性がなく、以前のように家族と会話をすることがなくなり、また笑顔が消え急激にやせた時期があったことなどいくつか思い起こされた。当時はあまり気にもとめなかったが、これらのほかにも頭髪をぼさぼさにしたまま陰鬱な表情の期間があったことを思い出した。やはり、3年ほど前から不調が始まっていたのかもしれない。受験勉強が思うようにできなくなっていたようだ。今や再びあの挫折を繰り返すはめになるとは誰が想像できただろうか。なんとなく変だとは思っても、現実に現われないかぎりそれはたんなる予感で終わってしまう。不登校とひきこもりの関連は指摘されていたことだが、因果関係が説明されているわけではない。なんら問題なく成長するケースも多くあり、たか子や麻衣については不登校が及ぼす影響はないと考えていた。同様に懸命に努力する翔太をみているかぎりは、不登校の後遺症の懸念はまったく頭のなかから消えかかっていた。先の分析においては不登校が「外傷」となっているとすれ

ば将来に禍根を残さないはずはないと考えていたが、いざ現実として突きつけられないと確信にはいたらない。こどもたちは従来の軌道に戻ることができたのだから順調に能力をだせるはずだという考えと、私が独学のみで習得した精神分析の結果、不登校の「外傷体験」がなんらかの症状として現われるのではないかという二つの考えが乖離して存在していた。優先されるべきは分析の理論ではなく、現実のみである。こどもたちの元気な様子は私の分析をひどく現実感の乏しいものに思わせた。自分のこどもにだけは悲劇は起こらないだろうと考えるのが親である。息子もアルバイトをしていた時期にはまじめ過ぎるといえるほど真剣に仕事に取り組み、その後の受験勉強も最初の5、6年間ほどは仲間たちと意欲的に、そして楽しそうに生活していたので、完全に健康を取り戻すことができたと思っていた。最後にこのような打撃となって現われてはじめてわかった。順調にみえていた将来はまたもや暗転した。

　再び20年前のように活動がまったくできない状態になってから、ようやく今までの出来事が一本の線上に連なり始めた。やはり「不登校」のあの体験が「無気力状態」という現実となって現われたようだ。大学受験について久しぶりに夫と話す翔太の言葉から何か奇妙なものを感じた。普通は成績のデータを根拠にして合格の可能性のある志望校を決定するものだが、現実的な選択ができない。何らかの観念に執着しているようであり、志望校の選択や進路が一定しない。通常でも切迫した状況では冷静に判断するのが難しいが、それが度を越したものになってしまい、ほとんど判断機能が働かない。進路を自分自身で決定することができないようだ。寸断され一貫性のない思考、状況によってたやすく変化する判断や意思、社会のとらえ方などは以前にはなかったもののように感じられた。余裕のなくなった苦しい状況だからなのだろうか。そうではないようだ。この数年の言動を総合させて考えてみると、数年前にも断片的に現われていたもののように思われた。それでも、塾の仲間や講師に支えられて、かろうじて症状の顕在化を遅らせていたのかもしれない。

　笠原嘉氏の著書に記載された特徴がそのまま現われているように感じた。[1]特徴としては無気力、無関心、無感動、同一性形成の困難などを示し、人生を決定するような場面、あるいは雌雄を決するような場面からの撤退、仕事や勉強といった本来的な責務からの退却、「予期される敗北と屈辱からの回避」があるという。現時点では幸いにも外界との交流を拒否するような心理状態にはなっていないらしい。しかし、受験の失敗から数カ月経過するうちに、外界における対象

の不在は自室に閉じこもりがちにさせ、無気力、無関心によって活動が制止された状態になってしまった。再びエネルギーの枯渇状態である。ウォルターズがアパシーを「情緒的なひきこもり」とみなしていることから考えると対象世界からのリビードの撤収が同じように作用しているようにみえる。また笠原氏は不登校のみならず、高校性、大学生、そしてサラリーマンにいたるまで神経症的な無気力現象という同じような状態像としてとらえている。「臨床単位」なのか、逃避的防衛機制の結果として「平均人」にまでひろくみられる「状態」なのか、判断しかねるものだという。不安、焦燥、抑うつ、苦悶などが欠如するため、治療をもとめる動機に欠けるようだが、笠原氏は「精神病理学の介入なしには治療も予防も不可能な」[2] 対象であると考えている。

　ところが、私がひどく驚いたことには翔太の記憶からは過去の不登校のあの異常な体験が完全に抜け落ちている。翔太の記憶はその当時の記憶であるようだが、当時の苦痛や感情などの情動的なものが完全に抜け落ち、「怠けていた」という簡単な一言で終わってしまう。「あれはクラス替えで友だちがいなくなったからだよ」という後づけの理由によって記憶しているが、あの体験の内容がない。たしかに当時はこどももどうしてよいかわからず、学校に行くという当たり前のことで必死に努力していたはずだ。このような理由は当時の体験から出てきたものではない。何らかの自我の機制がはたらいているようにみえる。「怠けていた」という翔太が不登校の理由としてあげていることは、当時の苦しい状況から出てきたものではない。なぜ、同じ体験をしてきたはずなのにこれほどのくい違いができてしまうのだろうか。「怠けていた」という理由づけをどのように考えたらよいのだろうか。翔太は担任教諭が指摘したように、たしかに、不登校が顕在化する半年前には睡眠の乱れが始まっている。また長女の場合、本人は中学３年の転校に原因があったというが、私自身が調べたところでは中学３年の転校以前に遅刻の回数が増え始め、不登校の兆候がかなり前から現われていたといえる。私は不登校の原因を探ってきたが、あの異常な体験に蓋をしてしまったかのように「怠けていた」とか「転校したせいだ」という記憶によって理由づけをしている。こどもたちの過去の体験はたった一言で置き換えられ、あれほど苦労して過ごした時期の苦痛な感情はスッポリと抜け落ちている。あの異常だった過去の悲しい体験は完全に忘れ去られた。たしかに私の体験はこれまでに述べてきたようなとても苦しいものだった。だが、こどもは何も感じていない。あれほど辛く、悲し

い体験のように感じたのは母親だけだったのかと唖然とするばかりだ。

学校に行くという簡単なことのためにさんざん苦労してきたのに、翔太は「学校がおもしろくないから行けなかったんだよ。楽しいことしかしたくないのは誰だって同じだよ」ということが理由らしい。母親であれば普通は、いやでもしなくてはならないことを押しつけ、こどもはそれをしかたなしに続ける。学校や塾に行くことや習い事など将来に役立つと思えば、多少いやがることがあっても続けさせる。こどもにとって、いやでもしなければならないことがあるというのは当たり前のことであった。だが、このような方針で育ててきたはずなのに、あの不登校の時期からこの当たり前のことが通用しなくなっている。「不登校の前はそんな性格じゃなかったわよ」というと「そんなことないよ。誰だっていやなことなんかしたくないよ」というが、私にしてみれば、友だちがいないから学校に行かないとか、おもしろくないからやめるといった行動は私の教育方針からすれば言語道断である。しかし、あの異常な体験によって身につけた性格がこのようになってしまっている以上、私がいくら説明してもまったく理解ができないらしい。いったい、どうなってしまったのだろう。息子を説得することは不可能に思える。こどもの性格が変わったように感じたことが分析のきっかけになったが、不登校以来、さらに追い打ちをかけるように翔太の性格が大きく歪んでしまったように感じる。私にはあの異常な時期の影響が大きく影を落としているようにしかみえない。不登校の状態も不可解だったが、翔太の過去の記憶と私の過去に体験した事実とのあいだにはひどく大きな隔たりがあるのも不思議だ。こどもが考える過去と私が記憶している過去とのくい違いはなぜなのだろう。ことによると無意識を「抑圧」することによって生じているのではないだろうか。ともかくその当時感じていた苦痛な体験をまったく覚えていないということは、意識からは追い払ってしまったかのようだ。本人に不登校の原因をたずねても、当時の体験ではなく、情動を伴わないたんなる言語表象に置き換えられている。これは不登校の体験が抑圧されているということではないだろうか。

20年前の「不登校」とは、それまでの教育や経験がすべて無に帰すような、母子にとってあまりにも過酷な心理的衝撃だった。その後再び、翔太がゼロの状態から必死に努力し少しずつ積み上げてきたものがまた再び一気に崩れ去った。本人の無念さはいうにおよばず、劣等感と恥、社会にたいする敵愾心など否定的なアイデンティティを形成してしまったように見受けられるが、断片的に一

言、二言ひとりごとのように言葉を吐き捨てる以外、もうほとんど口をきかなくなってしまった。家族と顔をあわせることを回避し、会話を避ける。おそらくは否定的アイデンティティという説明があてはまらないほどエネルギーを消失した状態であるようだ。以前の悲しい体験が蘇り、悲嘆のなかに再び呑み込まれそうになる。どうしてこれほど多くの青年たちが挫折してしまうのだろうか。不登校以来、20年の歳月が経ったというのにどうしてこの現象がなくならないのだろうか。悲しいとしかいいようがない。このような状況であれば以前の私だったら途方にくれてひたすら嘆き悲しんでいただろう。だが、これまでの体験と誰にも依存できないという孤立状態が私を少し変えてくれたのかもしれない。精神分析の勉強の成果かどうかはよくわからないが、解釈することによって翔太の現在の心理をまがりなりにもとらえることができるようになったように思う。

　冷静にこれまでのことを振り返り、不登校のときのあの異常な体験と今回の挫折についてあれこれ考えてみた。性格や言動に異様な印象を与えるようなところはないのでとらえにくいが、この数年来の様子を思い返すと一貫した思考と意志のもとに受験生活をしているとは判断し難い。昼夜逆転とエネルギーの枯渇は以前と同じだが、そのほか思考に一貫性と連続性がないように見受けられた。病的な異常さがまったくみられないことが、青年期の危機的な状態を覆ってしまっているように思うが、足掛け10年におよぶ受験生活と「無気力状態」という事実は不登校と同様に個人的な原因によって生じているとは考えにくい。少なからぬ青年たちがひきこもりになる現実から考えると、これは青年たちが本人の意志や努力によってなんとかなるような単純な社会現象ではあるまい。これまでのこどもたちの自我分析では、こどもの性格が変わったように感じたのは多量のリビードによる対象愛固着というところまで遡ることができたが、不登校という状態の正体は依然としてわからなかった。だが、やはり今回の挫折の原因はあのときの異常な体験に起因するに違いない。再度、過去の記憶を遡って考えているうちにエリクソンのテキストに書かれていたことを思い出した。その著書のなかにわかりにくい表現ではあるが、指摘していると思われる記述がある。

　　「児童期もしくは青年時代における特殊な精神的外傷のなかでは一つのものがとくに頻繁に見出される。すなわち、エディプス期もしくは思春期初期におけるもので、通常は家庭からの分離ということに関連した何か自然的な原因をもつひどい精神的外傷である。これは、手術が遅すぎた肉体的

欠陥に起因しているのかもしれないし、たんなる事故かもしれないし、または、ひどい性的外傷の帰結であるかもしれない」

As to particular traumata in childhood or youth, one item seems frequent, namely, a severe physical trauma either in the Oedipal period or in early puberty, usually in connection with a separation from home. This trauma may consist of an operation or a belatedly diagnosed physical defect or it may be an accident or a severe sexual traumatization. [3]

そのなかで「家庭からの分離」に関連した「自然的な原因をもつひどい精神的外傷」が「頻繁に見い出される」という。しかし、エリクソンがいうような思春期の外傷体験については文献を探したが、ほとんど記述がない。その外傷体験がどのようなものかはわからないが、小此木啓吾氏が思春期の「喪」mourning [4] の体験として説明しているような、親からの自立という一般的な問題と関連したものではないだろう。そのようなものであれば正常な発達にともなうものであり、これほど異常であるはずはない。また、エゴ・アイデンティティの喪失がエリクソンの描写した価値の混乱や否定的アイデンティティというたんなるアイデンティティ・クライシスではなく、ひきこもりやアパシーとなって現われてくるのは快自我の損傷に関連するからではないだろうか。これまでの分析によれば、不登校とは何かといえば、幻想的一体感（大洋感情）に固着した快自我が「事後的」（本文164ページ）に被った外傷なのではないかと推論するところまで到達したが、あくまで仮想的に漠然と想像していたにすぎなかった。しかし、今まさにそれが再び現実のものとなって顕現したようだ。しかも青年たちの意識からは遮蔽されていることから考えればそれが「性的外傷」として「ヒステリーの病理的な防衛」[5] をまねいたと考えることは可能である。これらのことから推測できるとすればたんなる親からの自立の問題ではなく、**同性の友だちに神経症的に「恋着」する対象関係**が特殊なのではないだろうか。

この最後の一撃によって、青年期最後の出来事が翔太の生活史にあらたな意味を与えてくれた。これまでの分析から導き出された「対象愛」が「同一性」か、あるいは人格形成に関わるなんらかの青年期の課題に直結していることを示唆している。その分析（第2章および第3章）は不登校の体験を十数年ほど経過した

後に、過去の出来事を回顧することによりなされたものだ。おそらく、こどもたちがみな順調に快活な生活を送ることができたのなら、このような分析など必要であるはずもなく、こどもたちの自我分析は無意味なものとして消え去る運命であったにちがいない。現実に翔太が高校卒業後、10年間ほどはそのような生活であった。が、一方では私にとってあの異常な体験をどうしても忘れることができなかったのも事実だ。この間孤独のなかでひたすら自分と向き合い続け、反省、後悔、ことに罪責の念が増幅するばかりだった。なぜかは自分でも理解できないが、自分自身のために精神分析理論を読み始め、自分なりの分析をノートに書き留めてきた。無目的に論点の定まらない断片的なものをとりとめもなく書きながらも、意図せずに、あの出来事について考え続けていたようだ。表面的にはこの件は収束したかのようであったが、こころの奥底にはどうしても納得できない自分がいた。ともかく何が起こったのかを理解したいという欲求があった。しいていえば不登校について一般的に説明されていることにどうしても納得できなかった。社会に原因があるとしても納得できるような説明はほとんどなされていないに等しい。さらには親の教育の失敗、ましてや欠陥のある育児に起因するなどとはどうしても思えなかった。すなわち「腑に落ちない」という言葉に尽きる。

　そして、この最後の一撃によって過去の出来事が意味をもち始めた。そこで、不登校から20年後に青年に起きている現実を理解するために再度、分析することが必要だと考え、最終的にあらたな分析をくわえたものである。以前の分析は「対象愛」という自我の形態を導き出すのみだったが、今度は不登校とは何かということを明らかにできるかもしれない。無論このような事態、不登校から20年後に再び同じ状況に陥るという事態を予見したわけではないし、こどもに何かが起きることを待っていたのではない。分析理論が先行するような印象を与えかねないが、「土台となるのは観察のみである。」こどもの「こころ」に生じたであろう事実が先にあり、それを分析しているにすぎない。

　これまでに私が体験したことをできるかぎり理解してもらえるように記述したつもりだが、個人的な体験や「生の事実」[6]というものは理解するのが容易ではないようだ。また、自我の分析過程においてはさまざまな紆余曲折があり、試行錯誤があり、錯綜した分析結果であったものを何回も書き直し、理解してもらうために筋道を整え、重要な要素を強調し、結果としてこのような分析論を描き出した。このような分析論には第2章に記述したような明確な時間的な順序があるわけではない。言語の性質上、このような時間的な経緯があるかのように表現せ

ざるを得ないが、分析の過程においてはあらゆる要因が順不同にあらわれてくる。しかも前意識に浮かび上がるものは最初はぼんやりした、何を意味するのか判別できないような断片的な言語表象であり、書く作業を継続することにより次第にはっきりと輪郭をあらわし、他の要素と関連づけられるなかで判読が可能な、矛盾のない論理に徐々に整えられてゆくといった過程だった。分析の結果を最終的には一貫したストーリーにまとめたために、私の論述を優先させたような印象を与えるかもしれないが、それは分析から得られた要因によって構想した抽象概念である。何度も繰り返すが、もっとも重要なことはこどもたちとの生活のなかから得られた事実である。事実をもとに組み立てた分析論であり、こどもたちの現実から離れたものとなってはまったく意味をもたない。得られた事実に分析理論を適用し理論化することによってこどもたちの「こころ」に光をあて、正確に理解することを目標とするものである。かさねて強調するが、こどもが元気でいてくれさえすれば母親としてはそれで充分である。しかし、こどもの幸せを願う母親としての私のほかに、どうしても真実を知りたいと願う私が存在する。「不登校」とはいったい何かということがどうしても知りたい。現在、このような青年たちはけっして「病気ではない」、社会に適応しそこなった青年たちなのだと思われているようだが、現在おこなわれている対応にはどうしても納得がいかない。

　自我アイデンティティの喪失であればエリクソンが説明したようにたしかに病気としての診断 diagnosis [7] ではないかもしれない。エリクソンのアイデンティティという概念は自我機能の「心理社会的」な側面に焦点をあてたものである。アイデンティティ・クライシスはどの青年でも通過する青年期の発達課題であり、病跡学 pathography というよりはむしろ社会との関係によって打撃をうけた青年たちの心理が描写されている。だが、「無気力・ひきこもり」といわれる状態に陥る青年たちが存在し、その状態から抜け出すことがきわめて困難であることを考えればエリクソンが描写したようなたんなるアイデンティティの混乱というよりはむしろ、社会的な援助による回復可能な軽度の状態から「取り消し不能なほど悪性」[8]の病態に移行したことを示すものではないだろうか。自分の一生を台無しにしてしまうことをみずから望む青年など、どこにいるというのだろうか。これが「快自我」の損傷であるとすれば何事もなく済むはずはない。ひきこもりやアパシーが病理的なものではないと断言できるのだろうか。しかも、こどもたちの不登校を生じさせた異常な体験を心理学、病理学、社会学の考えうるかぎり

の側面から理解しようとしなければまるで見当はずれの対応がなされることもありうるだろう。あるいは万全の対策は講じられていると考えているのだろうか。

　「不登校」は病気ではないというのが当該関係者たちの一般的な理解であるようだが、発達途上にあるこどもたちの危機的な状態が、なぜ徹底した研究の対象とされないのかまったく不可解だ。おそらくは精神医学的な根拠ではなく、別の理由によって一部の精神科医たちは不登校患者を門前払いするのかもしれない。「不登校の治療をめぐっては、過去にさまざまな不幸な経緯があり」、「学校恐怖症と呼ばれ、あきらかに疾患とみなされていた時期」には強制的に入院、治療が行われたが、批判を浴び、逆に「今度はフリースクール関係者や精神科医が団結し、「不登校は病気じゃない」といったスローガンを強く主張されるようになりました」と書かれてある。[9] こどもにとって「疾患」であると診断されることが与えるインパクトとその弊害が明白だとしても、思春期のこどもたちの発達には懸念するべき問題はいっさい存在しないという明白な根拠があるのだろうか。このような「スローガン」は思春期の人格形成と適応における危機的な状況について考察し、こどもたちの健全な「こころ」の発達をまもるという意図のもとに行われていることなのだろうか。こどもたちから目を離さずに見守ることを継続しなければ何一つ理解できないままに終わるだろう。こどもの不登校に対処するための「スローガン」とはいったい誰のためにあるのだろうか。たとえばたか子を温かく迎え入れてくれたK医師や、また重要な論文を寄せる医師たちのように高邁な精神と熱心な研究心とによって不登校に対応する医師たちがいることも事実だ。だが、これらの医師たちの取り組みと「不登校は病気ではない」という「スローガン」のもとに診察を拒絶されることとのあいだにはおそろしい程の懸隔があるように感じるのは私だけであろうか。50年にもおよぶ不登校の歴史[10]は真摯な研究の歩みそのものだが、はたしてそれだけなのだろうか。その背後には不登校をめぐる関係者の論争やイデオロギー闘争[11]が渦巻いているのではないだろうか。わが国の「不登校」の研究は、その弁証法的な発展が不可能であることを物語っているかのようである。なぜ、これほどの混乱や闘争になってしまうのか、特定の主義や価値からは解き放たれた普遍的倫理観はないのだろうか。

　さて問題の核心に戻ると、最近の挫折によって引き起こされた無気力状態や「情緒的ひきこもり」は、不登校として現われた精神的外傷が原因となって青年期の終結が阻害された「遷延した思春期 prolonged adolescence」[12]として考える

ことができるだろう。ウォルターズが述べたところによればアパシーとは「青年後期を遷延させている」[13]状態である。しかしながら、「遷延した思春期」をどのように考えるかということは重大な問題となる。ブロスの記述はわかりにくい部分もあるが、「遷延した思春期」が「病理的なゆきづまり」[14]にいたるような思春期の自己愛的防衛について述べた。またジェイコブソンは「遷延された青年期の問題 protracted adolescent problems」[15]として記述しているが、やはり病理的な側面を重視しているように思う。自我の総合機能、組織化機能を妨げているものは実際には同一性を形成する自己の内的な表象やその対象との関係であり、しかも「アインデンティティの起源」が自己表象に作用する「自己同一性」の問題である。ジェイコブソンはエリクソンの自我同一性が「社会学的方向性」に偏向していると指摘した[16]が、エリクソンが病理的なものを否定していたかといえばそれは違うだろう。先にあげたように「取り消し不能なほど悪性」のものについて明確に記載していることから考えれば、自我同一性の喪失として表現されたとしても良性から悪性までスペクトル状にひろがる状態を考えていたはずである。エリクソン自身、青年期の「アイデンティティの危機」の「発達的側面」を強調したために見落とされがちだが、「病理的側面」としての悪性のケースを無視したわけではない。[17]後に述べるがコフートは「遷延した思春期の問題」としてはとらえなかったが、青年期の挫折として顕現しない場合、つまり表面的には適応に問題はない場合であっても、アイデンティティ・クライシスを明らかにパーソナリティ障害につながるものとして考えている。[18]また、ウォルターズのモノグラフにおいてもアパシーが同様に軽度のものから病理的なものまで幅ひろく存在することを述べている。つまりここで取り上げた研究者だけでも多様な対象を可能なかぎりさまざまな角度から体系的な研究がなされたということがわかる。観点の異なる分析家の理論を総合するのは容易なことではないが、エリクソンは青年期の自我の発達課題である「自我同一性」の達成に関して社会の集団やイデオロギーにたいする青年の「忠誠」の重要性について述べ、ジェイコブソンは同一性形成の失敗について述べ、コフートは原初期の「自己」の外傷について述べ、ウォルターズは「女性的優しさ」が青年期を遷延させることを述べ、ブロスは思春期、すなわち青年期全般を自我、欲動、防衛について総括的にしかも重要なことをすべて見逃さずに述べたということになる。結局、同一性の危機、喪失、混乱として現われる青年期の課題が達成されたかどうかという問題は、心理社会的側面から自我の発生の原初期にまで遡行することで、社会学から精神病理学にい

たるまで、また自力で回復できるものから「取り消し不能な悪性」のものまで多様な対象が研究され理論化されたことがわかる。社会への適応に問題があるとしても医師や精神分析の研究者たちはさらなる精神病理学的な理解を掘り下げる作業を怠らなかった。自我の統合過程を達成させるという青年期の重要な課題についての徹底的な研究が先行するにもかかわらず、「不登校」と「ひきこもり」という言葉は状態像を説明する以外には明確な意味内容 signifié、すなわち本質的な概念がない。

「蒼古的」自己 - 対象

　同じアイデンティティの問題でもジェイコブソンの同一性、コフートの自己心理学と研究が進展するにつれて分析がより深く、より一般的になり、青年期の発達課題を達成できない病因がどこにあるかということが明確になる。自我アイデンティティよりはむしろ「自己」について考えるべきことを教えてくれる。

　コフートは自己心理学という精神分析の独自の領野をきりひらいた。その心理学はフロイト理論とは異なる次元にある。コフートによれば、フロイトのいう自我、超自我、イドという三つの審級は心的装置を構成する構造であり、それらは「体験から遠い抽象物」による理論である。これにたいしてコフートの「自己」とは「精神装置」の構造体ではなく、その内容物であり、三つの審級とは異なる水準にあるという。自我アイデンティティやパーソナリティにかんする概念は自我の構造の水準に属するものであるが、分析においてとらえられる「自己」はそれらに関連するものではあっても「自己」が描き出すものは「構成態」であり、自我ではない。心的装置の「内容」であるところの「自己」とは精神分析状況において「比較的体験に近い」ものであり、「時間の中で永続性」をもち、「心的な場所を占め」るような構造をもつという。

　エディプス期の体験を「重ね合わせ」ることで「隠蔽」してしまった前エディプス期の外傷体験を、あたかも「テレスコープ」を用いて可視化するかのように、より早期の状態に照準を合わせることの重要性を述べた。すなわち先行するより早期の状態を再活性化することが必要であるという。「望遠鏡的現象」によって複雑に体験が重なるのは、「病因的な早期体験の上に、重要ではあるけれども危

機的ではない、より後期（エディプス期以後）の体験の記憶を心（サイキ）が重ね合わせるという事実」があるからだという。自己愛構成態の病因的な早期の外傷を特定し、自己愛パーソナリティの障害について詳細に述べている。私が行った最初の分析は不登校までの分析であったが、翔太の最後の挫折体験が重大な意味作用をもたらした。青年期の自我同一性の喪失や「遷延した青年期の問題」として顕在化したとしても、障害を引き起こすものは「病因的な早期体験」であり、幼児期における自己と対象との関係である。コフートによれば理想化された自己‐対象と誇大自己が治療中に再活性化されるのは「発達時期の一局面」であるところの「純粋な快楽自我」の状態である。[19]この一局面の状態こそ、まさに、先の私の分析によって到達した、対象と一体化した快自我の状態と同じものと考えることができる。このコフートの「自己心理学」を前回の不登校の分析のうえに重ね合わせてみると、「望遠鏡」を覗くかのように一直線上に重ね合わされた体験として理解することができる。以前の分析は古典的な精神分析理論のみで分析したものだが、そのままでも充分に通用する解釈だと思う。あえて前回の分析を修正せずにコフートの自己愛の理論をこれに重ね合わせ、コフートの用語をもちいて解釈していくだけで正確な理解につなげることが可能であるように思う。コフートは自己愛パーソナリティ障害の臨床研究から「誇大自己と理想化された親イマーゴ」の二つの発達ラインを概念化した。だが、コフートはこれら二つのものはすべて自己愛「構成態」configuration に属するものであると主張する。自己から対象が分化する過程において対象に「移行」する前の状態にあり、主体と一体化した状態にある。コフートの説明における蒼古的（移行的）な理想化された「自己‐対象（セルフ オブジェクト）」を先の分析における快自我における自我理想、しかもナルシス的同一化にもとづかない自我の原初的な状態に重ね合わせると、ぴったりと重なる。第2章の⑥「ナルシシズムの制限」（本文103ページ）で考察したように自我は一次的ナルシシズムからは次第に距離をおくようになるが、こどものナルシシズムは理想化の機能を担い、「一次的ナルシシズム」、「自我理想」、「対象」へとリビードを遷移させ、成人にふさわしい理想化の機能に発展する。コフートは「自己心理学」のオリジナリティを主張するが、私にはコフートはフロイトのこの理論と同じものを扱っているようにみえる。コフートのオリジナリティを否定するつもりはないが、コフートの自己‐対象とは先の分析における自我理想と重ねることができるように思う。[20]さてコフートによれば、「自己愛構成態」における誇大自己と自己‐対象のそれぞれから派生する二つの世界を説明することができる

という。一つは完全性が誇大自己に集中し、外集団を「不完全」なものとみなす状態と「往古の全能の自己 - 対象」が全能の神となる場合の二つをあげている。[21]これら二つの象徴世界は快自我における二つのケースに対応するようだ。第2章⑤「一体感」（本文98ページ）において検討したように快自我に由来する「本源的な自我感情」が外界を「敵対的」とみなすか、あるいは「外界全体と解きがたく結ばれている」と感じるか二つの区別があると考えたが、その二つの区別とほぼ重なるように思う。翔太の自我分析における自我理想とコフートの親イマーゴは厳密には異なるが、相違点は後に述べる。必要なのは自己愛構成態の自己 - 対象が自己において果たす機能である。こどもたちの自我について考えた場合、どうしても誇大自己よりも自己 - 対象に固着しているようにしかみえない。コフートは、自体愛と自己愛の時期にすでに未発達の対象愛があるというバリントの理論を否定する[22]が、自己 - 対象、すなわちフロイト理論における自我理想に依存的に発達する「対象愛」的な自我はたしかに実在する。ここで再び私のもっとも重要な結論を繰り返すが、ひきこもりやアパシーの青年たちの存在はバリントの対象愛理論を体現する「実体」であり、コフートの分析もまたそれを反証することによって結果的にバリントの理論を強化した。青年たちの自我は「蒼古的でまだ未発達な形態で始まる対象リビドーの発達の別個の経路が存在する」ことの確証なのである。フロイトの自我理想との相違、またバリント理論の「対象リビドー」との相違については次に述べるが、いずれにせよ、バリントとコフートのどちらの理論も「対象愛」によって発達する自我が存在するのだということを明らかに裏付けるものである。

　第3章の図2（本文141ページ）において説明したようにナルシス的な自我に対比させた「対象愛的自我」とは、自己愛パーソナリティと対照をなすような対象愛パーソナリティであり、自己 - 対象に依存して発達するパーソナリティというものをコフート理論のなかに置いてみると自己と対象との関係を微細に説明できることになる。コフートの用語でいえば理想化された蒼古的な「自己 - 対象」への固着がこれまでのすべての異変の原因になっているらしい。コフートによれば、分析中に活性化される自己 - 対象は「転移様」の状態にあり、転移ではないという。コフートは転移神経症と自己愛パーソナリティ障害との区別を明瞭に説明している。自己 - 対象とは、発達の過程において独立した対象として分化する以前の、自我形成初期の主体の一部としての対象である。自己 - 対象が「変容性内在化」によって非人格化されたものとなってはじめて対象を現実のものとし

てとらえることができる。だが、自己‐対象を現実の対象に「移行」させること
ができないと、対象として分化されずに自己の一部としてとどまり、しかも非性
化されないために心的構造のなかに組み入れることができない。「変容性内在化」
がおこなわれないために、自己‐対象を体現する外的な対象が必要となる。この
ような対象は主体とは独立した他者を現実的に認識しているのではなく、主体の
自己の延長としての対象、すなわち「自己‐対象」であり、自己の一部としての
対象である。「自己‐対象」に固着があり、対象の「変容性内在化」が達成され
ないために自己の一部として外在する対象が不可欠になると思われる。

　コフートは「心的装置」としての「自我」にはほとんど言及しない。コフート
によれば分析中に活性化される二つの態勢、すなわち誇大自己の鏡転移と理想化
転移の二つはクライン理論の「投影同一視」と「取り入れ同一視」に重なる部
分もあるが、コフートの二つの態勢は「本質的には病的なものでも悪いものでも
ない」[23]と言明する。コフート自身が「境界状態」よりもさらに軽傷のパーソナ
リティ障害が対象であると述べたことからもわかるように、死の本能にたいする
原始的な防衛を充分に達成することができた自我のみが臨床の対象だということ
なのだろう。コフートの二つの態勢への固着、あるいはそれ以前への退行があっ
たとしても、凝集的な自己（コヒーシブ・セルフ）が安定した心的構成態を維持しているために自我の解
体の生じない対象のみが理論の対象である。だが、そのような安定的な対象群を
考えるときでも、場合によってはこのような構成態 configuration を形成させる
発達途上において理想化された自己‐対象の喪失や剥奪が「心的装置そのものの
基礎的な構造化を深刻に妨げるかもしれない」[24]という。おそらく、外傷的体験
として自我に損傷を与えたのは、コフートがいうような快自我の自己‐対象の剥
奪なのではないだろうか。だが、より詳細に吟味するなら小学6年の転校時には
対象不在による「制止」が起きただけで自己‐対象の剥奪には至ってはいないと
すると、以前にも述べたが、自己‐対象の不在に関連した要因のみでは精神的外
傷にはならない。自己‐対象の剥奪と性的外傷との関連が不明なために推測の域
を出ないが、おそらく中学2年の後期に始まった不登校は自己‐対象の喪失がリ
ビードの退行的な備給を生じさせ、その時期の「性的成熟」が自我の体制化を促
進しようとしたために固着のある幼児期のリビードを抑圧しようとして「性的外
傷」につながったと考えられるのではないだろうか。実際にどのようなことが進
行していたのかはわからないが、あの時期の a severe physical trauma が何の影
響も残さなかったとは考えにくい。また長女の場合のように不登校以来、まった

く問題なく学校や社会に適応できたとしてもこの問題を社会への適応のみに焦点をあてて考えることは、リビード発達、および人格の成長において心的構成態の外傷的な固着という重大な問題点を見落とすことになる。結局、思春期に始まったあらたな要因、すなわちナルシシズムの増大のためにこのような原初期の自己の構成態が事後的に「性的外傷」になったのではないかと思われる。

　ところで留意しなければならないことはフロイトの自我理想との相違点である。こどもたちの同性愛着は対象リビードによるものでもなければ、自己愛リビードでもない。なぜならこどもたちの生活において中核となっていた問題は同性の友人への恋着である。同性の友人の不在が不登校を引き起こす引き金になっている。また、現在でも同性の友人の存在は不可欠である。分析において同性の友人にたいする「恋着」はこどもたちを観察してきた事実のなかでももっとも重要な要素である。だから、これを自己愛リビードとの関係において考えるわけにはいかない。また、バリントについてもいくつかの文献しか入手できないので詳細に検討したものではないが、対象リビードが介在すると考えるわけにはいかない。外界の現実的な対象としてとらえられるほどには発達していない。同性愛という事実を根拠にするとそれを説明できるのはフロイトしかいない。自我において対象との関係をつくりあげているのは同性愛リビードによるものであり、その充足と撤収とが「自我理想の成就」に関わる。自我理想と一体化した対象愛的な自我にとって決定的に重要な要素は、同性愛リビードによる同性愛着である。コフートの自己‐対象は「自己愛リビード（理想化リビドー）」[25]の備給対象であり、さらには親イマーゴは非性化されて超自我に発展するものである。したがってこれまでの分析した結果を総合させると結局、こどもたちの自我とは、快自我におけるコフートの「自己‐対象」によってその一部が説明されるものであり、かつそれは同性愛リビードの備給対象としてのフロイトの「自我理想」であり、かつまたそれはバリントの対象愛による「発達の別個の経路」をもつことになる。このような折衷理論がいくら奇妙に思われようとも、これがこどもたちの観察の事実から導き出された自我である。ただ、このような快自我へのたんなる固着とその外傷とは区別して考えなくてはならないだろう。たんなる「空想」であるかぎり支障はないとしても、外界での挫折によりリビードが退行する場合、あるいは「事後的に」外傷となった場合には自我は「性的外傷」の防衛機制を発動させるだろう。ひきこもりやアパシーという困難な現実問題の背後には、たとえ支障なく社会に適応している場合でも、リビードの停滞のために同性愛の段階に固着し異性

愛の段階にまで到達することができない、あるいは異性愛と葛藤をおこすという重要なリビド発達の問題があることを見逃してはならない。

　「自己 - 対象」の「性的外傷」が与えたであろう「心的装置そのもの」の損傷について考える。これまでの理論化は自己愛構成態における「自己 - 対象」として検討してきたが、コフートの「自己心理学」の範疇ではおよばない欲動理論が大きく関わるに違いない。これほど早期において外傷となっているとすれば「防衛」するのはクラインが述べたような原始的な防衛がなされる可能性はおおいにありうるだろう。コフートはクラインの理論とは異なるものであることを強調するが、快自我の損傷について詳しく調べなければならないとすればクラインの理論によって考えるべきだろう。分析家によって使用する用語が異なるために、ここで再び自我と自己の区別を明確にしなければならないが、問題となるのは「純粋の快楽自我」の一局面であり、この時期を含む「早期自我」の状態である。早期自我が不安を処理するために分裂と統合を繰り返すことは生後数カ月に認められる自我の特徴である[26]とクラインは述べたが、クライン自身がグローバーの「自我核」、フェアバーンの「中心自我」さらにはウィニコットの「自己の統合と解体」を引用して説明しているように、早期自我はいまだ結合力が未熟であり、解体や分裂が防衛として機能する。

　クラインによれば、幼児の「幻覚的満足」[27]hallucinatory gratification には自我の分裂を生じさせるような亀裂が存在するという。対象の理想化とは悪い対象を否認するだけでなく、早期自我の特性である全能感によって苦痛な心的現実をも否認する。これは悪い対象とそれによって引き起こされる苦痛な状況、さらには「一つの対象関係」までも否認することである。翔太と潤二君の関係は自我と自我理想の自己 - 対象関係であり、早期自我の「理想化」と同じ状態にあると考えてよいだろう。その結果、この時期の快感自我の損傷はクラインの述べた自我の原始的な防衛である分裂機制、「対象と自我双方の分裂」を生じさせることになるのかもしれない。同性との対象関係が快自我の段階にまで遡れるとすれば、それは生後数カ月の早期自我の状態である。しかも乳児の月齢にあわせて考えるなら対象の理想化は抑うつ的ポジション（生後 4 カ月から 6 カ月頃にはじまるとされる）よりさらに早期の乳児の心的な状態である。先のこどもたちの自我分析からえられたことは対象の理想化であり、さほど理想化されていないようにみえても対象への過剰備給と自己備給の欠如は明らかだった。これほど早期の

乳児期に固着があるとすればその心的な状況を言葉にできる人間がいるだろうか。こどもたちは不登校のときの自分の心的な状態を何一つ説明できず、無言語、無感情だったが、それは言語として表現できなかったからだろう。ウィニコットによれば「精神が身体に住みつくようになる」と表現した時期である。それにしても、なぜこれほど早期の理想化に固着しなくてはならないのだろうか。抑うつ的ポジションを達成した後の自我は「心的現実に対する優れた洞察と統合が進」み、「不安はその力を失い、対象はそれほど理想化されなくなり、恐ろしくなくなる。そして自我はより統合される。」[28]だが、そのような成長した自我とは異なり、それ以前の理想化の状態とは、外界にたいする認識においても心的現実においてもそれぞれ一部を否認しているようだ。悪い対象とそれによって生じる感情の否認、そして悪い対象との関係の否認は「理想的な対象と状況とを全能的につくり上げる過程」と悪い対象を「全能的に絶滅する」過程を自我と対象の双方において分裂させる。抑うつ的ポジションを通過する数年間の初期においては妄想 - 分裂的ポジションも依然として有効な機制であり、二つのポジションは相互に作用しながら徐々に移行する。第 2 章でみたように、もし快自我に二つのもの（外界を「敵対的」なものとみるか、あるいは「外界全体と解きがたく結ばれている」とみるか）を区別できるなら、快自我の対象愛的な固着、つまり大洋感情に固着したタイプがこどもたちの自我であり、それは抑うつ的ポジション以前の理想化に固着した自我であると考えることができるのではないだろうか。そう考えることができれば、快自我の損傷にたいして分裂的ポジションが原始的な防衛として現われたとしても不思議ではない。クラインによれば抑うつ的ポジションを通過できずにいる場合、妄想 - 分裂的ポジションが「退行的に強化」され、幼児に「無関心（apathy）」が現われるという。

　だが、妄想 - 分裂的ポジションの活発な状態にあるとすれば統合失調症が現われてくるように思うが、そのような症状はまったく存在しない。安定した「凝集的な自己<ruby>コーヒーシブ</ruby><ruby>セルフ</ruby>」のおかげで自我はけっして崩壊しないということらしい。だが、フェアバーンによれば自我には誰にでも分裂がみられるという。[29]フロイトは自体愛と対象愛の中間にあるのは一次的ナルシシズムであると仮定した。だが、フェレンツィと彼を継承するバリントは「共生段階」において対象愛を想定した。おそらくは良い対象と悪い対象を同一の人物に投射するナルシス的な対象関係と、もう一つは悪い対象を否認したもう一つの対象関係の二つがあるように思う。そうでなければこどもたちの自我がなぜ理想化された「自己 - 対象」に固着したま

まなのか説明ができない。フロイトが「シュレーバーの症例」で指摘したように、素因となりうる固着の位置[30]が理想化の地点にあるということなのではないだろう。だが、それにしても理想化への固着がこれほどの早期であるとは想像もつかないことだった。これまで一貫してこどもたちの自我における対象愛の重要性を強調してきたが、第3章（本文161ページ）で検討したように思春期の精神的外傷へと導いたのはおそらく男性性を強く押し出すナルシシズムの増大なのだろう。思春期以降、肛門愛の性格が次第に顕著に現われてくるのは肛門的編成段階において両価性を対象に投射するナルシス的な対象関係と自我における肛門期の特徴が強いということなのだと思う。つまり、かなり早い時期から客体に対象を保持する対象愛とナルシス的な対象関係は自我においてそれぞれ個別に、根源的に強い作用を及ぼしながら併存することになる。これらのことを考え併せると、ナルシシズムと対象愛という二つの対象選択はそれぞれ個別の強さと作用によって、ばらばらに分離したまま自我内に存在するかのような印象がある。ナルシス的な対象関係による自我の発達と、対象を保持しようとするリビードの対象関係とがそれぞれ分離した状態のようにみえるが、対象の不在がリビードの退行につながるのかもしれない。ブロスのいうように自我において欲動の階層的体制化がなされているようにはみえない。[31]自我の構造がナルシス的同一化による部分と、理想化に固着し対象表象を保持したままの部分の、二つの対立する自己と二つの対象関係が階層化されずに並立しているようにみえる。思春期の強い男性性によって促進されたナルシシズムと固着の強い対象愛は自己を分裂させるのみならず、自我に取り込まれた対象との関係をも破壊する可能性がある。しかもエディプス的な対象と自我の関係ではなく、理想化された自己 - 対象の固着が引き起こす問題はたんなる葛藤から、自己 - 対象の外傷的喪失、あるいは早期自我の原始的な防衛としての分裂にいたるまで広いスペクトラムにわたることになるだろう。いずれにせよ、蒼古的「自己 - 対象」の外傷的固着は自我として構造化されず、対象関係において対象を放棄できない幼児のままの感情拘束が生涯続くことになる。

フロイトのシェーマ

先のところで自己愛パーソナリティに匹敵するような対象愛パーソナリティを想定したが、そのようなパーソナリティを構成する同一化、ナルシス的同一化で

はない、もう一つの同一化があるのだと思う。こどもたちの対象依存的な特徴から考えると同一の対象にたいするアンビヴァレントな感情ではなく、対象を理想化するような一体的な同一化である。ナルシス的同一化が対象愛を代用するものとして自我に対象を取り込むのとは違い、対象と一体化した対象愛的な同一化というものが存在するのではないだろうか。何度も繰り返すことになるが、フロイトは集団の「リビード構造」には同一化と恋着の「二重の拘束」があると説明した。最初に戻って「恋着と催眠状態」のシェーマ（本文90ページ）について再度考えてみる。このシェーマに凝縮された多くの内容こそ、こどもたちを一貫して観察してきた対象と一体化した自我について説明しているのだと思う。何より早期自我のなかでもとりわけ早期の段階に理想化固着があるようだ。結局、素因となりうる固着点という重要な要素が出てきたが、これで翔太の自我の観察において同性の友だちに恋着しなければならなかった理由とそれ以降のさまざまな現象について説明できたのではないだろうか。対象は「自我の代わり」ではなく、「自我理想の代わりになる」のであり、対象愛の欲求が外界にその自我理想の代わりになるような具体的な対象をもとめ続ける。その際、自我は対象に無制限に「献身」し、「へりくだった従属、従順さ、無批判性」といった特徴をもつ。自立的な自我とはおよそ正反対である。このような自我の状態は集団を結合させる自我理想のために自我リビードの枯渇した状態であり、従属的な特徴をもたざるをえない。対象愛的同一化とは、内在化された自我理想による対象の理想化が自我を支配するために催眠がはたらくかもしれず、またそのために原始的な作用に影響されやすい集団志向の自我にならざるをえないのだろう。

　立木康介氏は「同一化」[32]と題されたモノグラフにおいて述べている。ヒステリーの同一化こそがフロイトが草稿Nにおいて最初に注目したものであったはずなのに、「自我とエス」の直前の著作、「集団心理学と自我分析」においてすでにヒステリー的同一化の重要性が低下した理由を、エロースとタナトスの観点から分析している。英国独立派の分析家のひとりであるJ.パデルも同様に「自我とエス」よりも「集団心理学と自我分析」の重要性を強調するが、自我の理論において対象の内在化を考えることよりも対象関係の内在化が重要であり、「より早期の自己 - 対象関係が、自我理想 - 自我の関係のなかで継続される」という。[33]だが、このシェーマにおいてどのような同一化が想定できるか、読み取るのは非常に困難なことのように思える。立木氏は「同一化」で述べられた集団ヒ

ステリーを起こした少女たちの同一化が説明されているという。寄宿舎のひとりの少女が恋人からラブレターをもらった。それを読むうちに湧き上がった嫉妬が他の少女に「心的感染」を生じさせ、寄宿舎中が大騒ぎになるような少女たちのヒステリー的同一化を説明しているという。J. パデルは自我理想と自我の位置が逆転することにおいてナルシス的神経症であるうつ病、「ナルシス型対象選択」を説明できるという。ということは自我理想 - 自我の関係のなかにナルシス的同一化を読み取っているかもしれない。ラカンは自我と「小文字の他者」a—a' の関係によって生じた「ファルスへの同一化」であるという。[34] だが、こどもたちの過去の生活史からたえず考え続けてきたところでは、ナルシス型同一化でないようなもう一つの同一化である対象愛を想定せざるを得ず、まさにこのシェーマに示されたような内在化された自我理想 - 自我の関係こそが唯一こどもたちの自我を説明しているように思う。対象が自我理想の位置を占拠してしまう場合とは同性の理想化された対象でもエディプス期の近親愛的な対象の代理でも両者は固着の段階はそれぞれ異なるとしても「恋着」の対象になりうるだろう。いずれにせよ重要なのは「拘束が自我の主体において着手されるか、それとも、自我の客体において着手されるかの違い」、つまり「同一化」と「恋着」の区別であり、こどもたちの自我において問題となるのは早期自我の客体部分に取り入れられた対象への理想化固着が問題なのだ。寄宿舎の女学生たちのように現実の性愛の対象が不在であっても、エディプス的な近親愛の対象、つまりこの場合想定されるように父親に固着しているのであれば「共通点を介しての同一化」[35] によって集団ヒステリーがおこることは理解できる。だが、こどもたちの自我の特徴は同性愛リビードによる対象関係であることから考えれば、異性愛へ発達する以前の段階にある。母性由来の自我理想との一体化は女性的同一化であり、もとめるのは全能の自我理想の影響のため現実の対象とはかけ離れた理想化された対象である。「幻覚的全能感」への固着によって自己の起源に幻覚的同一化が存在し、根源的な作用を及ぼすなら自我と対象との関係は容易に受身的対象愛を再現するだろう。

「集団心理学と自我分析」のⅧ章「恋着と催眠状態」においては同性愛リビードについての説明はなされていない。しかし、「ナルシシズムの導入にむけて」におけるフロイトの説明によれば、家族、国家、階層などの共同体の理想が自我理想に託され、その自我理想の維持と「成就」のためには同性愛リビードは不可欠である。つまり、自我理想は自我にとって理想形成のための重要な機能であり、「外的な対象」はたんなる対象を超えて自我理想の座を容易に占拠してしまうよ

うな自我の対象愛的な欲求がある。「寄る辺ない」幼児が父なる神に救いをもとめる欲求があるとすれば、これにたいして幼児の母性にたいする保護の欲求といえるかもしれない。「外的な対象」による自我理想の充足は幼児的な充足条件を満たすことにより自我の完全性が達成されるかのような錯覚をもたらす。このような同性愛リビードが影響している自我理想こそ、集団心理学のもっとも重要な要素であり、他者との「感情拘束」や快自我における「宗教的なエネルギー」が結束の強固な集団を形成させることのできる唯一の心的な状態なのだと思う。どのような宗教であろうと、イデオロギーであろうと自我理想は情緒面においてそれらを内面からささえる「恋着」感情であり、情熱である。「外的対象」を理想化する心理的機制は精神の自律性を喜んで放棄するという、心理的な「愛」の陶酔状態である。よくいわれるようにナチスを彷彿とさせるものであり、また全体主義の一要因を説明するものかもしれない。理性主義者にとって集団主義は近代人にはふさわしくないものであり、抵抗感を起こさせるものであるようだ。しかしながら集団形成という自我の表現形態は対象愛の一側面をあらわしているにすぎず、このシェーマのもつ意義を過小評価することはできない。他者への「やさしさ」は愛を継続させるためには不可欠なものであり、「対象愛」とは潜在的に誰にでも存在するものである。このような心的な状態はあらゆる人間に共通するものであり、それどころか共同体の機能とは社会にとっては不可欠である。無批判、従順、従属性、献身、ナルシシズムの制限といった対象愛の特徴を多くもつほど他者志向の「いい人」といわれる人ではないだろうか。しかも、リフトンによれば共同体と心理的に絶縁された個人主義は幻想であり、「退行」した精神をもつようにしかならないという。[36]だが、重要なことをつねに忘れないように心掛けなければならない。集団におけるリビード拘束の性愛化と非性愛化とを区別することだ。(本文111ページ)

　ともあれ、こどもたちの自我においては、これまでみてきたように、同性との濃密な一体感を実現するための外界における対象が不可欠である。対象愛に固着した自我は対象表象と一体化しているために自我の発達段階においては自己 - 対象となる外的な対象を必要とするようである。自我形成の早期において対象愛に固着した自我は外界の模範 Vorbild を理想として成長するが、個人として自我を形成するためにはナルシシズムと起源の対象愛は対立したものとならざるをえないだろう。おそらく、男子の場合ナルシシズムを対象愛に変転させるには集団に帰属する以外の方法でこの二つの対立を統合することは不可能なのかもしれない。

いずれにせよ対象愛の抑圧に失敗すれば、エロース化した対象愛は自我に対抗して症状を形成させることになる。当時の苛酷な外傷体験が本人の意識にはまったくのぼらないのは先にヒステリーの「抑圧」であると想定したが、対象愛の表象内容それ自体にエロース成分はないとしても、思春期の性の目覚めによって「再体制化」すれば対象愛は再びエロース化するだろう。おそらく、こどもたちの状態から推測すると「ナルシシズムの導入にむけて」で説明された自我理想が集団を結束させるものであり、母性由来の古型の archaisch 自我理想なのではないかと思う。第2章でも述べたが、母性であると仮定するのは父親が内在化されていないように思うからだ。立木氏がそのモノグラフにおいて述べているようにこの自我理想によって拘束された一次的な集団においては「原始群族の父」のような外的な対象が存在するのみであり、「内的な障害」は存在しないのだろう。

こどもたちの自我についてこれまで考えてきたことから総合すれば、対象愛の優勢な男性の自我は集団に帰属しなければ自己を規定することもできないだろう。翔太の友人関係のように自我理想を介した同性の対象関係であれ、集団の指導者が自我理想になるにせよ、男性が依托型対象選択によって異性へ恋着する以外は「病理的な結末」にいたる機能不全の自我、または共同体への依存性を排除できない退行した自我にしかならないことをフロイトは見通していた。つまり対象の理想化によって刻印された自我は「病理的な結末」、あるいはそうではないとしても外界に彼らの自我を受容するような共同体がないと存立しえない可能性をすでに理論化していたということだろう。フロイトがこのシェーマによって示したものこそがヒステリーの同一化の一つであるように思う。結局、「喪とメランコリー」においてナルシス的同一化と対比させたヒステリー的同一化とは、集団に帰属する以外には「対象愛」の固着が自我に対抗せざるを得ないのだろう。ヒステリー的同一化とは「愛情を意味しうるような連帯の表現」であるとフロイトはいうが、集団心理学とのつながりにおいて考察するべきものであるように思われる。

一次的な集団の形成を可能にする古型の archaisch 自我理想とは快自我の客体部分を占めるものであり、抑うつ的ポジションよりもさらに深い退行であるということを認識しなければならないようだ。フロイトが「集団心理学と自我分析」において終始一貫して強調しているのは一次的集団のもつ原始的な特徴である。あのシェーマはフロイトの徹底した理性主義を考えれば、ソフィスティケイトされ組織化された集団とは異なるものとしての一次的集団のもつ退行性を理論化し

たかったのかもしれない。エロースが善悪の判断を麻痺させ、外的な対象を崇拝する原始性が顕著であるような自我の状態とは、対象を理想化した自我の想像的な機能によるものであり、外界の現実を正確にとらえてはいない。何より対象の理想化とは危険をはらむものである。「外的対象」の理想化と欲動の昇華の区別をけっして忘れてはならないだろう。

　第2章において自我の特徴として示したように、同性愛傾向、集団親和性、対象の理想化とこれまでの考察を総合して考えると、このような対象愛的な自我とは対象発見の「二つの道」のうちの一つ、フロイトのいうナルシス型対象選択にあてはめてもよいのではないだろうか。転移神経症とナルシス的神経症の二つがつくる構造、つまり対象リビードとナルシス的リビードの関係からいえば恋着とパラノイアの二つが対極に位置するような構造を考えた場合、ナルシス型対象選択は恋着、あるいは転移神経症の極に位置すると考えたほうが合理的である。対象と一体化した自我を想定した場合、まさに「恋着」による感情拘束は本質的に同性愛リビードに支配されることになる。ナルシス型対象選択の説明が少ないのでわかりにくいが、ナルシス型対象選択が集団形成と同じ同一化に起源をもつと考えることができればそれはナルシス的神経症と同列にはないことになる。こどもたちの自我を追跡してきた結果、このような考えに至った。だから、ナルシス的同一化ではない、もう一つの同一化がもたらす退行は早期自我の分裂には変わりはないとしてもシュレーバーの症例にみられるパラノイアとは異なる「注察妄想」[37]として現われてくることになるだろう。この推論が正しいにせよ、そうではないにせよ、いずれにせよ自我が機能するためには集団、あるいは理想化された対象といった従属するための外的な対象が必要であるようだ。しかし、思春期にすでに自己‐対象の喪失が精神的外傷を負わせ、最終的にこのような青年たちがアパシーやひきこもりにしか至らないということはこのような自我は存続しえないことを証明しているかのようである。結局、フロイトのこのシェーマをみていると、こどもたちがそのような結果に必然的に至らざるをえないという悲しい現実を突きつけられているような気がする。フロイトがヒステリー的同一化と集団形成とナルシス型対象選択との間の関連性をどのように理解したかは不明だが、あのシェーマが描かれた前年に「快原理の彼岸」において死の本能の存在を演繹し、その2年後には「自我とエス」においてタナトスの優勢なナルシス型同一化しかないとフロイトが判断した背景には、二元論的な考察では自我理論を構築できないと考えたのではないだろうか。フロイトの理論は自我リビードと対象

リビード、ナルシス的神経症と転移神経症など二元論的に構成されているものが多い。だから同一化にも二つのタイプを想定したくなるのが合理的思考の習性だろう。現実にこどもたちの自我を考えるうえでナルシス的同一化ではない、もう一つの同一化を探索してきた。だが、このように、対象愛に固着した自我はヒステリーと同様に機能障害に陥らざるをえない自我であり、フロイト理論では破棄された幻の自我なのだ。フロイトは上記の三つのもの、ヒステリー的同一化、集団形成、ナルシス的対象選択、これら三つは愛に固着した自我であり、「病理的な結末」と退行にしか至らないことを理論化していたのだろう。時間を費やして翔太の自我を中心にして分析してきた結果、ようやく今はじめてこのことに気がついた。そもそも対象愛パーソナリティとはほとんど集団型パーソナリティと同義であり、言葉自体がすでに矛盾を内包する。これまでみたようにナルシシズムと対象愛はリビードの方向性が正反対であり、両者は葛藤を引き起こさずにはおかない。集団形成の力学は個人性 personality を消失させようとするだろう。メタサイコロジーにおいてこのシェーマの意味するものとはエロースとタナトスという二つの原欲動の機能において「ナルシス的同一化」の機制による対象の切断が同時に準備されていないかぎり、「恋着」とはリビード固着とほとんど同義であり、それがいかに強い退行的な力をもつかということが理論化されているのではないだろうか。

愛なき世界

　不登校のときのこどもたちの悲惨な状態は私にとっては今でも強烈な印象であり、そのまま時が止まってしまったかのようである。あまりに苛酷な状態を目の当たりにしていたが、それは本人の意識からは完全に追い払われてしまった。対象愛を明確化するために、ナルシシズムと対象愛という対象選択の二つの形態を対比させることによって考えてきたが、これまでの結論は次のようにいえるだろう。自我の発生には二つの形態がある。ナルシシズムと対象愛は「性的な特徴」に関連するものであり、それぞれを基盤として欲動の編成がなされると解釈した。結局、対象愛による編成は「病理的な結末」にしか至らないことがわかったが、「性的特徴」の基盤にある「本源的な自我感情」がつくる「世界」はきわめて重要なことを示唆するように思う。自我の二つの原初的な形態は「敵対的な」

外界か、あるいは「万物との一体感」による外界なのか、二つの異なる「世界」につながると同時に、世界において形成される二つの人格をも説明するものである。「万物との一体感」として強調されるように、自我の原初的な形態における対象愛とは、「世界」においても人格を考えるうえでもきわめて重大な意味をもつと思われるが、男性の対象愛固着は分裂した自己、人格の分裂を引き起こさずにはおかない。

　先の分析においては、人格が対象愛へ「転換」した可能性があり、それは素因的な固着によって生じたと考えた。たしかに翔太は潤二君と親友になる以前には自立的であり、しかもあまり友人に影響されない自律的行動をとっていたと思う。自分の好きなことを好きなように選択し、行動していたように思う。だから、こどもが変わったように感じたというのはナルシシズムから、もう一方の人格へ転換したことを意味するように思う。私の教育方針としてはつねにみずからの頭脳で考え、自律的に行動できる人間が目標であった。自立的な性格であったはずだが、親友との交際をきっかけにして性格が変わったように感じたのは対象依存的な人格へと転換したと考えることができる。だから、小学6年の転校時に10日間以上学校に行けないことがあったのは対象の不在が制止を引き起こしたからだと考えた。このようなことが起こるはずがないのに何かおかしいと思ったのは、後から分析してみれば、「二つの道」においていつの間にか一方の人格からもう一方の人格に「転換」していたと考えることができる。先の分析の特徴を示すために自立的な人格と対象依存的な人格と分類したが、言葉そのものが価値をふくんでいるために妥当な使用ではない。しかし、対象愛の特徴については第2章の自我分析において充分に説明したつもりだ。誕生からの成長の過程においては、幼児的な分離不安はあらわれてはいなかったのに、まるで分離不安が突如として出現したように感じた不可解な現象は対象依存的な人格に「転換」したことが想起痕跡に「不安」という「情動」を与えたからだと解釈した。このように考えることができてはじめて、不登校のような対象の不在が「自己-対象」の喪失として「外傷」となりうるということの説明がつく。幼児の頃には母との「分離不安」が問題となるような経験はなかったのだから、潤二君と交際するまではひとりで考え、行動することにはなんの支障もなく、当たり前にそれができていた。それが突然、対象と一体化した自我の状態に変化してしまった。翔太の自我が自律的な人格から「おどおどした」対象依存的な人格にかわったようにみえたのは「二つの道」における「転換」と考えることができる。固着の強い対象愛が

このような早期自我の対象関係の出現を生じさせたのだと思う。第2章の「自我分析」において解釈したように自律的な人格から対象と一体化した快自我の状態、しかも「大洋的な」感情として表現されるような対象愛が優勢な状態に転換した。ロマン・ロランが述べた宗教的な感情に満たされた「本源的な自我感情」は「ナルシシズムの永遠の復活」とは異なるものだ。万能の対象に包まれ、その対象にすべてを委ねることで永遠の至福のおとずれを微塵も疑うことなく信じることができるような心的な状態であり、外界を理想化している。ロマン・ロランのいうように教義とは無関係に外界との一体感情のみでも宗教的エネルギーとなるような心的な状態があるということだ。これまでのこどもの自我分析を総合させると、こどもたちの自我は強い固着のためにこのような状態になりやすいということらしい。だが、精神分析において「転換」konversion は異なる意味をもつものであり、このような人格の「転換」conversion について言及されたものをほとんどみたことはない。おそらくウィリアム・ジェイムズ（以下 W. ジェイムズとする）の『宗教的経験の諸相』に収集された多くの宗教体験がこのような「転換」を表現しているように思われる。「全被造物と一体であること」、神との一体感の到来とはおそらく自律的な人格から対象愛への転換と心理学的には同じものを指しているのではないだろうか。W. ジェイムズによれば回心 conversion とは新たな生への生まれ変わりであり、再生であるという。人格が変化し、新しいエネルギーと忍耐力があらわれ、「人間が新しく生まれるのである。」「人格的エネルギーの中心が移動すること、および新しい感情が燃え上がること」であるという。「受身的対象愛」にせよ「一次愛」にせよ、起源の対象愛が W. ジェイムズのいうような神との一体感という神秘的な体験に加工されるのは文化的な背景なくしてはありえないだろうが、これはあきらかに「敵対的」な外界ではなく対象愛に特有の「世界」の特徴である。

> 「霊が第二の出生をとげたという真の証しは、ほんとうの神の子の性質のなかに、すなわち永久に忍耐する心、**自己愛を根絶した心**のなかにのみ、見いだされる。」[38]（太字は引用者）

この著作において提示されたさまざまな宗教的経験の特徴、「神の僕」、従順、自己放棄とは対象愛の特徴であるナルシシズムの制限、対象の理想化などと一致する。ナルシシズムと対象愛という二つの対象選択によって形成される人格につ

いて考えてみればナルシシズムが基盤にある自立的な人格と対象愛による従属的な人格が意味するものはニーチェがいうような「主人道徳」と「奴隷道徳」[39]と同じものであるようだ。だが、ニーチェ的な思考を離れ、対比させた二つのもののうち、どちらを称揚するかは主体の視点によっては正反対の価値を与えうる。[40]対象愛を羊のように従順な奴隷とみるか、他者への愛を重視するかは見方次第である。コフートは「誇大自己」と「親イマーゴ」は交互にあらわれるというが、対象を意のままに支配する誇大自己と親イマーゴに依存する自己とでは「自己感情」や自己イメージにかなり大きな差があるどころか、むしろ正反対である。おそらく、どの人間にも自己の揺らぎはあるだろうが、基盤としての同一化が感覚的にもつ「本源的な自我感情」について考えた場合、対象愛とナルシシズムの二律背反は男性の青年期において人格の一貫性と連続性をもった自己同一性を形成することができないことになる。つまりこれはコフートがいうように「親イマーゴ」が「自己愛構成態」に属するのであれば問題はより少なくなるかもしれないが、やはりこの観点からいっても対象愛は大変な障害とならざるをえない。

　このように考えると、自立ということの意味を考えるとき、ナルシシズムを基盤にした人格には重要な要素となりうるが、対象愛的な人格にとっては何も意味をなさないどころか愛を否定するような要素になってしまう。まさにこどもたちの自我において孤立が「事後的」に精神的外傷になったのは対象愛のコンテクストに置き換えられたことによって生じたと考えた。フロイトの理論で考えれば、自律的な人格はエディプス的な特徴の顕著な自我であり、自我がイドを抑圧するのは当然のこととして超自我の強い衝拍にも負けないような自我である。ゼウスがクロノスを去勢するような強い自我であり、エディプスのライオス殺害はいうまでもなく、子が親を殺すことによって自我は存立しうる。このような親子間の闘いを象徴する自我の構造によってフロイトは「進歩」とは何かということを心理学的に説明している。[41]だが、対象愛が優勢であるとまったく異なる機能であるように思う。おそらく、原初期の自我理想の強い影響のために自我が脆弱で、従属的、他者依存的であり、自律的な発達とはおよそ異なるもののようだ。これまでみてきたように対象愛の優勢な自我は男性の場合、問題が多いことはたしかだろう。男子の場合には第二次性徴とともにナルシシズムが強く出た際に、対象愛的な女性性とナルシス的な男性性をどのようにして統合できるのだろうか。結局、翔太の自我においては二つの力の綱引き、おそらく自我リビードと同性愛リ

ビードの量的なものと関連するのかもしれないが、自我は同性愛リビドを抑圧しようとして、ひどい外傷となるような「自己の分裂」を引き起こしたのではないかと思う。

　母の印象では私はこども時代には大人しい優等生であったことは述べたが、とくに印象が強かったのはとにかくよく寝る子であったことらしい。自分でも中学時代によく寝たことを記憶している。電車のなか、あるいは帰宅後など自由な時間はほとんど寝ていたように思う。だが、3人のこどもたちと異なる点は私の場合、学校にはきちんと登校できたことかもしれない。かなり退行が深いとしても自我の機能はかろうじて保たれていたのだろう。こどもたちの場合は自我よりもエスの退行引力のほうが強かったということらしい。このような自我にあっては思春期において自我とエスの力動がかろうじてバランスを取りながら分水嶺の上を歩いているかのような印象であるが、多量のリビドは些細なことで自我のバランスを崩してしまうのだろう。

　また、ウォルターズによれば、アパシーの青年たちは「男性的攻撃性と女性的優しさ」の融合の失敗例[42]ということもできる。一次同一化が体内化であるにせよ、幻覚的同一化であるにせよ、もし一次同一化が男性的姿勢であればナルシス的男性性と拮抗することにはならないだろう。まさにこの「女性的優しさ」とは「受身的対象愛」、「一次愛」由来の女性性ではないだろうか。青年における「遷延された思春期」の問題は歴史が古い。ブロスによれば最初の指摘はベルンフェルトらしい。それほど歴史がある問題であるとすれば、輸入ものを徹底的に取り込んでいるはずのわが国で、未解決の異常な状態がなぜこれほど長く続くのだろうか。輸入はされたものの消化されていないということだろうか。

　いずれにせよ、どのような解釈がなされようと、やはり問題を生じさせるのは自我の起源における対象愛である。結局、自我における対象愛とナルシシズム、これらによる対象関係、分裂的ポジションから抑うつ的ポジションへの移行期に存在する固着点と原始的防衛との関係など理論を展開してきたが、これ以上の理論化は不可能である。それでも青年の自我についていえることがあるとすれば原始的な防衛によって病理的な構造化がなされている可能性は高いと思う。理論的には対象愛パーソナリティは「病理的な結末」にしかならないという結論に至ったとしても、それを素直に受け入れるわけにもいかない。理論を超えて現実的に対処する方法が必要であると考えるが、その方法においても理論は実践の基盤に

据えられるべきである。社会にコミットできないこと、「自分自身の現実の限られた才能について、幻滅に直面することが全くできない」[43]ことなどは「遷延した思春期」に典型的にみられる特徴であり、その原因を探ることなく社会への適応を強要することの無意味さを知るべきである。青年の危機をどのようにとらえるかという理論化の問題といかに対処するかという実践の問題、この二つは相即不離であるだろう。

　このように考えると、やはり笠原氏のいうようなアパシーは「精神病理学の介入なしには治療も予防も不可能な」のだろう。笠原氏の「スプリット」はコフートの「垂直分割」とは独立に笠原氏が臨床において用いていた概念であるようだ。[44]境界例、軽症分裂病に好発するような「縦割り型分割」には否認によるスプリットがあり、中心的自己からは隔たったところに否認、無視される、まとまりをもった自己があるという。治療においては二つの自分をそれぞれにニックネームをつけたり、特徴によって名前をつけたりして区別をするという。二つの自分は「突然不連続に、まるでテレビのチャンネルをかえるように簡単に切りかわってアクト・アウトにつっ走る」ようだ。そして「治療用概念としてのスプリッティング」としてクライエントの報告した興味ある「二つの自分」について述べている。クライエントは二つの自分をそれぞれ円で示し、かなり隔たった二つの円が次第に隔たりがその半分くらいに縮まり、最後に少しずれて重なるまでに近づく様子を図で説明したという。二つの自分は最初は遠く隔たっているが、治療が進むにつれ次第に隔たりが小さくなり、最後には重なるところまで近づいたということらしい。

　現在の青年の心的な状態についてこれまで述べてきたが、時とともに病因からは遠ざかってしまった。本人も「情緒的ひきこもり」のため自分の内面観察ができないようだ。援助を拒否する態度は原始的防衛の中核的な特徴なのだろう。これまでの分析をひきこもりという社会現象にまで敷衍して考えることを許されるなら、ひきこもりやアパシーの青年たちをどのように理解するかということが問題の本質であり、社会への適応の問題として矮小化することの危険性を認識するべきである。青年たちが治療的介入をもとめるか、それを拒否するかは重大な相違であり、前者のようなものであればこの問題がこれほど厄介なものにはなっていないだろう。もし無意識が原因であるとすれば、本人でさえ自分の状態を理解することは不可能である。そのような状況でこころを閉ざしてしまった青年たちの心的な状態の本質をおとなたちは真剣になってとらえようとしているだろうか。

不登校の時点において何が起きたのかを探ることなく、青年の自己責任論や母親の共感不全を原因とするような説明は論外である。精神的外傷が厳密には何だったのか、病理的な防衛がどのようになされているのかは精神分析の専門家が本人の自由連想から分析する以外には把握できないだろう。最終的に一応の結論として、ひきこもりやアパシーは対象愛とナルシシズムの葛藤を防衛するための構造化であると理論化できると思う。ウォルターズによればアパシーとは「男らしさの形成をめぐる解決しがたい葛藤」にたいする「原始的な心理的防衛」である。「社会的な用語」のアパシーと「診断的な用語」のアパシーの境界線がどこにあるのかはわからないが、自然に回復する場合や自力で乗り越えられる場合とは異なり、おそらく防衛として早期自我の分裂が生じた可能性は大きいだろう。不安感や苦痛の欠如のためにひきこもりやアパシーの青年たちへの積極的な介入は困難であるようだが、おそらくは「病的自己愛的防衛組織」と同じように構造化がなされているように思う。それは対象との分離や依存にたいする防衛であり、「自己愛構造体」において対象と融合した自己は万能、全知であり、攻撃性が理想化されるために「対象に援助を求めることは弱いこと、憎むべき悪いこととして体験される」[45]という。原始的防衛の一つとして「病理的組織化」されたものが「自己愛構造体」であるのにたいして理論的には対象愛構造体といえるかもしれないが、内容としてはほとんど同等のものと解釈できるだろう。自己愛構造体の「悪性度」と人格の「分割の永続性」は「死の本能と羨望」の強さに比例するという。このような青年たちを社会に適応できないパーソナリティの青年たちと誤解すれば「永続的に組織化された」病的な防衛は、「精神病的崩壊に至らないが、人生を空虚で非生産的なものにとどめてしまう」[46]だろう。理想化の強い「自己 - 対象」関係において同性の対象は自己の客体であり、フロイトの用語に置き換えると自我理想である。同性愛リビードは自我理想を維持するためには不可欠であり、リビードの対象備給が自我理想の機能に関連してくるようだ。対象の不在によるリビードの撤収がもたらす自我への被害は想像以上に大きいかもしれない。J. シュタイナーはシュレーバー症例においては対象の不在がリビードの退行と関連する[47]ことを述べているが、対象の不在は自我理想からのリビードを撤収させ、それが自我理想の退行につながり「注察妄想」を生じさせると考えることができる。しかし、ひきこもりとなると検閲する内的な他者からも「退避」retreat してしまう状態かもしれない。青年たちの示す「情緒的ひきこもり」とは外部「世界」からリビードを撤収させてしまうために、元来は「万物との一体

感」をもたらす外部「世界」は完全にくつがえり、「悪い対象」に占拠されてしまったようだ。外界からひきこもる自閉性や現実からの疎隔は結局、外界にたいしても内界にたいしても何もみえない、あるいはみようとしない心的装置内の機能不全の状態にまで退行してしまうのかもしれない。社会にたいして何も訴えることのできない青年たちの「ひきこもり」は愛なき世界にたいする消極的な抵抗なのだ。「空虚感の中にあるアパシーの患者は、うつ病患者のように、外界から愛情をつかみとろうとしているのではなく、そのかわりに、外界が彼らの求めるものを有していないとして、外界を拒否してしまったのである。」青年たちは「愛とか、励ましとか、適合感をもたせる何ものかが与えられる場合にしか舞台へもどらないであろう。」[48]

最終章　精神分析の彼岸（人格と世界）

「亡びるね」と翔太はいう。これは「広田先生」の言葉ではない。「でも多額の財政債務によってデフォルトしたとしても国自体がなくなることはないと思うけど」という私にたいして翔太は「日本は消滅する」と再度同じことを繰り返した。一見したところ会話は論理的で奇妙なところはいっさいないので、父親が翔太のこころの健康を疑うことがないように、健全な青年であることを疑う人はいないだろう。病理の中核をなすものがはたして「病理組織化」であるのか、すなわち「病理組織化」が防衛となっているため他の人格部分の破綻を免れているのか、あるいは自我に損傷を与えたのか、青年たちのこころの状態の直接の分析がなされていない段階で、推論のみでは正確なところをとらえることはできない。またひきこもりとアパシーの青年たちの精神内界がどのような状態にあるのか、空間や時間概念が具体的にどのように障害されているのかわからないが、翔太の外界には現実にこのような「世界」しかない。おそらく「万物との一体感」をもたらした世界は収縮してしまったかのようにみえる。ピアジェによれば時間概念はアプリオリな形式ではない。カントのいうような「内的感官の形式」[1] であるとしてもこどもはそれを発達の過程において体験を重ねながら構築しなければならないという。またエリクソンは詳細な説明ではないものの「遷延された青年期」の極端な例では「時間体験」に極端な障害が生じることを述べている。[2] 空間概念についていえばピアジェは4歳頃までのこどもの空間はトポロジー空間であるという。[3] 空間も時間と同様、こどもが活動することによって個人の精神内で発達させる思考過程の産物であり、構成される概念である。やはりアプリオリな形式ではない。

同様にウェルナーは文明化され知性化された成人が客観的で抽象化された時空間概念をもつのにたいして、こども、非文明人、精神障害者は自我、および身体に密着した原始的、自己中心的（非客観的）[4] な時空間概念であるという。パラノイアにおいて「世界没落」が生じるように時空間概念は精神の様態をあらわす枠組みのようなものとして考えることができるとすれば「対象愛」が外傷をこうむることにより時間、あるいは空間の概念構成において原始性への退行が生じて

いるのではないだろうか。外界が主体から切り離された幾何学的─物理的な空間概念や、また時間が量的に規定された抽象的時間概念ではなく、原始的な時間・空間に退行した可能性がある。翔太は「幻滅に直面することができない」[5]ため合格可能性のないトップレベルの大学に挑み続けるという現実離れした決意を変えることができないようであり、自分自身の置かれた状況を現実的、客観的に判断できないようにみえる。過去から将来への一連の時間の流れを一貫性、連続性のある纏まったものとして考えられないようだ。そのような時間のなかで自分が時間的にどこに位置するか、つまり視点を自分から離して人生、あるいはもっと長い時間の流れのなかに自分を位置づけるということができない。いずれにせよ青年にとって一体化をもとめた外部の「世界」は消滅したということらしい。

【人格構造】

　これまでの分析において、非精神病性の無気力状態とは、「対象愛」という自我の原初的な形態と発達経路を体現する個人に発生した問題であると考えた。「欲動対象の発達」の起源における一つの愛の形であり、欲動目標の発達とは区別しなければならないようだが、両者がどのように関連して発達するのか、観察からは何も得られなかった。また、症状形成というほどの状態にまでは至っていないことが、青年たちの危機をとらえることができない理由の一つかもしれないが、現時点では実際に自我の防衛と自己の損傷がどのような状態にあるのか不明である。とりあえず分析の結果を組み立て、「対象愛的な人格」というものがはたして可能であるかどうか総合的に推論する。

　コフートは「自己愛構成態」における発達の経路として二つの構成態について詳細に説明したが、バリントのいうような対象愛の発達経路を否定した。すでに強調したようにコフートの臨床研究は「自己愛構成態」という「自己愛」パーソナリティの原初的な形態である。それは後に心的構造が形成される過程において自己‐対象の変容性内在化がなされた場合、成人のパーソナリティにおいては発達した対象愛が内包され、自我の統制に応じて対象備給される。自己愛と他者への愛、また性愛リビドと非性化されたリビドは複雑に絡み合い、成人にふさわしい発達した対象関係にいたる。けっして対象愛自体を否定しているのではない。ナルシシズム、自己愛という言葉自体が価値を含むような印象があり、それらはエゴイズムに偏っているような印象を与えるかもしれないが、むしろキリスト教の文化圏においては、ナルシシズムよりは対象愛を尊重させるよう

な文化的な要請[6]があるとコフート自身は述べている。ようするに人格を価値によって判断することは避けなければならない。人格を構造とその関連から考えている。しかしながら人格とは何かということになると定義は容易ではない。広辞苑によれば人格とは「人がら。人品」であるが、「道徳的行為の主体としての個人」、「法律関係、特に権利・義務が帰属し得る主体・資格」といった場合には、品性や人柄よりは、個人や主体に重点がおかれる。心理学的には「パーソナリティに同じ」とされているので、「パーソナリティ」を調べると「性格とほぼ同義で、特に個人の統一的・持続的な特性の総体」とされている。また、その他おもに精神分析的臨床知見の集積から、パーソナリティを、自我という「中枢執行機関」[7]をもつ自己の様態の全体としてとらえられるかもしれない。また、心理学的な定義として「精神・身体的なシステムとしての個人内力動機構 dynamic organization であり、環境に対する独自の適応を規定するもの」とされる。(Allport, G.W.1937)[8] さらには、このような定義とは別にエリクソンやコフートなどの記述からも参照できる。コフートの定義を再び思い返すなら「自己」とは精神装置の内容であり、自我の抽象化された構造体よりもさらに意識に身近なレベルにある。また「自己愛構成態」とは幼児的本能備給によって構成される「蒼古的」で未発達な「自己」である。パーソナリティやアイデンティティは精神分析由来のものではないとコフートはいうが、「快楽自我」の様態はパーソナリティの構造に深く関連していると考えることはできる。ただ、素因的な固着など性的体質が自我に強く作用する場合に限定されるかもしれない。さらにエリクソンの定義したような自我の心理社会的側面としての同一性は、人格を構成するもっとも重要なものであると思われるが、同一性形成よりも「凝集的な自己」の重要性をコフートが教えてくれた。精神分析の延長上において考えるとすれば、人格とは自我が欲動にたいしておこなった多彩な防衛機制の結果としての表現形態として考えられるかもしれないが、概して個人の性格というよりは「人の精神全体」[9]としてとらえるのが妥当なようだ。簡略に説明しようとすれば自我によって構造化され、「自己」によって表現される「精神全体」であると考えることもできるだろう。自我の機能そのものについての考察ではなく、その結果として生じてくるもの、たとえば思考、感情などの「こころ」の観念内容のほか知性、および態度や行動が考察の対象である。

　これまでの自我分析から次のような人格構造を想定した。基本にあるのは分析結果とコフートの「自己愛構成態」である。さまざまな人格類型があるなかで自

我の発生からどのような人格が発展するのか、双極の構造体を考えることができるように思う。一つの起源から二つの形態、対象愛とナルシシズムが発生する。すなわち共生段階の快自我とは根源においては無論一つの自我であるが、それは自己と対象の「非分化」な状態であり「一次的ナルシシズム」にも「幻覚的全能感」にも解釈できる[10]。とすれば「一次的ナルシシズム」と「幻覚的全能感」が硬貨の表と裏のように表裏一体となった構造を仮定することは可能だろう。さまざまな人格が類型化されうるなかで、対立する二つのものが表と裏の関係にあるそれぞれの人格構造を仮定することは不可能ではないだろう。起源はあくまでも一つであるが、二つのものが区別できないような状態で互いに捻じれて表になったり裏になったりしながら構造化されているものを想定している。無論、これは極端なかたちに図式化したものであり、ナルシシズムと対象愛の要素は区別しがたく混在するだろう。だが、人格のレベルでは自我の構造化に応じて「二つの道」の違いを判断できるように思う。対象愛とナルシシズムはそれぞれの「性的特徴」に起源をもち、リビード発達の各編成段階において、二つのうちのどちらかを選択しながら自我の体制化を促進させる。性的体質と性的特徴という素因は外界からの影響との相互作用によって自我を構造化する。欲動の編成は自我の組織化に直接に作用するものであり、人格を構造化するが、「欲動変転」は自我の構造体よりも外側のレベルにあると考えた。自己への愛と他者への愛という外部の対象関係にともなう備給は、自我の構造化に応じて生じてくるのだと思われるが、それは自我構造体の内部にもつながる。リビードの編成段階において、対象選択は自己か対象かいずれか一方である。したがって一方が選択されれば他方は抑圧される。ナルシス的な編成に支えられた自我は同一化という基盤と欲動の自我への撤収という方向性が一貫した構造であり、自律的な対象選択が可能である。しかし、対象愛は基軸の不安定さから外界における対象関係に敏感に反応し、自己愛的な側面と対象愛的な側面がふらふらと他律的にあらわれるだろう。これまで説明したような欲動の編成の不安定さから、ナルシシズムにも対象愛にも転換しうるような構造を仮定する結果となった。外界の対象関係に応じて潜在的な部分が顕現する。しかしながら通常、現実生活においては他者のためは自己のためであり、自己のためは他者のためであり、結局どちらがどちらに奉仕しているかは見分け難く混在するだろう。このような二つの類型化はあくまでも道具としての概念であり、人格構造において、一つの分析軸をもちこむことにより錯綜し混在する要因を明確化することにつながるだろう。

最終章　精神分析の彼岸（人格と世界）　　201

　これまでの分析では曖昧なままナルシシズムと対象愛を対立させてきたが、再度整理しなければならない。フロイト理論から心的装置の内容として形成される人格構造においてある一つの人格を浮かび上がらせることができる。「依托型」の男性の人格である。（本文161ページ）このような人格を形成する自我機能とは「喪とメランコリー」に記載された、対象愛に先行するものとしてのナルシス的同一化であり、それは最初の感情「拘束が自我の主体において着手されるか、それとも、自我の客体において着手されるかの違い」による二つの原初的形態のうちの前者である。さらにはもう一例をあげるならシュレーバー症例における説明、「自体性愛から発して対象愛へといたる途上に存在するひとつの段階」としてのナルシシズムである。このような人格の発達において自我の形成と構造化に関与する特徴的な機制は「同一化」と対象選択におけるナルシシズムであるが、より詳細には次のような自我の構造化を想定できるだろう。①自我の起源：一次的ナルシシズム、ここには太古の父への一次同一化が含まれる。②欲動の編成：ナルシス的編成という欲動の編成を意味するものである。③そして最後は欲動変転：対象との関係における備給のレベルでの自己愛 Selbstliebe としてのナルシシズムである。このように解釈するとこのタイプの男性をナルシス的と形容したくなるが、フロイト理論において「ナルシシズム」は首尾一貫した明確な定義を拒絶するものである。「みずからを愛する」という特性にしても多義的であり、それはたとえば自体愛、二次的ナルシシズムにおける同一化機制、欲動の「運命」、乳児期の対象選択、思春期の対象選択などの混在から生じるように思うが、曖昧な意味の混交を避けるためにエディプス型人格とよぶことにする。なぜならレオナルド・ダ・ヴィンチはフロイトのナルシシズム論においては枢要な役割を果たしているが、「二つの道」という観点から考えると上記のような人格として考えることはできない。母に同一化している。（本文162ページ）つまりそれは人格構造からいえばエディプス型の人格ではないということになる。

　レオナルド・ダ・ヴィンチについては該当するかどうかわからないが、こどもたちの自我分析を総合すると、自我発生の原初期から対象愛の発達経路というものを仮定することができるような人格が現実に存在する。それはエディプス型の裏面に潜在するものであり、むしろ対象愛人格とでも命名したいような人格類型、というよりむしろ、集団型と呼ぶほうが妥当であるかもしれないが、そのようなものを仮定せざるを得なかった。マーラーの「共生段階」は一次的ナルシシズムと幻想的全能感のどちらにも解釈できる。私はこの段階ですでに対象愛が存

在し、この時点での幻覚的全能感がその後の発展に根源的な影響を及ぼすと考えた。この幻覚的全能感はフェレンツィの「受身的対象愛」であり、「心の性的特徴」の女性的姿勢を示すものではないかと思う。人間は両性の素質をもつことに特徴があり、潜在的女性性はどのような男性にもあると考えれば、ナルシシズムの裏面に潜在するのは女性的姿勢であると想定することができる。前性器的対象選択の段階では男性と女性の対立は存在せず、能動性と受動性の対立が後に男性性と女性性の対立に「半田づけされる」[11]と記しているので、二つの人格の類型化を「男性的姿勢」と「女性的姿勢」の区別によって性格づけることは可能だろう。フロイトは「性理論のための三篇」において「男性的」、「女性的」という概念を生物学的、社会学的、能動性と受動性の対比の三つの意味において考えたが、精神分析においては最後のものが重要であるという。複合する分析要因を探り出すのに女性的、男性的という区別はわかりやすい目印となるかもしれないが、人間の個体は生物学的な異性の特徴を兼ね備える両性具有であり、心理学的にも能動性と受動性が結合したかたちで存在する。結局、「心理学的な意味においても生物学的な意味においても、純粋な男性性、あるいは女性性のようなものはない」[12]のであり、人格を男性的、女性的と形容するのはきわめて明瞭ですっきりした理論化になると思うが、生物学的、社会学的な要素とは区別するためにあえて使用しない。また現実には人格形成は環境に大きく依存するため、総体としての人格は自我の防衛機制と同一化や対象関係が複雑に作用した結果であり、それについて考えるのは個々に分析するしかないが、さしあたり二つの人格に区別することは「こころ」を多少とも理解することにつながるかもしれない。フロイトは理論を推移させてゆくなかで、最終的に「自我とエス」において、超自我、エスを圧倒的に支配する強い自我を鮮明に描出したことでそれまでのさまざまな理論を収斂させているようにみえるが、自我の起源についてはほとんど触れられていないにひとしい。だが、私が人格の構造化を仮定しなければならないのは、自我の発生において、性的体質と性的特徴が人格の形成に潜在的で重大な痕跡を残すことの重要性を強調するためである。そのためには欲動編成の基盤となる「性的特徴」（おそらくは一次同一化）と欲動の量的な問題を引き起こす「性的体質」とを区別して考えなければならない。

【性的特徴】
　自我の発生には、起源としての二つの形態、幻覚的全能感と「太古の父」との

最終章　精神分析の彼岸（人格と世界）　　203

一次同一化があり、それに影響されるかたちで欲動の編成がおこなわれる。以前にウサギと仔猫の私の夢について述べたように、幻想的一体感、すなわち何かに包まれた空想とは自己の起源において自己感情を規定し、原初期の「欲望」によって自我の装置に根源的な影響を与え、無意識のレベルで主体を特徴づけているようだ。私の夢における「幻覚的欲望成就」とは原初期の快自我がつくり出したものであり、自我はその想像的な機能に大きく影響され、あらゆる思考が対象との関係における充足を欲求する方向に向いていたことになる。しかし、それは現実に主体が体験したであろう「物的現実性」[13]とは異なるものであり、「現実自我」とは区別されなければならないだろう。ことに対象愛の場合には受動性が強いために、不充足が要求へと行動化するのではなく、睡眠、あるいは空想による幻覚的充足に向かう。残念ながらこれ以外に一次同一化の内容については述べることのできる成果はほとんどないというのが実情である。夢解釈から人格の起源について考えることはできるかもしれないが、無意識の内容について素材、資料が不足であるため、これ以上は探索できない。精神分析理論を構造的に理解し、比較方法論的に類推しているために、自我の発生において個人がどのような幻覚や欲望をもつのかという問題を深く追究することはできないからだ。だが、少なくとも二つの「性的な特徴」を区別する一次同一化が、人格の起源に関連していると考えることはできる。なぜなら「性的な特徴」の起源となるものが幻覚的全能感をふくめた一次同一化以外にはその特徴を示すものは見当たらないからだ。幻覚的全能感が女性的姿勢の起源でないなら自己の分裂や葛藤は起こりえないだろう。太古の父との同一化は男性的姿勢であり、幻覚的全能感は女性的姿勢ということになる。

　一次同一化は「直接的かつ無媒介的」同一化であり、後の発達過程における対象選択とは区別するべきなのかもしれない。結局、一次同一化と対象選択の起源とを区別できる要因を見出すことができないため「性的特徴」が前者であるか、後者であるのか区別できないが、「もともと、個人の原始的な口唇期においては、対象備給と同一化はおそらく区別不能な状態にある。」[14]とフロイトは述べていることから、同一化と対象選択の混合である最初期の自我を四つの完全なエディプスコンプレクスの前駆体として考えることもできる。しかし、逆に一次同一化は「いかなる対象備給にも先立つものである」[15]とも述べている。結局、よりたしかな帰結は次のように考えるべきだろう。最初の感情拘束が「自我の主体において着手されるか、それとも、自我の客体において着手されるか」の二つの形態に

おける自己感情が、無意識の欲望となり、原初期の状態を再現しようとするため、備給の方向性を決定し、対象発見の二つの道につながるのかもしれない。

　また、翔太は以前には私によく話してくれたものだが、内面における「こころ」の動きをとらえるような内観ができないようだ。あるいは他者にたいして「こころ」を閉ざしてしまったせいかもしれない。これも「情緒的ひきこもり」によって生じているように思われるのだが。したがって、現在の本人の分析からは何一つ得ることができないので、これまでの分析結果と自分自身をもとにして構築する人格構造についての仮説である。

　これまでの分析結果をもう一度確認すると、ナルシス的編成には「基盤」が存在するが、対象愛に基盤をもつ男性は「病理的な結末」や「病理的ゆきづまり」を引き起こす。「対象愛とナルシシズム」という二つの起源からの発達が「二つの道」として存在すると思われる。「ナルシス的な編成」の場合には同一化の機制が発生から発達の過程において一貫して自我の拡大を促進させ、欲動は自我の発達と整合的に編成されるだろう。これにたいして、対象愛の幻覚的全能感が起源にある場合には、これまでみてきたように、自我の発達とリビードの発達が体系的に組み合わされているようにはみえない。一般的な自我構造を描くことは不可能なようだ。したがって、欲動の編成が可能なのはナルシシズムのみである。一次ナルシシズムが基盤にある場合にはナルシス的な特徴が起源から自我の体系化まで一貫して自我の総合過程をたすける。それに比べて対象愛は起源にある快自我のみが明瞭な形態であり、その後の発達において自我の体系化・総合化は不可能である。これまで何回となく説明してきたように、これは共同体を構成するための要素であり、共同体の遺物であり、「個」の確立を妨げているのがこの要素なのだ。「リビードの系統発生からの遺伝的沈殿物」としての自我は集団志向的で蒼古的であり、自律的な自我の統制に服するのではなく、外部世界の対象に他律的に影響されやすい。

　自我の発達とともに人格は次第に形成されるが、同一性と同様に人格においても斉一性と連続性は健全なパーソナリティの条件である。[16]思考形態、行動様式などは統一性と一貫性をもとめられる。表裏の関係にある二つの人格を想定したが、人格の中心がどちらか一方であれば問題はより少ないかもしれない。ところが、そのようにはなってはいないようだ。自己愛的な側面と対象愛的な側面の双方が他律的に現われると述べたが、これはまさに私自身の自我構造であり、こどもたちの自我も同様であるのだと思う。自己愛的なパーソナリティによる構造化

とは異なるものである。とはいえ対象愛の特徴である受動性が強調された人格とはけっしていえない。以前に検討（本文154ページ）したが、肛門的編成段階のナルシス的な性格が顕著である。すなわちナルシス的な性格と対象愛の双方が並列しているように思う。肛門的性格である頑固、わがまま、我執といった性質と気弱、遠慮がち、ひきこもりがちで受動的な部分が共存している。すなわちこころの性的特徴として男性性と女性性の両方を併せもつことに問題があるようだ。たぶん、このような併存は W. ジェイムズが述べた特徴とまさに同じものである。それは「分裂した自己」、「異質混交的な人格」[17]として例示されたものである。

　　「私はいつも実に奇妙な、弱さと強さとの混交でした。」「娘の頃には、私は見知らぬ人たちを避け、自分など用もないし好かれもしないのだと考えるのがつねでした。」「公衆の前では勇敢な闘士でしたが、個人的には臆病者でした。」「壇上でなら、反対に会うと最善をつくして抗論するのに、冷酷な一瞥か一言をあびると、もう私は、カタツムリが殻のなかに閉じこもるように、自分のなかに閉じこもってしまうのでした。」

【性的な体質】
　一次過程、すなわち快原理の彼岸に何があるのかという問題は、自我のみならず人格をささえる精神構造にも強く作用する可能性があるようだ。それは抑圧の失敗として現われることが多いが、思惟形態の特徴にも現われる。それが対象可塑的、外界変容的に形成されるか、受動性が強調され自己可塑的、自己形成的に形成されるかは二つの性的特徴に対比させることができる。第3章でバリントのフィロバティズムとオクノフィリアについて検討したように自我促進的なのか、それとも「自立的な自我の発達はおろそかになる」のかという基底欠損のケースは「一次愛」の外傷的派生形態であるが、「誰しも外的現実とおのれの内的世界とをある程度ない混ぜにしている」というように、自己と世界との関係は自我の起源に刻印された性的特徴に強く影響されるのではないだろうか。すなわち、バリントが述べたフィロバティズムとオクノフィリアの「世界像」は病的に現実を歪曲するが、たとえ症状形成には至らないとしてもナルシシズムと対象愛における自己と世界との関係は現実を否定し、新たな世界を創造するのか、それとも現実を否定せず逃避するのか、すなわちこれら二つの相違は外界変容的なのか、自己形成的なのか異なる形態になるのではないかと考える。つまり誰でも精神内界

はどちらかの傾向にあると考えることができるように思う。自己分析をするなら、起源における「欲望」Wunsch がこれほど強調され、それが一生ついてまわるように感じるのはあらゆる思考が多量のリビードに影響されているせいかもしれない。多量の欲動量が作用する場合ことに顕著な形態が現われるのだろう。最初に対象愛理論の確立へと導いてくれたのはバリントであったが、理論として整合的に検討することができるのはパラノイアと恋着の対立構造である。自我の抑圧に対抗する諸欲動は自我を崩壊させ、その崩壊を修復するかのようにパラノイドの思惟形態において顕現する。思惟内容と思惟形態とを区別する必要があるが、後者は症状形成と同様にナルシス的な習性をもった自我リビードの表現形態と考えられる。シュレーバーの妄想の内容についていえば世界救済のためには自分は女性にならなければならないという女性性の表現されたものであるが、思考形態においては「救済者妄想」という「宗教性パラノイア」[18]に特徴的なものであり、外界変容的 alloplastisch に世界を構築する。たとえ自我崩壊に至らなくても多量の欲動量は「性的特徴」を強化させ、思惟形態においてあきらかにその顕著な特徴を示すと考えることができる。たとえばフロイトやニーチェはアッシジの聖フランチェスコ[19]のようにはならない。また、私とこどもたちはニーチェやフロイトのような思惟形態にはならない。このような特徴は自我リビードと対象リビードのバランス、すなわちナルシシズムと対象愛の特徴によって生じるものであり、性的特徴ではないかもしれないが、先に述べたように起源における同一化と対象備給の関係を明確にすることができないため、自己か対象かの対象選択が性的特徴の起源にかかわるのか否か判断できない。同一化と対象備給が一体化しているとすれば、このような人格と思惟形態を男性的、女性的と表現することは可能であるとしても、自我の二者択一的な体系化から必然的に生じる世界の二分化は無用のものだと考えるので、あえて言明しない。説明は次のとおりだ。

　フロイトの理論においてはパラノイアと恋着を両端においた構造を仮定することができるが、この対極的な構造を理解するうえで、ウィニコットが早期の自我についてより詳細に考えることのできる図式を提供しているように思う。ウィニコットによれば「自己の統合」[20]が達成されるためにはパーソナルな要因と環境要因の双方が不可欠であることを説明している。正常な場合には「自己の統合」にはパーソナルな要因と環境のケアの双方から自己の統合がなされ、「精神は身体に住みつく」という。ウィニコットの理論でいえば一方の端にいくほどパーソナルな要因が強調された「パラノイア」傾向であり、反対の端は環境要因が強

調された「無邪気さ」の傾向が強くなる。パーソナルな要因とは何かという解説が必要であるが、性的な体質や生来的な素質とは無関係な、乳児の本能にたいする経験のことである。一方の極端においてはパーソナルな要因が強く迫害的な不安に巻き込まれているため、非常に早期のパラノイア傾向が出るが、環境によるケアーによって「自己は寄せ集められる。」それにたいして、もう一方の極端に位置する環境要因のほうが強いと「迫害されるという予感は比較的少なくなるが、それに代わって無邪気さ（naïveté）の基盤ができる。なぜならば、それには迫害を予感する能力に欠けているからであり、良い環境の提供するものに依存することを取り消すことができないからである。」快自我の充足体験が強ければ対象欲求は強くなる。それに反し、乳児の本能への反応が強調される場合にはパラノイア、すなわち未統合が現われやすいが、そうならないためには good　enough mother によって安心して抱っこ（holding）[21] されることが必要であるとウィニコットはいう。

　ウィニコットが述べたのは自己の統合には二つの要因が不可欠だという理論だったが、私が強調したいことは欲動が多量である場合の固着の可能性である。死の本能を多量にもつ個体とリビードを多量にもつ個体を両端においたような「性的体質」の構造図式（本文 129 ページのボウルビィの記述における１と２を両端に設定したような構造）を描くことが可能である。ウィニコットの理論はクラインの抑うつ的ポジションが基底にあるようだが、死の本能のほかに多量のリビードが作用する可能性があり、素因となりうる固着点はパラノイアだけではない。素因的な固着はパラノイアの対極に位置する多量のリビードによって刻印される可能性がある。図式の右端は環境要因のみではなく、性的体質によっては対象依存的な固着をつくりやすいということになる。ウィニコットの「自己の統合」の理論は早期の段階への退行を考えるには不可欠な理論であるが、さらにはこの理論を延長して二つの欲動の固着の可能性という新たな視点からみることができるだろう。

　フロイトによれば固着や外傷体験をつくりだすのは性的な体質と環境要因との「相補的系列」である。結局「遺伝的な性的体質」が強ければ些細な体験であっても容易に固着をつくるだろう。発生期における二つの原欲動の多量は二次過程によって非性化されるのは容易ではないだろうし、また首尾よく防衛されたとしても消失も吸収もされない。無論、素因のみが作用するのではないということは何度も繰り返したことであるが、性的体質が強い場合にはその特徴が現われやす

いだろう。一次過程の対象固着を問題視するフロイト、奴隷道徳を徹底的に否定したニーチェは死の欲動の機能のため自我促進的、外界変容的である。なぜなら乳児が最初に体験した不快の感覚が、一次過程にたいする自我の制止を発達させるからである。「心理学草案」によれば「不快」による最初の "$Q\eta$" の放出のなかに自我の一次防衛のための支出の源泉があるという。[22]

　これにたいして多量のリビードの場合、快自我の固着には二つのケースがある。ナルシス的な「性的特徴」によって充足欲求が強い場合は「自己愛的同一視」によって自己と対象の自我境界がなく、対象と一体となった状態である。これは小此木啓吾氏のいう幻想的一体感の快自我に相当する。「リビドーの自我への退行」がメランコリーを発症するケースである。（本文 97 ページ）他方、「対象愛」によって対象と一体となった幻覚的同一化は対象に抱かれた状態であり、「大洋的な感情」の快自我である。「文化の中の居心地悪さ」におけるアッシジの聖フランチェスコは女性的な人格を代表することになる。

　どちらにしても快自我の固着はなんらかのかたちで「運命」を背負わせることになるだろう。具体的には養育者の熱心な育児にもかかわらず、あくなき充足をもとめるような欲求に一生つきまとわれるかもしれない。もし「共生段階」において一体感による大きな充足感が自我の出発点にあるとすれば、これに相反するような対象関係は外傷的にならざるをえない。「大量のリビドの要求」が大きければ大きいほど、充足されなかったときの失望は大きい。また満たされても満たされて飽き足らない要求の執拗さがある。本能の量的な遺伝、性的な体質は対象関係によっては是正されず、イドを陶冶するのではなく、逆に母親や父親など、養育者のほうががイドに従わねばならないということになる。起源の「自己」において多量の欲動量は性的な体質に影響を与え、固着を誘発しやすい。

　欲動量による性的体質は無視できないほどの潜在力をもつと考えるが、多量のリビードによってさらに強められた性的特徴は、人格に決定的な刻印を押しているのではないかと考える。すなわち恋着とパラノイアという対極構造をつくるものは多量の欲動が作用した結果であることを否定できないのではないだろうか。もっともここでも素因のみが作用するのではないことを強調する必要があるにしても、それも一つの原因になりうるだろう。シュレーバー症例で検討された「素因位置」としての固着が手がかりを与えてくれた。結局、「性的特徴」の二つの形態とは「自身の自我を性愛的に過大評価する」のか、あるいは対象を性愛的に過大評価するのかという二つの対比である。それは抑うつ的ポジション以前の理

想化の固着点が影響する可能性が高いことについては以前に述べた。結局、恋着とパラノイアとは対象愛とナルシシズムという性的特徴の相違を多量の欲動量の作用によって、より極端に浮き上がらせた結果であるように思う。一次過程における素因的な固着は自我の抑圧に対抗する欲動と結びついて強化された場合、抑圧されたものの回帰へと至る。それは「性的特徴」の二つの対照的な形態をとる。死の欲動が多量に停滞した場合に自我は外界変容的 alloplastisch に症状を形成し、他方、多量のリビードが停滞する二つのケースのうちの「女性的姿勢」の場合、自己形成的 autoplastisch な症状形成となる。ナルシシズムに典型的な例はシュレーバー症例にみられる「世界没落」であり、「回復の試み」として外界変容的に世界が再構築されるパラノイアである。他方、こどもたちの自我分析で示したような早期自我の対象愛的な外傷は自己可塑的に分裂し、その結果として「悪い対象」に支配された世界に覆われてしまい自己の世界を消滅させるのではないかと推測される。

【ナルシシズムの裏面】

　これまでの分析結果によって「自己」の原初期の形態と人格との関連について整理できることは以上である。多量のリビードは男性の人格において死活的な刻印を押さざるをえないようだ。男性における対象愛、それはどのように表現されているだろうか。人格の起源においてフロイト理論における「ナルシス的な基盤」とは異質なものである裏面の「対象愛」について考えてみる。奇妙に感じた翔太の性格の変化とは「二つの道」において一方から他方への「転換」によって生じたものであり、これを「回心」と同様のものだと考えた。(本文 191 ページ)対象愛を「エディプス人格」とは対照的な特徴をもつ人格として想定できるのではないかという考えに至らせたものは W. ジェイムズが描写した「回心」に伴って現われる人格の変化であり、「自己愛を根絶した心」であった。W. ジェイムズが収集した体験談は「回心」やその他の宗教的体験であるが、そこに描写されたものはナルシシズムとは対極の世界である。人格の転換とは潜在的な世界が突如として人格の表面に現われることであると解釈できる。すなわち自我によって抑圧されていた対象愛が強く現われてくることにより世界観や人格がかわる。

　W. ジェイムズの著作において引用された体験談は、ほとんどがキリスト教の世界に限定されたような印象であるが、W. ジェイムズが力説することは特定の宗教に固有の世界観について述べているのではなく、誰にでもこころの内奥に字

宙の一部を共有する世界があるという。制度的宗教や教会儀式、神の観念さえも
のぞいた個人の内奥にある、宇宙に包まれたような存在、それは魂とか霊性と呼
ぶべきものであり、「われわれの魂は大いなる魂と神秘的に一体化しており、わ
れわれはその魂の道具である」[23]という。「こころ」の内奥にはあらゆる宗教の基
底をなすものがある。無神論者でさえ神が存在しないことを信じるという宗教
的熱狂にひとしいものをもつが、とくに宗教と呼ぶにふさわしいものとは「厳粛
さ、真剣さ、柔和さ」[24]といった精神状態であり、また「現象はどう見えようとも、
この宇宙において一切は空ではない」という考えのうちにあるようだ。しかしな
がら、意識からはもっとも深遠な世界であり、この世界を、あるいは「絶対者」
を明確にとらえられる人間はいないだろう。「神秘主義」といわれる所以はここ
にある。W.ジェイムズによれば深い絶望状態のあとに新たな生の蘇りを可能に
する「広々とした世界」があるという。「希望の死、強さの死、責任感の死、恐
怖と気づかい、有能さと功績の死であり、要するに異教主義、自然主義、戒律主
義が信じ、頼りにしている一切の価値の死」という絶望状態こそが「真理の方
向へ向かって踏み出すべき第一歩なのである。要するに、自然的な生命と霊的な
生命との二つの生命があるのであって、私たちはその一つに与かりうるためには、
まず他方を失わなければならない。」[25]この二者択一の生命とは、人格を構成する
二つのもののうちにある、それぞれの生命なのだと考えてもよいのではないだろ
うか。絶望した状態からの救済は幸福感にみちた新たな「生」の蘇りとなるよう
だ。新たな生を生きる人、「二度生まれの人」とは現実社会の挫折や絶望によっ
て「希望の死」を味わわざるをえなかった人が、宇宙からのエネルギーに満たさ
れた幸福な状態であると解釈できる。このような領域は「宇宙のより深い領域へ
と通じるただひとつの扉なのである。」「意識的人格は救いの経験をもたらしてく
れるより広大な自己と連絡している」のであり、「私たちの意識的存在を浮彫り
のようにくっきりと際立たせているこのおおきな背景」の領域こそが潜在的であ
り、この領域からの侵入があるからこそ宗教的経験や回心が起こるという。「私
たちの魂全体のなかには、事実ほんとうに、私たちがいついかなる時に気づいて
いるよりもより以上の生命がある。」[26]また「潜在意識圏」の研究者の言葉を引用
し、「自分で知っているよりも遥かに広大な永続的精神的実在物である」と記し
ている。

　「宇宙全体を受け容れる」際の感情は道徳と宗教では対極的である。この二つ
のものを比較した場合、その感情の差異は「北極地方」と「熱帯地方」の気候ほ

どの違いがあるという。「純然たる道徳は宇宙の法則を容認」[27]しているが、「その法則をたえず軛のように感じている」のにたいして、宗教の場合には「いやいやながらの服従は遠くに置き去られ、それに代わって、歓び迎えるという気分が生じる。」道徳への服従は「霜をおいたような冷気」に満ち、「重くるしい冷ややかな心をもって」なされる服従であるのにたいして、宗教は「キリスト教の聖者のごとく、情熱溢れる幸福感をもって受け入れる。」「両極をなす二つの型を並べてみるならば、諸君は、連続しない二つの心理的宇宙に直面することを感じられるであろう。」道徳家の「宗教的というよりもむしろ哲学的と呼びたいほど冷静で理性的」な態度は「男性的、禁欲的道徳、道徳的あるいは哲学的」であり、「心のけだかい自由人であって、めめしい奴隷ではない。」他方、宗教的人間には「意志の努力など必要としない」のであり、無力で欠点だらけの「失敗者（できそこない）」をそのままに受け入れてくれるのが宗教である。「情熱と歓喜をもって」宇宙を受け容れるのであり、その精神状態においては「自己を主張し、自己の立場を貫き通そうとする意志は押しのけられて、すすんでおのが口を閉ざし、おのれを虚無（むな）しくして神の洪水や竜巻のなかに没しようとする心がまえが、それにとって代わっているのである。」[28]歓びをもって宇宙の法則に服従するのが宗教であり、神への従順は幸福そのものなのである。

　宗教的経験や回心によって宇宙の深淵につながる W. ジェイムズの霊的な世界について引用したが、潜在意識が媒介していることと女性的な特徴が顕著であることはこの領域がナルシシズムの裏面にある対象愛の領域と心理学的に同一のものであることを示しているように思う。ニーチェが表現するような特徴とは明らかに対立するという。「ショーペンハウエルやニーチェのような人の気分は、しばしば人のこころを気高くするような悲壮さを示しはするが、しかし、たいていは、奔馬のごとく制しがたい癇癖にすぎないのである。」[29]「彼らの言葉には、宗教的な悲壮さの発散するあの贖罪的な調子が欠けているのである。」W. ジェイムズの説明する宗教的精神状態とは「複雑で、柔和で、従順で、奥ゆかしい精神状態」である。「あなたは、そう信じさえすれば、救われるのです」、「私たちみんなが救われているような或る感じが、或る次元がある」と述べているように救済の存否は意志の力によるのではない。それにしても W. ジェイムズの描く世界においてはなぜこれほど女性が強調されているのだろうか。「宗教的経験」における自己とは神の世界、あるいは広大な宇宙につながる自己である。宇宙に一体化した自己は情熱とエネルギーに満ち、全体としての他者に喜んで服従し、「おの

れを虚無くして」運命を享受する。宇宙の法則は強い意志と禁欲による道徳なのではなく、嬉々として世界に従うのである。他者に生かされる自己とは「宇宙を受け容れるその仕方」が女性的であり、このような自己にあっては悠久の平安をもたらすのは「神と人との合一」である。

　W. ジェイムズの描写する領域の特徴はこればかりではない。W. ジェイムズによれば、カントがたとえ「魂」「神」「不滅性」[30]といった仮象的な対象を知識としては価値のないものであると考えたとしても、それは人間の本質を無視したものであり、たとえ「見えない存在」であろうとその世界においては「実在的な存在」であるという。宗教的経験の到来により開かれる新たな「生の領域」は経験的に確認できるものであり、経験的事実を重視するべきだと主張する W. ジェイムズにとって宗教感情は原始時代の「遺物」だと非難されようが、それは人間にとって不可欠なものである。

　信仰とは「動力発生的な」種類の興奮であり、「知的構成」よりもむしろ「感情と本能」という基盤のうえにある。「理性はついにとうてい信仰を生み出すことはできないし、信仰を保証することもできないのである。」[31]純粋理性に基づく神学は根底に存在するものを無視したうえで「信仰をまことしやかなものにする」にすぎない。「恋愛とか、愛国心とか、政治とか、その他、万般の人事におけるやり口とそっくりで、そこではすでに私たちの情熱あるいは神秘的直観が前もって私たちの信念を固定してしまっている」、その信念の上に「宗教を普遍的理性の上に築くと称する哲学」が「学派や教派」などを創り出しているのだという。なぜなら哲学においては「理性は私たちの確信のために論証を見つけ出す。もちろん、それは論証を見つける義務があるからである」という。

　W. ジェイムズが描き出した宗教的経験を貫いているのは理性ではなく経験である。宗教において強調されるべきものは知識ではなく、個人的経験であり、感情である。「人生について知識をもっていることと、人生のなかで実際に或る位置を占めて、人生の激流をして自己の存在を貫通させることとは、まったく違ったことなのである。」

　「私的なものを宇宙的なものに混入するのをやめればやめるほど、それだけ私たちは普遍的、非人格的な概念のなかに住むのであり」、非人格的な科学によってとらえられた「実在」は「事物の観念的な像にすぎないのであって、その存在を私たちは内面的に所有してはおらず、ただ私たちの外に存在していると言える

だけのもの」、「うつろなもの」であり、「実在の象徴を扱っているにすぎない。」
W.ジェイムズが慨歎するように経験的な事実は感覚的、個人的にしかとらえる
ことのできないものであり、客観的な学問と比べれば取るに足らないものである
かのように貶められているが、「私たちが私的および人格的な現象そのものを扱
うやいなや、私たちはもっとも完全な意味での実在を扱っているのである。」[32]
たしかに外界で起きる自然現象や事象をパーソナルな思考や感情によってとらえ
る方法は原始的といえるかもしれない。だが、人生に不可欠なのは知識や客観的
思考ではなく、体験なのだと主張する。

　「宗教的な心が今日でもなお変わりなくもっとも深い感銘を受けるのは、自然
現象の恐ろしさや美しさ、すなわち、曙光や虹の「約束」であり、雷の「声」で
あり、夏の雨の「おだやかさ」であり、群星の「崇高さ」であって、これらの現
象を支配している自然の法則ではない。」[33]

　理論理性と比較すれば「宗教的な心」も「集団形成」もどちらも前近代的な
「遺物」であるかもしれないが、対象愛は「個」の確立や個人心理学であるより
はむしろ宗教をふくめた共同体という全体世界に内在することによってはじめ
て対象愛的な自己は存在する。先にみたように宇宙を受動的にうけいれるとい
うW.ジェイムズの自己形成的な特徴はニーチェの強固な意志とは対照的であ
り、そこには無心の受容という対象愛の性的特徴が根源的に作用していると考え
ることができる。両者の対立を女性的宗教感情と男性的道徳といえるように思う
が、これを対象愛とナルシシズムの分析軸として置き換えることができる。他
方、先の記述、【性的な体質】においてニーチェとフロイトを同列に述べたよう
に、両者ともに外界変容的な思惟形態としてとらえた。ここで私が意味する「外
界変容的」とは人間に固有の知力と主体性が人間の住む世界、環境を変えること
のできる能動性として考えている。ところが、ニーチェとフロイトは同列であっ
たとしても自己と世界の関係を理性によってとらえるのか感性によってとらえる
のか、異なる世界が出現する。つまり、ニーチェとW.ジェイムズは双方とも感
情と本能に自己の存立の基盤をおくことでは共通であり、両者のような自己とは
何に対立するものかといえばヨーロッパ近代の理性であると考えることができる。
フロイト理論の特徴として第一にあげられるのは理性主義であり、W.ジェイム
ズが主張することはフロイトの思考とも対立することになる。フロイトは科学
とは「世界の一部」から魂Seeleを抜く作業であるという。[34]だが、逆にW.ジェ

イムズは自然のなかに霊的な存在をみるという正反対のものである。科学的なものと宗教的なものの対立といえるだろうか。結局、ナルシシズムと対象愛、理性と感性という四つの要素によって分析するなら男性における対象愛の表現とは自己形成的で感性的な自己が紡ぎだす思惟であるといえるかもしれない。そこにはW.ジェイムズに固有の思惟形態がある。近代理性の裏面にあるもの、それは「根本的純粋経験の哲学」である。

【二つの思惟形態】
　では哲学における対象愛とはどのようなものだろうか。自我の発生において自己と対象との関係が「自我の主体において着手されるか、それとも、自我の客体において着手されるか」という二つの形態が人格の起源であったが、人格の性的特徴がこの二つの相違から生じてくるのと同様に男性的、女性的思惟形態、いい換えると能動的、受動的世界観に対比させることができるように思う。考察の基盤になるのはW.ジェイムズの「自己愛を根絶した心」である。フロイトの「心理学草案」Entwurfにおける「判断」あるいは「認識」はW.ジェイムズの哲学とは対照的であり、自我の起源における二つの形態に重なるのではないだろうか。つまりW.ジェイムズの女性的宗教感情の世界を「裏」の人格に特徴的な表現形態とするとフロイトの思惟形態は「表」を代表するひとりとして選択することができる。「草案」において「知覚複合体」を対象化する自我は対象を「事物」と「属性」として認識する。「失われた対象」とは原初的な快自我において内部とされ、後の現実自我によって外部へと排斥された「事物」das Dingである。フロイトはこれを「判断を免れた残余なのである」[35]といったが、わかりにくいのでラカンの説明によって補うなら、事物とは快をもたらす対象からは分離された「異物 Fremde」[36]なのだという。つまり、快自我によって取り入れられた対象は再現が不可能なものであり、「失われた対象」の正体を見極めることはできず、失われた対象の属性のみを「快の居場所」として記憶しているということらしい。しかしながら、ここで重要なものは失われた対象ではない。ただ、対象そのものもアンビヴァレントな感情の投射されたものか、理想化の対象かという二つの根源的な形態が人格における倫理的な基盤をなすようにみえるが、これから考えるのは「失われた対象」の埋め合わせを探しもとめる主体にとっての「事物」である。「草案」におけるこの「判断」をフロイトの認識論の究極的始元であると考えることができるのなら、この裏面は認識論とは異なる経験論的な思惟形態であ

る。すなわち自我の発生の二つの形態に対応して「敵対的」な外界と「万物との一体感」の二つの世界があると考えることができるなら、自己と世界の関係も二つの異なる形態となるだろう。前者においては外部に自我が投射した世界、つまり主観的に構成された世界がある。それにたいして後者においては、自我の客体部分に取り入れた外部世界があり、「万物との一体感」とは主客合一の世界であり、投射されたものではない。対象愛とは原初期の快自我が「体内に取り込んだ外部の客体」であり、それは主体が外部の存在者と一体化している世界であると解釈できる。

　フロイトはユダヤ教の特徴として「感覚性に対する精神性の勝利」を「文化の進歩」[37]であると考えていたが、父性的な特徴がそのまま当時のフロイトの思考にあらわれているように思う。その理論は科学か否かという問題以前にヨーロッパ近代に特徴的な思惟形態であり、存在者の本質をとらえることができるのは理性である。少なくとも「草案」における「判断」の事物と属性という形式はフロイトの認識論というよりは「近代的思惟」の認識論である。

　出口純夫氏は「科学と人間」をテーマとして論じたモノグラフにおい近代科学の本質とは何かを考察し、それを支える「思惟」の観点から論じている。[38]「科学は現代的思惟の性格」であり、「自然科学に特有の方法論が科学的であるのではない。自然科学が近代的な思惟の一典型なのである。」そして、近代科学的思惟とは特定の分野における特定の対象を「専門家としての教育を受け修練を積んだ者」が「仕事」として研究することであり、この仕事はテクネーとしてはじめて「機能」する。研究者は研究領域である「数関係」として存在する自然に一義的、関数的に対象を位置づけることをめざす。「仕事」としての研究者の思惟を「規定」しているのが「世界-了解」であり、「存在者全体」について思惟するのが形而上学である。すなわち「近代科学的思惟がヨーロッパ近代に固有な思惟形態として特徴づけられるとするならば、この思惟には近代ヨーロッパ特有の形而上学の形態がその根底にあることになる。」そして、技術としての思惟を支える近代ヨーロッパ形而上学の本質は「自己了解」としての「近代的自己確信」にある。近代形而上学の自己確信とは悟性が「主観として己れに対して存在する自体的な存在を対象としてもつ」という主観-客観-関係において「主観そのものの自己」が存在者の内に理性をみつけることであり、「自己が自己を対象的な形で、知っている」ということが悟性の前提である。そして悟性は概念という媒介によってのみ自己主張することができるのであり、主語-述語-関係という命題によって

判断された関係が知の形式としての概念において秩序づけられる。すなわち近代
形而上学の自己の確信形態とは悟性が存在者のうちに「主観 - 客観 - 関係」として
とらえた主観的自己を見出すことであり、認識とはそれを主語 - 述語という知
の形式によってとらえた「判断」であるということになる。

　近代西欧の形而上学を数ページにまとめた論文をさらに数行に短縮することは
顰蹙をかうに違いないが、私が必要とするものは近代的思惟のもつ「知の形式」
であり、その「知の形式」の「存在論的根拠」となる「理性としての自己意識的
主観」である。自我の発生において二つの根源的な形態があり、それを基盤とす
る二つの異質な人格を仮定できるなら、その精神構造にも二つの異質な形態があ
る。一つはフロイトの「草案」の「事物」と「属性」である。これを「近代科学
的思惟」に特徴的なものであると考えることができるなら、悟性にたいして自体
的なものが対象として存在するはずだと確信し、「世界とか自然とかいう自体的
一般者」のうちに己れ自身を見出すことが悟性の対象形式による認識、すなわち
主語 - 述語 - 関係という概念形式による認識であるということになる。これにた
いしてもう一つの形態、「事物」との一体化があると考えるのなら、科学的思惟
形態にたいして W. ジェイムズの主張する哲学はもう一つの主客合一の思惟形態
であるといえる。「世界とか自然とかいう自体的一般者」と一体化した自己は感
性によって他者をとらえるだろう。

　事物を対象化する認識とはつまり、「原理的に「外」を持たない自己」[39]がどの
ように外部の存在者を関係づけるかという認識論であるが、裏面には異質な領域
があり、「原理的に外をもたない自己」がどのように外部の存在者に関係づけら
れるかという世界における自己の存在様式に関連する領域であるように思う。わ
けても欲動が多量な場合には理想化に固着する可能性が高く、パラノイアと恋着
は「宗教的パラノイア」と「万物との一体感」のようにそれぞれの世界の特徴を
より鮮明に際立たせるだろう。外界変容的に世界を構築するのか、世界の法則や
他者の決定にたいして自己形成的に従うのか、人格のみならず世界に超越するの
か世界に内在するのか二つの世界観に重なり合うようにみえる。外界に主観を投
射させてとらえた世界と外界に一体化した世界の二つがあり、「事物」を対象化
するのか、「事物」に一体化してとらえるかの違いである。私にはこの二つの思
惟形態の違いが地に足のついていないイデア人間とロゴスをもたない感覚人間が
ヤヌスのように表裏一体のかたちで存在しているようにみえる。ただ、表と裏の
二つの人格を区別するためにこのように並立するかの如くに記述せざるを得ない

が、無論ひとりの人間は一人格として統一されるべきものであり、エディプス的自我は対象愛の領域を潜在的に統合している。だが、この統合が首尾よく達成できないとすれば、統合されるべきひとりの人間において異質な人格、すなわち対象愛という男性にとって異質な領域は問題とならざるをえないだろう。

　代表する二つの思惟形態のあまりにも簡素な説明だったが、重要なのは二つの精神構造体は根本的に異質なものであり、不連続であるということである。科学がどれほど重要な学問であるかはいうまでもないことだが、はたしてその裏面にあると想定される領域がW.ジェイムズのいうように人間に不可欠な精神性の領域として重視されているだろうか。W.ジェイムズによればこの領域は「理性が継承しその内実を転換する「自然な」経験と、地続きではない」という。おそらく「一度生まれ」の人格、すなわち「自然的な生命」の「自然主義」的な人格からは接近できないという意味に解釈できる。その領域に到達するには、つまり先に述べた人格構造の表から裏への転換は回心が必要であるということになる。それまでとはまったく異なる人間になるような変化、人格の全面的変化を引き起こすほどに観念群が入れ替わるのが回心である。

【回心】

　「愛や嫉妬や罪の意識や恐怖や悔恨や憤怒など」、そしてまた「希望、幸福感、安心感、決意など、回心につきものの感情」が爆発的に人をおそうことは「心の再編成を促すきわめて大きい力をもっている。」[40]回心とは「合衆国の大統領が、休暇に橇と銃と釣り竿とをたずさえて、山野へキャンプに出かけるとき」のように「一つの目的から他の目的へと移って行く場合のような、私たちが通常おこなっているいろいろな役柄の変化」[41]ではない。このような場合、その人の観念体系が生活の場面に応じて変化することがあっても、それらはひとりの人格のうちに連続的であり、調和している。だが、調和していない場合、人格の中心をしめる観念群にたいして異質で分裂する感情や観念があるとき、葛藤、罪の意識、良心の呵責や不安が内面の平穏を脅かす。「自己呪詛と罪の意識」[42]は宗教に由来するものではなく、このような自己嫌悪、自己絶望の感情を宗教が救済するのである。理想的自己と現実的自己が闘争するように「自己の胸中に住む二つの魂の闘争」が「内心の嵐」となって吹き荒れる。これを具体的に示しているのが聖者たちの「分裂した自己」である。そして、それまで分裂していた人格を統一に導くのが回心であり、苦闘のすえに「内的統一」が達成される。この「二つの魂」

は不連続であり、互いに対立し、完全に異質な思考である。W. ジェイムズの記述をメタ心理学的に読み替えることが許されるなら、自我は異質な特徴をもつ観念群を抑圧するが、その潜在的領域への転換は回心によってなされるということができる。

宗教的回心とは「自分は間違っていて下等であり不幸であると意識していた自己が、宗教的な実在者をしっかりとつかまえた結果、統一されて、自分は正しくて優れており幸福であると意識するようになる」[43]過程であり、「それまでその人間意識の周辺にあった宗教的観念が今や中心的な場所を占めるにいたるということ、宗教的な目的がその人間のエネルギーの習慣的な中心をなすにいたるということを意味する。」けれど回心とは宗教に限定されるわけではないという。信仰から不信仰への「逆回心」、また「神学的信仰などまったく含んでいない」「酔っ払いの回心」は「無神論者の回心」であるという。新しい人間への「新生は、宗教から不信仰への新生でもありうるし、道徳的な慎重さから自由と放埒への新生でもありうるし、あるいはまた、愛とか野心とか貪欲とか復習とか愛国心とかいった何か新しい刺激ないし情念が個人の生活に突入することによって生ずることもありうる。」これらは「心理学的にまったく同一の形式の出来事」[44]だという。人格はみずからの興味、関心、目的などに合致した観念群が一体系をなすことによって一貫性、統一性をもちうる。だが、それまでは分裂していた観念、あるいは意識の周辺にあった観念群が「人間の意識の焦点」、「人間の真の自己、人間のエネルギーの中心」つまり、人間がそれに自己を献げ、人間の活動の源となるような観念群、すなわち「人間の人格的エネルギーの習慣的な中心」を占めるにいたる全面的な変化を引き起こすことがあり得るようだ。

人格構造においてナルシシズムと対象愛という分析軸を仮定できるのなら「回心」とはきわめて重要な機能をもつことになる。W. ジェイムズにおいては「回心」によって開かれるのは霊的な世界である。しかしながら近代理性の裏面に存在すると仮定される領域を描写しているのは W. ジェイムズばかりではない。

＊　　　　　　＊　　　　　　＊

「全的な現象学的態度とそれに所属している判断中止には、本質的に**完全な人格の変化**を惹き起こすような力さえあり、その変化はさしあたり**宗教的回心**とも比べられるようなものであるが、しかしそれを越えて、人類そ

のものに課せられている最も偉大な実存の変化という意味をさえも秘めているようなものだ」[45]（太字は引用者）

　これは W. ジェイムズの言葉ではない。フッサールである。フッサールの哲学を正確に理解することは困難をきわめるが、現象学的還元とは「回心」のようなものだと述べている。これは一回目のエポケーである。そして、客観的学問を「判断中止」した後の思索の場は「生活世界」である。ここに W. ジェイムズの定義を持ち込むことはできないが、これが客観的学問の基盤となる可能性があるとすれば青年たちが客観的な時空間の形式を構成できないことは何を意味するのだろうか。とりわけ自我が起源の対象愛を統合できずに起源において分裂しているのなら、この分裂が客観的思考の障害になっている可能性は高い。

　もし思考の起源における障害によって時間、空間の客観化が損なわれるのだとすれば、対象愛の世界は霊的な表現世界のみではなく、思考の起源においてもなんらかの基盤となっているのではないだろうか。フッサールの一回目のエポケーの後の「生活世界」は対象愛の領域とどのような関連があるのだろうか。二回目のエポケーが具体的にどのようなものであるか理解できないために「生活世界」が客観的認識にどのように関わるのか判断できない。数学的思考には不慣れなためあまりにも読解が困難であり、判断にいたるまでには遥かに遠い道のりが残されている。だが、おそらくこの領域は認識における基盤として関わっている可能性があるのだと考えることができる。コギトの志向作用によって対象を構成することが認識の根源であるとしても、それだけが客観的学問を明証的に基礎づけることになるのだろうか。もし青年たちの世界が消滅してしまったのならコギトの意識作用は全体における自己という異質な基盤が必要であり、それ自体が障害されることもありうることを示しているのではないだろうか。そうでないなら、すなわち対象愛の領域が客観性の基礎づけにかかわらないのなら時空間の形式が障害されることは起こりえないだろう。

　「理念の衣」の基盤となる根源的認識論についていえば純粋数学が明証性をもつのとは異なり、人間がもつ認識は「内的必然性」やアプリオリで必当然的な明証性を有するような根源的認識論に直接につながるのだろうか。客観的学問の究極的な基盤となる「普遍的アプリオリ」は存在するかもしれないが、もし存在するならメルロ＝ポンティの「生活世界」がより多くのことを教えてくれるかもしれない。[46] いずれにせよ、どの哲学も数回の読解では歯が立たない。有用な命題

を抽出し、それを随意に操作できるようにするには、数十回は読まなければ哲学的な概念を自分のものにできない。それでも理解できない哲学は多い。たとえ理解したと思ってもそれはほんの一部分でしかないことが多い。

　結局、認識の発生において認識する主体の側において何が起きているのかは「アポステリオリに事実的な経験的所与から帰納的に手に入れられる」のみであるようだ。認識の障害をアポステリオリに考察することにより何が障害を引き起こすのかを分析することが可能になるのではないだろうか。その結果としての知見によってはじめて、認識の起源とは何かを理解することができるのだと思う。自己の分裂、あるいは自我の統合不全が思考の障害につながり、その障害によって客観的な時空間形式の形成が損なわれているのだとすれば、根源的認識において対象愛の領域が重要な基盤になる可能性があることを示しているのではないだろうか。ピアジェの「発生的認識論」[47]を援用すれば障害が起こりうるということは知性にとって乗り越えなければならない発達の課題が存在することを意味しているのだと思う。

【新たな人格】
　対象を事物と属性としてとらえる思惟方法が超越論的自我主観の世界に対応するのにたいして、宗教感情に代表される原初の対象愛から派生する世界は「純粋経験」の世界であり、「ヘラクレイトスの流れ」のなかにある。客観性を欠くために他者には理解できないことが多く、個人が体験した「生の事実」を他者が理解することははなはだ難しい。W.ジェイムズの描写する世界は超越論的自我によってはとらえることのできないものであり、現象学的に構築する世界とは異質なものである。最後にフッサールはW.ジェイムズと遭遇した[48]ようだが、この二者の出会いとは何を意味しているのだろうか。おそらくは「地平」と「辺縁」とが重なり合ったのではないだろうか。フッサールがいうような主観において展開する対象の「地平」とW.ジェイムズの述べた「意識の流れ」における「辺縁」[49] fringe とは対象に連接するものであり、二つの出会いがあってはじめて全体をとらえることができるように思う。つまり、網の目のように織り込まれた思考の連続性と関係性のうえに対象として認識できるものが浮き上がるような全体を描くことができるように思う。私はフッサールとW.ジェイムズの出会いを超越論的哲学と「根本的純粋経験」の哲学、もっと端的にいえばここで「理性」と「経験」の遭遇としてとらえることができるのではないかと考える。一方には事

物と属性によってとらえようとする近代的思惟方法があり、もう一方の端は超越論的主観や対象化によってはとらえることのできない経験の領域、主客合一の体験があり、思考のベクトルも方法論もすべてが異質な領域であるようにみえる。後者の領域には共通のロゴス、形式化、定式化といった客観化が存在しないために、それらの経験をどのように了解するのか、理解するための鍵となるもの、あるいはなんらかの形式、枠組みを持ち込まなければ内容をとらえられず、異なる思惟形態の個人的経験を理解可能に翻訳することはほとんど不可能にちかい。異文化の根底にある記号の関係性を解読できないように、個人的なものである経験的事実を読み解くのは非常に困難である。だが W. ジェイムズが主張することは曲線は曲線のままの形態でとらえられるべきであるという。純粋経験を微分方程式によってとらえることはできず、概念化、抽象化は理解可能なものに変形する代わりに多くのものを切り捨ててしまうことにつながる。とすれば、やはり経験をそのままに理解しようとする努力は必要であるかもしれない。

　トマス・クーンはアリストテレスの「自然学」を不合理なものとして退けるのではなく、思考内容を理解するには「回心」が必要だった。[50] こどもの思考の発達にかんするピアジェの実験がヒントになったという。[51] クーンがアリストテレスの自然学を理解したように思考の関係の網からなんらかの形式や関係性の論理を引きだすには自我主観ではなく、その関係の網に内在することによって他者の思考をみずからが体験する必要がある。他者の思考を知るためには主観を排除して他者と一体化する必要があり、これを可能にするものが対象愛の特徴である女性的姿勢であり受動性なのだと考える。私はこのようにしてこどもたちと一体化し、ともに体験した事実を精神分析理論に翻訳した。結局、個人の経験とは他者にとって理解できるようななんらかの客観的なロゴスや基準をもちこまないかぎり理解できるようにはならないだろうと考える。これはピアジェの認識論（エピステモロジー）である。個人の活動と論理的形式の出会いがあってはじめて客観的「知」を発展させることができる。「経験」と「理性」が出会うことにより個人の体験を共通の理解が可能な「知」のプラットホーム上に置くことができるのだと思う。ただ、この二つの領域は「地続き」ではない。通常は個人的経験を翻訳するにも理解可能にするようなロゴスがないというのが実情のようだ。翻訳する言語がない場合にはそれを案出しなければならない。ピアジェのいうように論理的演繹操作をすることで知性を発展させているのだとしても、客観的な「知」を獲得するための既存の形式がない場合にはどのようにして認識しているのだろうか。なんらかの概

念化、抽象化がなければ個人的体験の意味を他者に伝達することさえ不可能である。だが、もし抽象的な形式が「自然」の読み取りを可能にすればそれだけ「自然」を解読することにつながる。また「経験」という視点からみれば個別的、個人的な体験をなんらかの理解可能なロゴスに翻訳することにより他者と理解を共有することができるようになるだろう。世界は理性だけでも経験だけでもなく、両者の出会によって他者にも理解できるようになる。だが、肝心の問題は「地続き」ではない両者をどのようにして思考の地盤として統合させているのだろうか。心理学的に仮定されるこの対象愛の領域は潜在的であるために、これまで研究の対象とされることはなかったのだと思うが、この領域は個人の「実在」の基盤になっているのかもしれない。客観的認識の基盤としての可能性、あるいは「人格主義」という観点から人間の精神において不可欠なものである可能性は否定できない。認識の始原において何が起きているのかわからないが、もしそれが障害されているのであれば、自己の分裂と思考の客観性の獲得とはなんらかの関連があるということなのではないだろうか。

　空間・時間概念というもっとも基礎的な形式でさえも、非文明人やこどものもつ形式、病者のそれとさまざまであり、文明社会の成人の形式化だけがすべてではないし、進化の頂点にあるわけでもない。原始的な感性の領域から文明の発達にともなって精神性が進歩を遂げ、抽象的、客観的学問にいたる道だけが唯一の進歩であるとは考えない。それぞれに可能性と魅力があり、原始的感性を蔑み、未発達であるがゆえに否定されることにはけっして同意できない。知性の発展とともにその裏面にある人格的領域を重視するべきであり、また進歩のみではなく多様性を認め、多元的宇宙が承認されるべきだろう。

　W. ジェイムズは当時、霊的な世界を研究することの重要性を述べたが、「宗教的経験」によって到来する世界がどのような宇宙であるのかという問題は、全体としての宇宙は「一」であるのか、あるいは「多」であるのかという哲学的な相違につながり、無視できない問題となるようだ。つまり W. ジェイムズの描写した回心の後に到達する宇宙の深淵とは、従来の宇宙と同じものなのか、あるいは別の宇宙なのかという問題である。「「多神論」という言葉は人々の神経を逆なでにするのがふつうであるから、用いない方が賢明であろう」[52]と W. ジェイムズ自身が述べているところから考えると、一元論者は多元的宇宙という考えには我慢がならないようだ。「一元論者」や「絶対主義者」[53]は「神の外に、いかなる性質

のものであれ最小限の他者の存在を認め」ることはけっして容認できることではないのだろう。それでも W. ジェイムズは「多宇宙 multiverse」を主張する。思惟形態を分析するには一元論、汎神論、多神論といった全体性の考察は不可欠であり、全体としての宇宙における主体の位置づけを考える必要があるようだ。主観的自我が表現するものが重要であるのはいうまでもないが、その思惟自体を根底でささえる宇宙が一元的か多元的かという宇宙や世界との関係を読み取ることはそれに劣らず重要であるかもしれない。回心の実例としては今のところ三例だけだが、回心とは宇宙に関連するものであり、回心の後には異なる世界に内在する自己というものが現実に存在することを示すものではないだろうか。

　科学、あるいはその創造者たちを輩出した西欧近代の特殊性、キリスト教世界の地域性を顧慮すれば対象愛の抑圧によって自己の確立を可能にした「エディプス」という「表」の人格とは、これまでに述べたように男性的な「性的特徴」を代表するものである。「普遍的」universal 近代理性の象徴ではあるかもしれないが、はたして一般的であるといえるだろうか。ナルシシズムの裏面という抑圧された基盤があるからこそ、その存立は可能なのであり、実際、この裏面は「知」をささえる基盤となっているのではないだろうか。対象愛の世界はエディプス的な世界とはまったく異質な世界である。ここで再び自己可塑的な特徴を強調するなら世界を「救済者」のように一元論的に構築するのではなく、また多様な思考形態を一つの宇宙に包括するのではなく、「多宇宙」を想定するほうが合理的である。W. ジェイムズの哲学を援用すれば一元論的な世界ではなく、対象愛の世界を抑圧しない多元論的哲学のほうが必然的整合性をもつ。ただ、「裏」の領域では思惟形態といえるほどの形式化、客観化、非人格化は不可能であり、個人的、人格的であり「経験」のみが理解の手がかりであることが特徴である。世界に内在する自己は超越論的自我主観によってはとらえることはできないものであり、意識や主観による能作とは異なり、知覚し受容されたままの経験的事実である。対象愛のつくり出す世界は自我によって抑圧されているため意識によって接近することは不可能なようだが、主観的自我によって貶められ排除された感情や本能などそれまで畳み込まれていた要素が織りなす世界は経験によってのみ表現されうるものであり、体系化とは対極にあり、抽象的理論モデルではけっして理解できないものだ。人格構造として考えた場合にはナルシシズムの裏面に潜在化する広大な領域はあまりにも蔑まれ、抹殺されてしまったかのような状態にあるのではないだろうか。近代の理性により抑圧され、淘汰されようとしているのが

この領域であるといっても過言ではないかもしれない。

　しかしながら、W. ジェイムズがいうような宗教の世界に安住することができ
れば救いや幸福感をえることができるかもしれないとしても、この領域を顕在化
できる男性はかなり限定されるだろう。なぜなら男性の自我は異質な対象愛を抑
圧するしかなく、抑圧に失敗すれば対象愛の起源と発達経路をもつ男性は「病理
的な結末」にいたる。したがって男性の人格として想定できるのは起源の対象愛
において一次対象が理念化される場合、また集団に帰属する場合であり、対象
愛の抑圧に失敗しないという条件を満たす場合のみである。制約を外れれば統一
された人格としては成立しないので、このような受動的、潜在的な心的状態を活
性化できる男性はかなり神経症的ということになる。また、「一度生まれ」にせ
よ、「二度生まれ」にせよ、人格のエネルギーの中心がどちらか一方に集中して
いれば葛藤や憂鬱はより少ないかもしれない。だが、やはり男性の人格としては
異質である対象愛は青年の人格形成にとっては障害となるだろう。いずれにせよ
女性的な宇宙観、感性の豊かさなどは対象愛の表現であると考えることができる
のなら、それらが強く現われる男性についていえば、自我の起源において多量の
リビードによる対象愛の固着が影響している可能性は否定できないだろう。
　では対象愛を抑圧しない人格とはどのようにすれば可能なのだろうか。集団
に帰属すれば対象愛は抑圧されないとしても、孤立した途端に障害を引き起こ
し、症状形成に至るのであれば、昇華という方法しかないようにも思う。二つの
異なる人格の根拠となる男性的ナルシシズムと感性的で蒼古的な対象愛をどちら
も生かす方法はあるのだろうか。自我による統合は対象愛を抑圧することになる。
二つの人格について述べてきたが、理論的に考えればどちらか一方を選択するの
であれば自我とは異質な自己は抑圧されざるをえない。アンチ・キリスト、アン
チ・エディプスなどアンチ何々とは自我の抑圧にたいする反発から必然的に生じ
る強い嫌悪感や憎悪を表したものにほかならない。男女、善悪、優劣など自我
の体系化がつくりだす二項対立は被抑圧者の強烈な嫌悪感を掻き立て、不動の信
念にもとづく解消不可能な対立を必然的に引き起こす。集団アインデンティは他
者集団との熾烈な闘いを生む。あれか、これかの二者択一による自我の体系化と
は無縁のもの、むしろ逆の方向であり、原初の対象愛を根拠にして人格を構築
する方法が模索されなければならないだろう。潜在化された対象愛の領域におい
て自己の存立根拠を模索するのであれば、同一化ではなく差異によって、離接

最終章　精神分析の彼岸（人格と世界）　225

disjunctive ではなく連接 conjunctive [54]によって、「共にある」世界を構築するべきである。自我の存在様式に対応する世界とは異なる世界にならなければならない。そして、創造としての芸術が独断的なものではなく、他者によって承認、賛同されることが創造的自己の存立に寄与しうるのと同様に、他者の承認をうることは対象愛の世界の重要な要素の一つとなるように思う。精神の構造において対象愛を自己の存立の基盤とするのであれば他者とともに生きることは必須の要件である。

　私の場合には潜在的な対象愛を理論化したことによるのか、あるいは女性だからそれが容易であるのかもしれないが、かなり意識化されているように感じる。肛門編成段階に顕著な性格とともに対象愛が強い。先に述べた「異質混交的な人格」においては「回心」という人格の変化が連続的な移動にはなっていないように一人格と別の人格とは不連続である。しかしながら、そのどちらも互いに優位をゆずらず、どちらか一方のみを選択できないところに「分裂した自己」の問題があるようだ。こどもの悲劇と人生の挫折を体験して以来、ますます分裂を自覚するようになった。それまでに積み上げた従来の価値観にますます違和感をもつようになったことは事実だ。だが、フロイトに熱中するようになってからは何にたいしても寛容になり、生活態度は一変したが、これが回心といえるのかどうかわからない。こどもたちへの愛についてなら情熱的であるとしても、自分のこころのどこをさがしても宗教的な要素は見当たらないし、宗教感情的な充足のみが目的ではない。おそらくは「回心」と異なる方法によって「内的な統一」を達成させようとしているのだと思う。「理想的自己と現実的自己」の分裂をどのようにして統一させようとしているのだろうか。異質混交型の人格とはこの両者が不連続に並立することが人格の障害となっていたが、これは長所にもなりうるはずである。フロイトの精神分析理論のおかげでこの両者を統一できるかもしれない。感性的な女性性と男性的な合理化思考とを「構造」によって総合させているように思う。もっとも独断的な思考である可能性も大きく、これが成功するかどうかは自分では判断できない。繊細で女性的な感性的領域と、エゴイスティックな知性化領域が個々に不連続に並立しているようにも思うが、思考についていえば宗教よりは科学的な合理性に親和的である。だから、W. ジェイムズが述べたような霊的な世界に没入することはありえない。「回心」に必要な完全な自己放棄ができない。こどもたちが危機的な状況にあったときには完全な自己放棄をした時期もあったが、他人本位の自己にたいしてそれを打ち消すように異質な「自己」が

どこからともなく湧きあがり、耳元でささやく。

　わが国の長い歴史をとおして共同体の構造が継承されてきたと考えることができるなら、対象愛に固着した男性たちが多いこともももっともなこととして考えられるのではないだろうか。かえって、日本人の男性には対象愛とナルシシズムの「異質混交型の人格」が少なからず存在し、「こころ」の男性性と女性性が複雑に混交した男性の人格を想定することは充分に納得できるはずである。フロイトの時代の西欧文化、ことに近代科学の発展は理性としての自己確信が基底にあり、自我の起源にある感性的で原始的なものは抑圧される宿命にあったようだ。しかし、私たちの文化においては長い歴史をとおして芸術のみならず、社会生活においても女性性を抑圧せずに重視してきたように思う。つまり、男性においても対象愛は人格を形成するのに重要な役割を担ってきたはずである。繊細な感性と科学的合理性のどちらをも排除しない人格は日本人には多く存在するはずだと考える。

【対象愛と日本社会】
　最後に現実社会と対象愛の関連について考えてみたい。すでに述べたように対象愛という分析軸を措定することができるのなら、人格構造のみならず、錯綜した現実社会を理解することにつながる。厳密な社会分析ではないが、あくまでも「対象愛」という新たな視点からみえてくる社会である。異なる視点からは社会の異なる景色がみえてくる。

　こどもたちが一体化をもとめる対象愛の世界とは何かといえば、ロマン・ロランがいった大洋的な感情の支配する世界である。「恋着」、対象との一体感はこどもたちの自我分析において「土台」となるものであった。だが、留意しなければならないことは「万物との一体感」というキリスト教世界観においてもとめられる理想化の対象は理念である。これにたいして私たちの場合、対象愛が生きる世界は共同体であると考えた。ところが、私たちの自己を共同体との関係において考えた場合には内容は異なるものにならざるを得ない。共同体における自己は受動性が強調される点は共通であるが、対象愛を共同体との関連で考えた場合、W.ジェイムズのいうような「二度生まれ」に先行する「絶望」とは無関係のようである。なぜなら共同体において対象愛は潜在的なものではなく、ナルシシズムのほうが潜在的役割を果たしていると解釈できる。すなわち共同体という社会構造においては対象愛的な人格が要請されると考えることは妥当だろう。つまり、共同体においては対象愛が顕現化し、ナルシシズムが潜在化するような人格構造

になる可能性が高い。だから、共同体の結束力が弱まればナルシシズムを制限していた対象リビードは自己愛へと戻り、それまでは抑圧されていた「他の人々に対する容赦ない敵対的衝撃」[55] が顕現する。

　近代西欧社会と共同体社会の対比は自我構造の裏返しだけではなく、人格に反映されざるをえない。神という対象の抽象的理念化と「模範」としての具体的な対象という重大な相違につながる。前者では一体化を希求する対象は神であったが、青年たちの世界は抽象化された世界ではなく、具体的な現実世界、自然「それ自体」と一体化した世界であり、生きた人間関係によって構成される共同体である。しかし現実には、青年の蒼古的自己が何を要求しているのか、無意識を認識することは不可能である。現実には症状として現われてきた結果でしか知りえないということなのだろう。もしキリスト教の集団において現実の他者との一体化をもとめるような自我の形態であれば、それは「恋着」による「集団形成」か、あるいは二者間の恋愛関係となり、欲望されるのは愛の対象であり、理念ではない。同様にこれまでの分析結果から得られたものは対象の理想化であり、さらには現実世界において対象との一体化をもとめ続けるような対象愛的な外傷や固着であった。対象愛を共同体との関係によって考えたが、宗教的な要素は少ないとしても実際に起源の自己がどのような他者をもとめているかは考えることができない。自我の発生において対象がどのようなものであるのかは考えようもなく、現時点で青年がどのような世界にいるかは想像すらできない。ともかく自己にとっての無限なる他者が神であろうと、理想化された「自己 - 対象」であろうと他者とは「幻覚的全能感」をもたらす存在である。W. ジェイムズの世界にたいしてわが国の青年たちが追いもとめるのは現実世界の対象であり、理想化された「模範」としての人間である。W. ジェイムズが宗教的経験の現実性をどれほど強調しようとも、理想化の対象は実在の人間ではないことには変わりはない。皮肉なことに心理学的には「みえない」からこそ意義があるといえるかもしれない。備給の対象が現実の対象か、理念であるかという選択は個人としての人格、「個」の確立の決定要因であるようにみえる。現実の対象と「理念」との違いは大きいといわざるを得ない。

　ひきこもりやアパシーの青年たちは現実社会の具体的なものをそのまま「世界」として自我の内部に抱え込んでいる可能性がある。たとえ外傷的な固着がないとしても、もし現実世界のみえる対象との一体化を希求するなら対象依存的な人格は現実社会のなんらかの挫折や失敗をきっかけに社会から孤立した場合、退

行したリビドーは自我の抑圧に対抗する欲動と結びついてパーソナリティ障害の要因となりうる。同性愛リビドーの性愛化と非性化の相違はパーソナリティ障害の可能性とともに、現実世界における具象か抽象かという理想化対象の問題に直結する。症状を形成させないためには対象を理念化するか、あるいはリビドーを昇華させるかのどちらかだろう。さもなければ一体化できる対象をもとめ続けることになる。ところが、この無意識の一体化の欲求は共同体という社会構造が歴史的に継承させてきたものであると考えられるなら、わが国における抽象的理念の欠如は共同体を抜きにして考察することはできないだろう。長い歴史をとおして抽象的理念は発展してこなかった。

　共同体としての「人的結合組織」、あるいは「家」などの集団の構造や特徴は方法論や視点によりさまざまであるが、中根千枝氏の社会人類学的分析はそのなかでも代表的な一つである。中根氏によれば、日本人の集団は居住あるいは経営体としての「枠による集団構成」であり、血縁などの「資格」によって構成された集団とは原理的に異なるという。同じ「場」にいることによって「枠」が設定される集団であり、「ウチ」の家、「ウチ」の学校、「ウチ」の会社など集団としての「結束力」と一体感は、威力を発揮すると同時に、集団の孤立性と「ヨソ者」への排他的な意識を持つ。資格が複数の集団に帰属することを可能にする場合とは異なり、「場によって構成」される場合には個人の帰属は「単一」の集団のみであり、全面的な参加、全人格的な所属にならざるを得ない。また、「序列」的に「タテ」につながるが、リーダー個人の力によって集団が統率されるわけではない。上からの「権威主義」か、下からの「民主主義」か、力関係において両者の「ミーティン・ポイント」（接点）がルールによって設定されているのではなく、状況に応じて大きく上下する。「場」によって構成される集団であるために人間関係の特徴は直接接触的 tangible で特殊、限定的な地域性 local である。[56]現実に私たちの人間関係のあり方を規定するものはルールではなく「場」による人と人との関係がつくるもののようである。また、「日本人の死生観」において「家」が宇宙を形成しているという。しかも普遍的な宇宙ではなく、具体的なものを超越して思考することはありえない。そして、「日本人の思惟方法」によればインド仏教は「法に依るべし、人に依るべからず」であるのにたいして、日本人の思惟傾向は普遍的理法より個人の権威や崇敬する人格に対する「絶対的帰投の態度」であり、「特定の個人に対する絶対的随順の態度である。」普遍的命題を人間関係から切り離して抽象的に考えることを好まず、超越的コスモロジーは存

最終章　精神分析の彼岸（人格と世界）　229

在しない。仏教を受容する際、共同体の位階秩序を破壊するようなものはすべて拒絶された。

　対象愛人格において「こころ」の発達に必要なものは理念やイデオロギーではなく、共同体であり、現実社会の「人」である。私たちの親の世代は共同体の文化を担っていたように思うが、私の印象では高度成長という偉業を成し遂げた1970年代頃から共同体や集団の機能が分解し始めたように思う。それにはさまざまな原因があるだろう。そもそも共同体の崩壊の結果なのか、あるいは集団志向よりも「民主主義」的な傾向が「上から」の規範の弛緩を生じさせているのかわからないが、人々の思考や行動様式に混乱をもたらしているようにみえる。人間に集団という「枠」をはめていたものが消失し、タガがはずれてしまったかのようである。

【普遍的内面倫理】

　川島武宜氏は家族制度について考察した。[57]川島氏の1946年の論文によれば、わが国の家族制度は二つのものによって代表される。「封建武士的＝儒教的」な家族制度と農民、漁民などの民衆的家族制度の二つであるが、そのどちらも「封建的」、「前近代的」であり、民主主義の原理に対立するものである。「儒教的家族倫理」や慣習と伝統による民衆的な「家族秩序」はどちらも「外から」の規範であり、真の民主主義とは「外から」課されるべきものではなく、家族制度の民主的な「精神的内面的な革命」が必要なのではないかという問題提起である。「封建的家族制度における服従」は「外的力に制圧されてやむをえずなされる服従ではなくて、心のなかでみずからをひくきものとして無力なものとして意識しつつ甘んじてなされる服従である。」それは「心からの服従でありながら、」「人の精神を「外から」規定する権威への服従であり、ひとたびみずからの内面的な命令に媒介された自主的服従でない」という。また、儒教的ではない「民衆の家族制度」についても家族の「秩序」のみが絶対的な一つの権威であり、「外から」の「協同体秩序」が支配する「必然性の客体」であり、「独立な個人」は存在しない。このような家族制度も民主的な家族とはみなされない。ここに封建武士的な家族制度や民衆の家族制度と民主的な原理にもとづく家族との決定的な差異が生じてくるようだ。結局、この論文を分析すれば「内面的命令」の不在からこのような状態が生じてくると思われる。「外から」の規範とは家長、父、夫のもつ権威によるものであり、それにたいして「内面的命令」による「自主的」服従は

「主体」としての人格の相互尊重にもとづく関係である。「心からの服従」という
と内面からの欲求によるものと考えがちだが、何に服従するかが問題である。そ
れは自律的な内面道徳への服従ではない。外部の権威への「心からの服従」とは
愛と権威の分離ができない幼児的な依存であり、「ひくきものとして無力なもの
として」の幼児の精神的依存が潜んでいる。民主的な家族では親と子、夫と妻は
それぞれが主体であり、「自発的内面的な人間精神」が「近代的な人格の相互尊
重の基礎の上に」あり、子や妻は「権力の客体」ではない。他方、封建的家族倫
理においては「外から」なされる「人の精神に対する規範の命令のしかたそのも
の」が権力の客体への命令であり、民主的ではないということらしい。このよう
な「外から」課せられる道徳では「行為の価値は外形によって判断させられ、そ
の内心のいかんは二の次」であり、たとえ「心からの服従」でなく、自発的な敬
慕の念や恭順がなくても「一定の形式＝儀礼的行動」さえつくせば義務は果たさ
れる。川島氏は真の民主化とは封建的家族意識の否定にあるというが、「外から」
の規範を否定したとしても、いずれにせよ内面化の問題とはならず、「精神的内
面的な革命」には結びつかない。

　「外から」の規範にたいする「心からの服従」を個人心理学の側から考えてみ
ると、個人における女性的な要素が鍵をにぎっているように思われる。「外から」
の規範命令は「外形によって判断せられ」、従ってそれぞれの個人心理を説明で
きるものではないとしても、「外から」の拘束に対応するように個人の精神が親
の「庇護」をもとめる場合がある。すなわち、これまでの分析が示すとおり「恋
着」、すなわち「集団形成」的な愛の形態である。「外からの規範」と「恋着」に
よる同性愛着が相即不離の関係にあるのは集団や共同体の外側と内側の二側面を
説明しているにすぎないのだろう。自我の起源の受動性、女性性の強さに応じて、
理想化された他者との強いリビード拘束は歓びと陶酔に満ちた自己犠牲、自己献
身の精神となるようだ。女性性が多ければ多いほど、また対象の理想化が強けれ
ば強いほど、権威への服従は幼児の母親への信頼と愛が蘇ることになる。みずか
らを「ひくきものとして無力なものとして」意識すればするほど、親の庇護をも
とめる幼児の欲求は強くなる。「寄る辺ない」幼児の母への依存こそ、フロイト
のあのシェーマに描かれたものであり、理性的、自律的倫理の欠如は「外的な対
象」への愛に耽溺した状態になってしまう。規範の基準を自己の内面におくので
はなく、外部に依存するにもかかわらず、外部の権威に盲目となっていることに
意識がおよばない。だから「心からの服従」は「外的力」に制圧される服従では

なく、愛による歓びであり、本人の意識にとっては得難い幸福感である。外部の権威に「恋着」することは、受身的対象愛への退行的全能感をもたらすとともに、反面「象徴的なものの従属化」、「無効化」[58]を意味する。情緒的な結束が強ければ強いほど理性は失われる。だが、ラカンの分析からいえることがあるとすれば一時的な理性の陶酔状態ならまだしも、共同体由来の自我、あるいは青年期にみられるように女性性、受動性が優勢な自我においては、宗教感情にもひとしい一体感のみを強くもとめることになってしまうのではないだろうか。

　いずれにしても「内面的命令」の不在である。宗教を「錯覚」だと断定したフロイトの発見した「超自我」は理性の法廷の重要な「審級」であり、抽象化、脱人格化されたカントの「定言的命法」そのものである。しかしながら、「家」などの集団、あるいは共同体における人間関係のあり方は、普遍的、抽象的な道徳原理の内面化とは対照的な個人心理を形成する。「家」であろうと、会社であろうと、国家であろうと基準を設定するのは集団であり、どのような集団であろうと集団を超越する普遍的原理は存在しない。丸山真男氏の論文[59]によれば精神的な権威の内面化はヨーロッパの長い歴史が生み出したものであり、個人の内面には政治的、法的な公権力を超越した普遍的な倫理規範が存在する。近代ヨーロッパにおいては、内面化された精神的な権威と、国家などの公権力との分離は、過去の壮絶な歴史のなかから獲得されたものであり、内面道徳および信仰、思想の自由は「私事」であり、外部権力が介入できないものとされる。それに比してわが国では公権力が「精神的権威と政治権力を一元的に占有」し、集団の価値基準が容易に個人の内面に浸透するために、「外から」の道徳規範にたいして容易に「心からの服従」をするようになる。このように外部と内部とが一元化してしまえば内面の自由というものは存在しないことになる。だから、精神的権威と一体化した政治権力に従順であるか、反抗するかどちらかである。政治的、あるいは法的権力とは分離され、それを超越するような自律的、普遍的な倫理は存在しない。このような「公的なもの」と「私的なもの」の一元化、外部権力と精神的権威の一体化は、集団との一体感を希求する個人心理と相即不離の関係をなしているように思われる。「心からの服従」にせよ、権力と権威の一体化にせよ、どちらもまさに対象愛の無意識の従属性そのものを問題にしているように思われる。無意識の従属性とは幼児の依存性以外のなにものでもない対象愛の特徴そのものである。結局、対象としての「人」、理想としての「人」をもとめる「蒼古的」な自我理想の無意識的な欲求が抽象的理念の内面化をさまたげる障壁になってい

る可能性がある。無意識的な依存欲求が青年の重要な人格形成期において、外部と内部の権威を分離せずに一元的に一体化できる対象をもとめるようだが、この点において「個」としての自己を形成するのではなく、集団形成を指向する決定的要因があるのだろう。人間性における寄る辺なさを自覚しつつ自律的な道徳原理と普遍的な価値基準にもとづく精神がなくてはならないと考える。とはいえ、幼児的なリビードを昇華させるといっても無意識の領域のことであれば霧のなかを彷徨するようなことになりかねない。青年期のうちは個の確立が不充分だとしても現実対象を経由して個の確立に到達するという過程があってもよいのかもしれない。それにしてもこれほどアーカイックな特徴の自我をどのようにして民主的な原理にもとづいた人格として創造できるだろうか。

　ここで立ち止まって考えなければならないのは超自我と自我理想の区別である。おそらく、自由で自律的な精神を模索するとしても、「べし」Sollen という道徳原理よりも人間愛によって主体性を確立するべきであり、「自我理想」の民主化を考えるべきなのではないだろうか。超自我と自我理想のどちらが強く影響するかによって異なる人格になるように思うが、これまでの分析では超自我と自我理想を実際に区別することができない。内面における「良心」の機能となるとその程度や強さは個人によってかなり異なる。超自我、あるいは自我理想と自我の「分化」の程度が内面の良心の要求となるが、フロイトの理論でいえば超自我が強い場合にあらわれる性格類型は外部の権威よりも内面性を尊重する「強迫類型」[60]であり、「文化の（かなり保守的な）真の担い手」たちなのである。問題の青年たちとは内面化された良心によって愛と伝統を担った青年たちである。本来的には対象愛の豊かな青年たちは超自我よりむしろ自我理想が強く作用し、他者への愛や倫理を内面化しているのだと思う。だが、超自我は自我に内在化された「審級」の一つであり、現実の具体的な対象を理想化することはありえない。従うのは「定言的命法」のみである。それにたいしてわが国の青年たちは内面化が強いにもかかわらず、具象としての理想化対象をもとめるアーカイックな自我理想の強い欲求のために幼児的な退行を生じさせるのである。

　このアーカイックな自我理想が強い場合には、かえって外界の価値観と内面から規定する良心が離齬を生じる可能性が大きい。私の青年期、つまり40年前と比べて現在は個人主義的で自由な価値観がより優勢であることを実感する。厳密な社会分析にはほど遠く、これにはさまざまな異論があるだろうが、集団志向の自我が適応障害にあること自体、一つの社会分析になりうる。幼児期における

最終章　精神分析の彼岸（人格と世界）　　233

対象との一体化から同性集団、あるいは同性の「模範」を経由して人格を形成するという発達過程が「自己愛」的な社会ではうまく機能しないということだろう。共同体の機能が消失し、「外から」人間に枠をはめていたさまざまな強制力が緩慢になり、世間が自己愛的になると自我理想の内面からの要求は外界の価値観とは明らかに乖離やずれを起こす。なぜなら青年たちの従属性、受動性の強い潜在的な欲望 Wunsch は主（あるじ）としての他者が必要であり、平等で個人主義的な人間関係よりも共同体をもとめるからだ。これまでに分析したように従順、受動的、大人しい、従属的などの対象愛の特徴は人間関係において「個」と「個」という横の関係をつくりにくく、「封建的」な「タテ」の人間関係を内面化した青年たちなのである。このような人間関係において「理想」を追求することが成人としての人格形成の礎になる。そのうえ、自我理想は理想化の基盤であると同時に愛他主義による人間関係を発展させることのできる役割を担うものである。

　これらの青年たちの状況についていえば、ナルシシズムが集団親和的な自我理想を強く抑圧しているように思うが、自我の理想化固着が人格の起源であり障害の源泉であった。自己愛的な傾向の強い現代社会においては青年たちの自我はこのような状態にならざるをえないということだろう。結局、自我の適応は「共同体」が存在する間は申し分なく機能するが、共同体の維持が困難な状況になり、個人主義と自己愛的な傾向が出てくると伝統を継承する役割を担っている自我理想の機能がかえって邪魔をする結果になる。エロスや超自我の欲求に打ち勝つような強い自我であれば対象可塑的、外界変容的に他者への影響力があり、みずからの理念で他者を魅了することができるかもしれないが、自己変容的で自我理想が強い場合、個人主義的な外界の要請にたいして蒼古的な内面の欲求が強く主張するなら、ほとんど自我の機能は麻痺状態になるだろう。自我は基本的に外界を代表し、自我理想は内面を代弁するものである。両者の対立から考えれば後者はエスの代弁者であり、「文化の真の担い手」である。文化と伝統の担い手であるがゆえに社会から切り捨てられなければならないとすれば、自我理想や超自我の機能の弱い人のほうが現実に適応しやすいという皮肉な結果になるのではないだろうか。しかしながら、そうであるとすれば内面の良心の機能である自我理想や超自我の緊張が少ないような場合、共同体の規制が緩み、「外から」の規範が充分に機能しなくなったとしても内面における良心が機能しているかというとどちらも充分に機能しないということはありえるだろう。共同体による外側からの規制が従来のように厳然としてあるようにはみえないが、民主主義の原理が個人の

内面において自律的に自己を規定しているわけではけっしてない。それとは逆に
受動性と依存性、主体性および自発性の欠如、排他性など集団志向的な心理のさ
まざまな残存物が人々のこころを支配しているようだ。集団との一体感の正体と
は無意識の従属性であり、幼児期の対象依存欲求以外のなにものでもない。この
ような従属性は、人の精神を「外から」規定する権威の「客体」である。権威の
「服従者はみずからを独立の価値ある主体者として意識することはできない」ゆえ
に「「個人的責任」という観念がそこでは存在しえない。」その後半世紀あまりを
経て、真の民主主義の問題、すなわち内面倫理の問題は忘れ去られたかにみえる。

【リビード発達】
　「外から」も「内から」もどちらも十全に機能しないという共同体文化の機能
不全がもたらす混乱は、まず性愛の問題に現われているように思う。フロイトが
リビードを性愛本能であると定義したように精神分析は元来、「性理論」である。
リビード発達、すなわち性欲動の発達を正確にいうと「性的編成の発達」である
が、これは青年期のこころの中心的な問題である。欲動目標と欲動対象の発達を
区別するべきだというのがバリントの主張であったが、自我の起源の対象愛に外
傷的な固着があるとすれば欲動目標が性的編成段階に従って順調に性器段階に到
達するとは考えにくい。リビードの発達が実際にどのような状況であるのか不明
だが、少なくともこれまでの分析結果は無視できない重大な問題であるように思
う。
　「最後の一撃」により再度、不登校とは何かを分析するに至り、思わぬ結果に
自分自身衝撃をうけた。それまではリビード発達が阻止された可能性など考えつ
くことはなかった。不登校とは何か、なぜ健康であったはずのこどもが突然に学
校に行けなくなるのか、最初の分析は雲をつかむようなあやふやなものでしかな
かったが、不登校の症状が 20 年後に「最後の一撃」となって再び翔太に現われ
たことで不登校が「心的装置」にいかに損傷を与えたのか、その外傷体験が事実
であると確信した。結局、**不登校とは外傷体験である**という結論に至った。だか
ら、たか子や麻衣のように社会に適応している場合でも不登校という外傷体験が
あったと考えるべきなのだ。思春期のナルシシズム増大が生じた際、自我が幼児
期の性愛リビードを抑圧しようとして外傷に至ったと考えた。ナルシシズムより
も対象愛固着のほうが強かったといえる。だが、その後の経過が社会生活に参画
した場合としない場合では、たか子と翔太のようになぜこれほどの相違が出てく

るのかよくわからない。対象の不在が内的な要因に影響をおよぼすのではないだろうか。[61] それは不登校時の外傷体験にたいする防衛の問題であるかもしれない。いずれにせよ、不登校時の思春期の外傷体験は男性、女性どちらも同様の対象愛固着が外傷となっていると考える。

　先の繰り返しになるが、私の青年期には「外から」の要請が機能していたように思う。概して結婚以外の選択肢は想定しにくかった。少なくとも娘のほうに選択権は少なかった。戦前に教育をうけた親は娘を「適齢期」のうちに「片付ける」という従来の慣行に従うのが当然であった。しかし、現在では結婚は本人の自由意志にまかせるべきであり、本人の選択に委ねるという自由な結婚観が一般的になっているようだ。これまで私も娘たちの結婚についてはこのように考えていた。しかし、対象愛の外傷的固着によってリビード発達が阻止された可能性は高く、幼児的な一体化欲求があるようだ。依然として同性愛の段階に固着しているようである。異性愛的な段階にまで到達していない可能性が高く、それは無意識であるため本人の意識では考えもつかないだろう。「不登校は病気ではない」という「主張」が一般化しているようであり、心理＝性的な発達が問題視されることは皆無である。外傷的な固着により性的な発達が停滞しているとすれば他の誰でもなく、みずからがすすんで異性を獲得しなければならないという自律的、能動的な意志が生じることはありえないだろう。固着が外傷的でなければ、たとえ自律的な発達が性器段階に至らずとも「文明」によって、あるいは権威が「外から」強要する状況があれば問題はないかもしれない。ところが、みずからすすんで異性をもとめるような心理＝性的な発達段階には至らず、結婚についても受動的なままに年齢を重ね、しかも私は親の意向を強要することは今の時代にはそぐわないことから本人に任せたままであった。もうすでに「大人」であり、本人の自主性を尊重するべきであり、結婚は本人の自由意志にまかせるべきだと考えていた。親も娘もどちらも本当は結婚を望みながら、受動的な心的状態に停滞したまま生物学的な生殖期を通過してしまうという状況だったのだと思う。結婚についていえば以前は「外から」命令されることが多かったし、不本意で悲しい結婚もあったにちがいないが、ここに時代の変化によって、すなわち40年前に比べ世間の価値観が変化し、個人の自由が尊重されるようになったことと、それにもかかわらず個人の性的な発達が阻害されているとすれば能動的な意志は存在せず、外界の自由な価値観と個人とのあいだに大きな乖離が生じているように思う。外傷的固着による発達停滞は女性にも男性にも共通しているように思う。「ここ

ろ」の性的な発達というものを問題にしてこなかったために生じた問題なのである。

結婚の問題に関していえばたしかに40年前は「外から」の強制が強かったのではないだろうか。あるいは中根氏のいうように上からの「権威主義」と下からの「民主主義」の両者の力関係が状況に応じて「接点」が「シーソーゲーム」のように上下することに由来するのかもしれない。中根氏の著作はリーダーと集団成員との力関係について論じたものだが、外部権力と精神的権威の分離がなされていない場合、両者の力関係は道徳、価値などの精神の問題と一体である。権威への服従か、あるいは民主的な意思によるものか、ルールによって「ミーティン・ポイント」が設定されているわけではない。中根氏によれば戦後は「民主主義」の方向へ「ミーティン・ポイント」が移動しているようだというが、40年前に比べて民主的であると考えることができるなら、それを補うように内面の自律性が獲得されなければ内面の発達と外界とが密接に補完し合うのとは反対に乖離が大きくなる。このように「上から」、あるいは「外から」の拘束の弛緩を民主化であると勘違いすれば集団、あるいは共同体において従来は権力の「客体」であった人々が「精神的内面的な革命」もなく、いかにして「自発的内面的な人間精神」としての「主体」となりうるのかはなはだ疑問である。先の分析と同様に集団がもつ価値観や「外から」の道徳を他律的に強制されることが少なくなったとしても、個人において自律的な意志がはたらいているわけではない。すなわち道徳や価値基準において他律性が弱まる場合はそれに応じて自律的な基準がなければ個人の精神を確固としたものにするための基準とすべきものは何もない。

現在の状況は個人の意志によるものではなく、時代の変化を「外から」、「受動的」に負わされたために生じている可能性が高い。雲が風まかせに漂うがごとく社会が民主化の方向へ動いているような印象をうけるが、その民主化は自律的な「主体」によって能動的に獲得されたものではない。しかもそのことについて誰も考えようとしない。

【退廃した個人主義】

共同体が存続しているうちは一体感を尊重し、発展してきた。ところが、共同体が瓦解し、最終的にのこるのは家族、それさえも一部崩壊し始めているかもしれないような状況で個人主義的傾向と孤立がたかまると、そこで歴史がぷつんと途切れるように、あたかも今までにまるで共同体が存在していなかったかのよう

である。共同体の解体とともにあらわれてくるのは「他の人々に対する容赦ない敵対的衝撃である。」そのような状況で「すべての集団から独立した自我の幻想とでも呼びうるもの」が出現するならば、それはリフトンのいうような「西洋の個人主義の代替物」[62]でしかない。現在の状況は西欧文化由来の個人主義とは似て非なるものであり、民主主義的な原理にもとづく個人主義ではない。優勢なナルシシズムに席巻されることになるのだろうが、その自我も共同体や宗教の規範から解き放たれた無節制なエゴイズムであり、キリスト教文化を背景にもつ自我モデルとは似て非なるものである。このようなみせかけの個人主義は共同体の崩壊によって受動的に負わされた退行現象でしかなく、退廃した個人主義にしかならない。「個」の確立とは無縁なセクショナリズムに支配された「党派」的な個人主義である。精神の発展どころか逆の途、つまり退行へと向かう途である。近代西欧文化から出現した個人主義の自我と日本の共同体から出現した自己否定的で他者志向の自我とが同じものであるはずはない。それはこれまで述べてきたように対象愛的な人格であると考えることができるのなら正反対の特徴をもつような自我である。このような対象愛が刻印された自我は日本人には歴史的に継承されてきたものであるはずだ。小此木啓吾氏によれば日本人には「個のない状態をたのしんでいるきらいがある」。[63]また土居健朗氏も日本人は帰属する集団、あるいは国家とあまりにも一心同体になり過ぎるといい、米国では異性間の結びつきが強調されるのにたいしてわが国では、大手を振って同性間の友情を楽しむことができる[64]と述べている。このような「個のない状態」はこどもたちが幸福を感じていた一体感であり、自己と他者の融合した自己感情である。

　主、主、他者のために自己は在る。これは対象愛の本質である。とすれば「個」のない状態はたのしいばかりではない。青年たちが「自分はなにものであるか」という自己を同定するのに自己の関心によって自律的に決定しているのではなく、他者の基準や評価に従順である。ナルシシズムと対象愛が互いに逆向きのベクトルをもっていたように精神構造において思考の方向性が逆向きである。主観が超越論的に世界を構成するのとは逆向きに、対象愛においては全体からとらえられた自己である。その意味においてあくまでもメンバーは共同体における自己であり、「外から」規定される自己である。自分自身のいいたいことやしたいことによって自己を表現し、決定するのではなく、他者が自分をどのように性格づけるか、どのように形容するか、どのような人間として評価するかというこ

とによらなければあやふやな無規定な自己にしかならないということだ。自己を同定するのに自己の基準によらず、他者の評価に委ねる。だから、他者の評価に過敏である。「世間」によって「自己」が決定される。周囲の人間や世間からの性格づけや評価が自分にはふさわしくないものであっても、それを甘んじて受け入れなければならない。みずからの思想と意志にしたがって自己を表明することは世間の掟に反することである。世間による一方的な評価に不服であったとしてもそれを拒否することはゆるされない。それに忍従するか、あるいは喜んで受け入れるふりをするか、どちらかしかない。それができないのであれば漱石の主人公のように世間から離れて自己の思想をつらぬく以外に方法はない。世間とは異なる価値観を個人として表明することはタブーである。多勢に無勢、どんなに頑張ったところで勝ち目はない。自分自身の考え方をこころの奥のほうに追いやって、だまって世間にしたがうしかない。フロイトの言説を引くまでもなく、一次的な集団の危険性は現代社会においても顕著である。たとえば複雑な思考の欠如、扇情的な「スローガン」、感情の暴走などの特徴をもち、津波のように個人を飲み込み、浸食するロゴスは圧倒的な威力をもつ。その巨大な力をまえにして緻密で繊細な個人の思考は往々にして窒息する。同様の傾向は洋の東西を問わず、あるとしたら程度の差だけなのかもしれないが、それでもわが国の現状において「主体」としての「個」の存在というものがあるといえるだろうか。もし個人としてみずからの思想や理念によって自己を存立させようとすれば、「世間」から距離をおかないと自律的な「個」の表明は難しいのだ。もし世間に戻りたいとのぞむのであればみずからの考えを放棄し、「回心」、あるいは「転向」conversionしなければならない。

　エリクソンがその著作において述べたように青年の自我同一性は人格形成には重要な課題である。エリクソンの説明を私は次のように解釈した。文化的な共同体や民族が心理形成において果たす役割は重要であるが、エリクソンにおいて強調されているのは集団というよりはむしろ世界観を与えるイデオロギーである。青年にとって必要なものとは民族や階級の共同体が内包する「イデオロギー」への忠誠である。その理念や価値を信じることによって、過去のさまざまな自己が青年期の自我によって統合され、未来への方向性を見出すことを可能にするものである。青年期の自己の探索とは文化の象徴としての集団、人、そして理念などに感化されることによって青年は自己の生きる「世界」を見出し、児童期の自己から離脱して、社会人としての人格を形成することができるのである。逆にこの

最終章　精神分析の彼岸（人格と世界）　　239

青年期に忠誠の対象となるものを与え損なうことがあれば、幼年期、児童期に形成された同一性を統合させることができず、人格は自我アイデンティティの喪失となって青年期の発達を阻害する結果となる。「イデオロギー」とは青年にとってアイデンティティ形成を可能にさせるものである。だが、社会における文化的な変化が青年たちを混乱させたとエリクソンは考えた。このような変化をエリクソンは「歴史的変動」といったが、それまで親の世代はそれぞれの民族や共同体への確固たる帰属意識をもつことができたとしても次世代の青年たちは「歴史的変動」により自己を同定できる「イデオロギー」を社会に見出すことができなくなったからだという。

　アメリカでは当時、多くの青年たちが自我同一性の外傷的喪失を体験し、青年期の人格形成にはアイデンティティが不可欠だということを社会が認識するまでにかなりの時間を要したようである。おそらく、これと同じようなことが起きているように思われる。異なる点はアメリカでは集団形成の要素は「イデオロギー」であるが、わが国の青年たちの場合には集団形成の要因が対象愛という無意識のリビード拘束によるものだということである。「対象愛」に刻印された自我において、「原父」は外界にしか存在しないようであり、「原父」の内在化されていない母性的な集団である。心理学的には宗教にコミットしたのと同じほど強固な感情拘束であり、集団を導くロゴスとしての教義や思想がないとしても「万物との一体感」は「宗教的エネルギーの源泉」となるものである。現在の青年たちを取り巻く状況は共同体の機能が消滅し、社会から母性機能が失われた結果として現われてきた現象のように思われる。エリクソンにおいては青年たちの人格の形成に必要なものは宗教的であろうとなかろうと、「イデオロギー」という抽象化された理念である。西欧近代の自我、つまりエディプス的な人格にとって自己確信の根拠は理性である。人格をささえる理念や思想を必要とするのにたいしてわれわれにとって重要なのは情緒的共感であり、理念への欲求は希薄である。理想化された「自己 - 対象」と一体化した自己にとって必要なものは外界の対象や集団との一体感である。「対象愛」パーソナリティは言葉としてすでに矛盾を内包すると述べたが、対象愛が集団志向の自我であることは青年期の自我の統合不全を引き起こす。社会は青年期の発達が阻害されているかどうかにはまるで注意が向かないようであるが、現実社会の直接的な人間関係があってはじめて青年期の人格形成が促進される。これまでナルシシズムと対象愛の矛盾する性質について考えてきたように集団がなければ人格を統合することができない。就職する、

あるいは何らかの社会集団に帰属することによって適応できるケースがあるとしても、それは一つの「自己流の治癒」である。「余裕」をもった「環境」はそれを可能にするかもしれないが、逆にモラトリアムが青年の特権だと考えたおとなが「退行の深さ」や「自閉」に気づかないなら青年たちの人格は永久に破綻したままに終わるだろう。就労の問題と青年期の人格アイデンティティの問題、二つを分離することができない。就労の問題のみではない。フロイトがうまくやり遂げなければならないものとしてあげたものとは Lieben und arbeiten[65] である。それらを成就することができない状態にある青年たちが抱える心的な阻害要因が何なのか、成人として社会活動が可能な心的な発達段階に到達できない理由は何かを真剣に考えないなら、青年たちのエネルギーは社会の生産性のために費やされることなく、無意識との闘争に明け暮れるだろう。

　抽象と具象の問題についていえば、長い歴史における共同体の遺物は精神性にも現われているようだ。なぜなら精神性が具象の水準に止まってしまい、それを超越することができないようにみえる。トマス・クーンは新旧の科学理論の交代は革命的になされることを明らかにしたが、クーンのパラダイムとはピアジェによれば「社会的パラダイム」なのである。[66]社会における「精神発生」という観点からみると、科学的理論でさえ社会の圧力やイデオロギーによって方向性を決定されるものだという。規定するのは社会がもつ世界観である。クーンの社会的パラダイムにたいしてピアジェの認識論は「一般的枠組み」である。知性、知能による認識は世界中のどこへいこうと人間の一般的な論理形式である。ただ、このような認識論の枠組みが一般的であろうと、社会的であろうと社会構造がもつ無意識を知的操作の対象として意識化できるか否かは天と地ほどの大きな隔たりがある。観察者の知性が構築する論理的形式が「構造」をとらえることができるとすればそれは無意識が関わっているからである。すなわちクラインの四元群を婚姻制においては社会の無意識の構造としてもっていたとしても、これらの論理数学的演繹操作をみずからの知性によって操作できることとはまったく別次元のことである。たとえば抽象的な理論を学習することと、それをみずからの知能によって再構成し、論理的演繹操作ができることとはまったく一致しない。共同体という世界、あるいはそれが残存する世界に直接的に存在するわれわれには、思惟の主体を根底から支えるものが何であるかはわかりすぎるほど感覚的に身につけているはずなのに、それを論理的に説明することができないらしい。

科学でさえ受容されるか否かは社会がもつイデオロギー、世界観によって決定されるとすれば、科学とはみなされない学問や理論ならばなおさらだろう。父親たちのなかには去勢不安の強い男性が多いのではないかと推測できる。それが「岩盤」となって精神分析的な解釈を妨げているということはありうるだろう。社会に適応できない青年たちにたいして、去勢された劣等者というみずからの無意識を投射しているのではないかと私には感じられてしかたがない。「こころ」を病むということの本質をまったく理解できないらしい。精神分析学が浸透しないということは社会がそれを受容できない理由があると考えるべきだろう。タガの外れた「大人」たちには豊かな精神性など有りうるはずもない。利己的で、質の劣化した男どもの跋扈するこの社会に無理やり適応する必要など、いったいあるのだろうか。

　ところで自我分析の端緒とは何であったのかを思い起こすなら「おどおどした」不安をこどもの変化の兆候としてあげたのには理由がある。そのような不安とはミス三島の自叙伝[67]のなかに記述されていたものがヒントになった。ミス三島とは『菊と刀』で語られていた日本人女子留学生であり、彼女がアメリカに留学した当初の不安ととまどいにみちた態度をルース・ベネディクトが分析した。また、同様に『縮み志向の日本人』の著者である李御寧氏も入れ子構造や文章構造における「の」という助詞のもつ機能の独自性など、日本文化を多面的に詳細に分析したが、その多くの分析の一つとしてミス三島の自叙伝にあった「王者の如き優雅さをもち、世界の真の支配者」のようにふるまう中国の娘とは対照的な「おどおどした」態度の日本人の娘を分析している。李氏は「小さな植木鉢」のように狭いところ、すなわち「縮み」から「拡がり」に出たときの「どうふるまったらよいのか」「見当のつかない」心理状態を「拡がりに弱い日本人の特性」[68]であるとした。ところが、ミス三島自身が著わした英文の自伝を詳しく読んでみると、彼女自身の分析は当時の社会をとらえることにおいても自己分析においてもきわめて明瞭で正確であり、上記の分析とは甚だしく異なるものである。世界中から集まった女子留学生たちのなかでもルームメイトの中国人はじめ幾人かの中国の女子学生たちととくに親しく交際し、ときには手作りの中華料理を御馳走になり、また関東大震災で焼失した女子英学塾（現在の津田塾大学）の再建資金を集めるために協力してくれたことを大変に感謝したことなどが記述されている。そして、彼女が魅了された中国の上流家庭の娘たちの洗練された社交性と

自分たち日本人女子を比較した部分が、あの『菊と刀』の文章である。「彼女たちのものおじせぬ態度と堂々たる落着きぶりは、私たち日本の娘のたえずおどおどした、過度に神経質な態度といちじるしい対照をなしていた。」ミス三島は中国の娘たちの "marvelous qualities" について "I simply admired these qualities in them all the more because they were so foreign to the constitution of Japanese women."[69] と述べている。それは中国の過去の歴史と優越感 "superiority complex" によるものかとも彼女自身が分析しているが、アメリカ人には優越感があるものの彼女が出会ったアメリカの多く少女たちは extremely sensitive, nervous, and even timid であり、この点ではアメリカの少女たちは中国の娘より日本人女子に似ていると記している。『菊と刀』においては行動様式ばかりに視点が集中しているため、彼女の性格の全体をとらえてはいない。結局、ミス三島はウェルズリ・カレッジの気品漂う女性教授を「模範」にし、また夏休み期間になると溢れんばかりの愛で包むようにして彼女を受け容れてくれた父親のようなアメリカ人に愛着を感じた5年間の留学生活のなかで、学問の成果のみならず西欧の知性に内在する批判精神と善良なアメリカ人の思想の真髄をみずからの体験として獲得することができたようである。このことが多額の出費と犠牲に見合うもっとも大きな成果であったと納得し、昭和2年12月に帰国した。いずれにせよ、中国の娘と日本人の娘の対照はミス三島の自伝を読んだものなら誰でも気がつくような極端なものである。私はミス三島の自伝を読みながら、「王者の如き優雅」な娘か、あるいは「おどおどした」女子か、両者の相違は社会的背景の違いか、あるいは文化による振舞い方の違いといってしまえばそれまでだが、その言葉にハッと気づいたことがあり、「おどおどした、過度に神経質な態度」とはいったいなんだろうと考え始めたことがこどもたちの自我分析の起点になった。

　結局、この日本と中国の娘たちのタイプの違いは文化による諸々の価値観がまわりを取り巻いているようでわかりにくいが、これはナルシシズムと対象愛の二つの対照的な人格によって説明できるように思う。ミス三島は中国人女子留学生たちとは何か根本的な違いがあると感じた。『菊と刀』に描かれたミス三島とはことなり、自伝から浮かび上がるその姿は当時の苛酷な家事労働にくわえ、生計をたすけるために仕事に励み、まさに夫、姑、こどもたちをささえるためにただひたすら働き続けた聡明で気骨ある女性の姿である。当時の封建的な家族制度における女性の従属性、すなわち女性に要求される "peerless self-sacrificing

最終章　精神分析の彼岸（人格と世界）　　243

spirit"[70] を否定することなく、高い知性と優れた技能によって妻として、嫁とし
て、母としての責務を全うする。みずからを "Buddhist=Christian"[71] と形容する
この女性は知性と「スキル」のみならず、人格の中核となる内面倫理において二
つの文化をみごとに融合させたような精神の持ち主である。日本人女性ならミス
三島の人生の意義を理解することは難しくないはずだ。共同体が人と人とを結合
させる機能をもっていた時代、「自己愛を根絶した心」は人々のこころの重要な
部分をしめていたに違いない。だが、このような昔の女性の価値、また女性のみ
ならず他者のための自己献身や自己犠牲を復活させるべきであるなどと考えてい
るわけではない。それこそ安直な文化論は今までの論理をすべて台無しにしてし
まう。これは人格構造の違いから出てくるものなのだ。これがミス三島の自伝に
述べられていたような「私たち日本の娘のたえずおどおどした、過度に神経質な
態度」＝ "the timidity and oversensitive of us Japanese girls"[72] と王者のように
優雅な中国人の娘の差なのである。これまでに述べてきたように無意識のうちに
希求する対象との一体感、そして、対象の不在が引き起こす「寄る辺なさ」
"forlornness"、ここが問題なのだ。問題の核心にあるのはこころの奥底にある無
意識の従属性であり、「主体」ではなく「客体」としての自己である。だが、こ
れは誰もが抱えているものであり、そして母胎＝ matrix である共同体から切り
離された人間、対象愛をこころの内奥に抱える青年たちがどのように「個」を確
立できるのかという問題なのだ。

　原初期の対象愛に包まれた自己は成長した後、受動性が能動性に転換されると
他者を包むような社会の包容力になる。対象愛とは人と人との関係をつくる重要
な要素であるが、あらゆる文化において集団を結合させる要素である。集団が対
象愛によって結束のかたい集団を形成することができるのなら、そのような共同
体がなくなりつつある現在、個人の無意識における対象愛が瀕死の状態にあると
いえる。イデオロギーは内面の思想の問題であるが、共同体においては内面の問
題はさほど重視されない。極端な場合には「面従腹背」ということも可能であり、
儀礼的に恭順さえ示すことができれば内面の精神は自由をもつことは可能だ。重
要なことは普遍的倫理に背かないかぎりでの精神の自由であり、内面規範を強化
するべきであると考えているのではない。プロテスタンティズムが徹底的に信仰
を内面化したことと比べれば、わが国の長い歴史において精神の自由と多様さを
十二分に保有しているような印象があるが、これは理由の一つとして内面拘束の
緩さが関係するものではないだろうか。対象愛を基盤にした人格を可能なものに

するためには、自我によって抑圧された内面の自由を取り戻すことである。青年たちが自我の拘束から離反して、多様な個性と創造性を中核にして人格を構築することは不可能ではないように思う。

　ナルシシズムとは異質な「対象愛」の世界は W. ジェイムズが説明したような感情や本能の領域である。こどもたちとの体験は私にとって幸福と安らぎと癒しを与えるものであり、起源の「幻覚的全能感」による一体感情である。これを宗教とは呼べないとしても他者への「道徳的信頼・期待」[73] も「信」の対象となりうる。私のこどもたちへの信頼、私がこどもたちの教育にかんして行ってきたことは間違ってはいないということも一つの信念であり、この理論化の根底にあることは間違いない。そしてまた、この領域は宗教や共同体の領域であるとともにそれらを超越する可能性をもつ。このような潜在的な対象愛の世界を既存の道徳や共同体の規範からは自由になりうる可能性をもつものとしての「精神」の領域と考えたい。ここにおいてこそ「理想」をめざし、精神の発展があると考えられる。現実世界の対象に執着しない、また制度的宗教や集団にも拘束されないような対象愛的な人格を想定することにおいてはじめて「集団形成」という古代の遺産を超越することのできる「主体」としての人間像を想い描くことが可能になるのではないだろうか。

　多量のリビードは対象愛を自我構造内に統合することを不可能にする。自我の構造化が不可能だとしても個人としての人格を構築するような方法は存在するはずだと思う。これまでの分析とは逆向きの理論が必要だ。「表象」ではなく無意識を「生」の根拠にすることが個人化、個性化につながるはずだ。新たな人格は創造性の道を切り開くことにつながるかもしれない。自我が欲動を抑圧するのではなく、欲動を表象におきかえることなくエスからの出発であり、人間の個別性、個人の創造性、独自の個性をめざすものである。人間の個性、創造性が自己の存立根拠となれば自我の集団的アイデンティティは自己の根拠ではなく、二義的なものへと降下するはずである。薄っぺらな自我の増長に終止符をうち、潜在的な精神の豊かさ、多様で多彩な精神世界を取り戻すことを目標にしてほしい。「やさしさ」、感覚的な鋭敏さ、情緒的繊細さ、日本人はこのような感受性を文化の中の重要なものとして維持し続けてきたはずである。対象愛という無意識を「生」の根拠にすることが個人化、そして個性化につながる唯一の道であると思う。この途轍もなく大きな射程をもつ可能性のある「対象愛」の重要性を強調する唯一の目的は、青年たちの生きる力と意志を取り戻すことにある。

注 釈　　245

〔凡例〕
　　フロイトの著作は複数の訳者によって訳出されているため、訳者により日本語の訳語が異なる場合がある。基本的に岩波書店版「フロイト全集」の訳語を使用した。以下、「全集」と省略する。「精神分析学入門」Ⅰ、Ⅱについては中公クラシックスを使用した。その他、フロイト著作集、ちくま学芸文庫などの訳語を使用した場合にはその都度明記した。なお、本文中、訳語に併記した外国語は原典が書かれた言語によって表記した。

注　釈

〔はじめに〕
1　「不登校・ひきこもりの「長期間を経たその後の状態」について」斎藤環、『臨床精神医学』第43巻
2　本文195ページ参照（「ひきこもりの精神力動」、藤山直樹）
3　斎藤環「思春期・青年期に発症し、遷延化した無気力状態に関する研究」筑波大学医学博士論文
4　『精神分析事典』岩崎学術出版社、p.173、「自己愛構造体」の項、古賀靖彦
5　本文179ページ「自己-対象の剥奪」を参照
6　「心理学草案」、p.20、第1部総論的構想〔七〕質の問題、総田純次訳および解題「事後性」という心的機制、新宮一成・総田純次著、フロイト全集3（以下、全集）
7　「強迫神経症の一例についての見解〔鼠男〕」p.222、福田覚訳、全集10
8　本文209ページ【ナルシシズムの裏面】を参照（『宗教的経験の諸相』上・下、および『純粋経験の哲学』ウィリアム・ジェイムズ著）

〔第2章〕
1　ある寒い冬の日に、ヤマアラシの一群がぴったりと身を寄せ合った。互いの暖かみによって凍死から身を守るためである。しかし彼らはたちまち互いの針の存在に気づき、再び身を離した。暖を求める欲求が再び彼らを近づけると、後者の災難が繰り返される。その結果、彼らは両方の苦しみの間を行ったり来たりして引き裂かれ、とうとう最後に一番上手に互いを我慢し合えるほどほどの間隔が見つけ出されるまで、それは続いたのである。」（『付録と補遺』第2巻。第31章「比喩と寓話」〔第396節〕『ショーペンハウアー全集』第14巻所収、秋山英夫訳、白水社、1973年）

　　以上が『全集17』、「集団心理学と自我分析」、Ⅵにあるフロイトの引用である。しかし、私が着眼した点はフロイトが説明しようとしたやまあらしの関係とはいささか視点が異なる。少し長いが、再度上記と同じ寓話を引用する。『ショーペンハウアー全集』第14巻の同じ訳者によるものであるが、版が異なるようである。

　　「第396節　やまあらしの一群が、冷たい冬の日のある日、おたがいの体温で凍えることをふせぐために、ぴったりくっつきあった。だが、まもなくおたがいに刺の痛いのが感じられて、また分かれた。温まる必要からまた寄りそうと、第二の禍がくりかえされるのだった。こうして彼らは二つの難儀のあいだに、あちらへ投げられこちらへ投げられしているうちに、ついにほどほどの間隔を置くことを工夫したのであって、これでいちばんうまくやっていけるようになったのである。――こう

して、自分自身の内面の空虚と単調から発した社交の要求は、人びとをたがいに近づけるが、そのいやらしい多くの特性と耐えがたい欠陥は、彼らをふたたび突きはなすのである。彼らがついにあみだした中ぐらいの距離、そして共同生活がそれで成り立ちうるほどほどのへだたりというのが、礼節であり、上品な風習というわけだ。この距離を保たない人に向かって、イギリスでは keep your distance！（「控えろ！」「でしゃばるな！」）と言う。——このへだたりのおかげで、おたがいに温めあおうという欲求は不完全にしかみたされないが、そのかわりに刺でさされる痛さは感じないですむのだ。——しかし、心のなかにたくさんの温か味をもっている人は、めんどうをかけたりかけられたりしたくないために、むしろ社交界から遠ざかっているのである。」

　　この寓話から読みとれることは、近づくと棘でさされるということを体験する前にたしかに「おたがいに温めあおうという欲求」が本来こころの奥底に存在するといっているように思う。友人関係の固いきずなにはこのような欲求が心理的な要因としてあるのではないかと考えた。

2　libīdō はラテン語で欲望、願望を意味する。訳本によってはリビドー（フロイト著作集〈以下、著作集〉）、リビド（『精神分析学入門』）と表記される。性欲動、性本能、あるいは性衝動のエネルギーである。フロイトは最初、自我欲動と性欲動を対立するものとして理論化したが、「快原理の彼岸」において死の欲動の存在を演繹し、死の欲動（タナトス）と性欲動（エロース）を二つの原欲動として理論の中核においた。

3　「制止，症状，不安」Ⅷ，p.59、大宮勘一郎・加藤敏訳、全集19 および『精神分析学入門』Ⅱ、第三部、第二五講、懸田克躬訳（中公クラシックス）

4　「精神分析学概説」第三部、第八章、小此木啓吾訳、著作集第9巻

5　鷲見たえ子は「学校恐怖症の研究」において次のように述べた。「各々の症例の学校恐怖症の背後にあるダイナミクスを検討した結果、学校恐怖症は分離 separation に対する不安と考えられ、従って、われわれも Talbot はじめ多くの人々がいうように学校恐怖症を不安神経症の範疇に入れることを賛成するものである。」『精神衛生研究』第8号

6　「制止，症状，不安」

7　「ナルシシズムの導入にむけて」立木康介訳、全集13

8　「集団心理学と自我分析」Ⅷ恋着と催眠状態、p.184、藤野寛訳、全集17

9　同上、Ⅷ恋着と催眠状態、p.185

10　同上、Ⅷ恋着と催眠状態、p.185

11　同上、Ⅻ補遺、D

12　同上、Ⅻ補遺、E、p.223

13　「文化の中の居心地悪さ」p.68、嶺秀樹・高田珠樹訳、全集20

14　同上、p.71

15　「否定」p.5、石田雄一訳、全集19

16　分離 - 個体化に先行する「自閉」、および「共生」段階についてマーラーが述べたことは「精神分析学的に再構成」された「超心理学的抽象概念」であるという。生後2～3週間の「母親を認識しない絶対的な一次的ナルチシズム期」を〈正常な自閉〉と名づけた。誕生から2カ月目以降、対象をぼんやり意識することによって正常な「共生」段階が始まるが、まだ「部分対象」しかもたない。スピッツが「前対象段階」と呼んだものを〈共生段階〉と名付けた。マーラーは「共生」段階の初期においては乳児の欲求満足は外部に依存する状態であり、この時期をフロイトの「一次

的ナルチシズム」であると考えたが、この同じ「共生」の初期の「一次的ナルチシズム」をフェレンツィの理論から援用して「〈条件的〉幻覚的全能感」に置き換えることができるという。(P.51) 正常な「共生」は乳児にとって母子が一つの全能の組織をなす状態、「一つの共通した境界をもつ二者単一体」dual unity である。それは分離 - 個体化、および〈機能的構造としての原始的な自我 rudimentary ego の出現〉以前の状態である。マーラーによれば「正常な自閉」と「正常な共生」の最初の二段階は「非分化」non differentiation であり、分析家によって表現が異なる非分化(Spiz) を未分化(Hartman, Kris, Löewensten)から区別している。以上は『乳幼児の心理的誕生』序説、および p.51、p.58、M.S. マーラーを要約、抜粋したものである。

17 「文化の中の居心地悪さ」、全集 20
18 「集団心理学と自我分析」Ⅶ同一化、全集 17
19 「性理論のための三篇」3 篇、思春期の形態変化(対象発見)、渡邉俊之訳、全集 6
20 「集団心理学と自我分析」Ⅶ同一化、p.174、全集 17
21 『精神分析事典』、p.170 「自己愛〔ナルシシズム〕」の項、小此木啓吾。小此木氏の「自己愛」についての説明は著作集第 6 巻「悲哀とメランコリー」(井村恒郎訳)の訳語と一致するものである。したがって、小此木氏の使用する「自己愛的同一視」という訳語は全集 14、「喪とメランコリー」における「ナルシス型同一化」と同じものである。同様に「自己愛的な対象選択」は全集においては「ナルシス型対象選択」と訳されている。
22 「欲動と欲動運命」新宮一成訳、全集 14
23 「ナルシシズムの導入にむけて」、全集 13
24 「快感原則の彼岸」p.190、中山元訳、『自我論集』ちくま学芸文庫
25 「集団心理学と自我分析」Ⅻ補遺、p.223
26 同上、Ⅻ補遺、C、p.218
27 「ナルシシズムの導入にむけて」Ⅲ、p.149、IchGefühl は訳者によって「自己感情」(立木康介：全集)、「自我感情」(懸田克躬、吉村博次：「ナルシシズム入門」著作集第 5 巻)、「自尊心」(中山元編訳「ナルシシズム入門」『エロス論集』、ちくま学芸文庫)と異なる訳語があてられている。
28 ナルシシズムの遷移が the sources of human self-esteem と関連することの重要性を示唆してくれたのはエリクソンのテキストである。Identity : Youth and Crisis、p.70
29 「女性の性について」高田珠樹訳、全集 20
30 同上
31 「ナルシシズムの導入にむけて」Ⅲ、p.150、全集 13
32 「集団心理学と自我分析」Ⅵこれに続く課題と仕事の方向性、全集 17
33 同上、p.172
34 『母子関係の理論 2(分離不安)』、p.24、J. ボウルビィ著、黒田実郎他訳
35 同上、p.234
36 ボウルビィによれば、ステンドラーの研究は次の著作にもとづくものであることを記している。Stendler, C.B. (1954). 'Possible Causes of Overdependency in Young Children.' *Child*, Dev.25
37 『母子関係の理論 2(分離不安)』、p.263 に記載されたこのボウルビィの引用文 1 は次の著作からの引用であることを記している。
Freud (1917) b Introductory Lectures on Psycho-analysis Part Ⅲ、SE.16
38 ボウルビィが引用した 2 の文章はクラインの次の著作による。

248

Klein（1932）The Psycho-analysis of Children　London : Hogarth

39 『精神分析学入門』Ⅱ、第三部　第二十五講「不安」（中公クラシックス）

40 『精神分析学入門』Ⅱ、第三部　第二十五講「不安」（中公クラシックス）

41 『精神分析学入門』Ⅱ、第三部　第二十三講「症状形成の経路」、p.202、（中公クラシックス）

42 『人間の本性』D.W. ウィニコット著、牛島定信監訳、館直彦訳

43 「制止，症状，不安」、全集 19

〔第3章〕

1 『スリルと退行』M. バリント著、中井久夫他訳

2 『治療論からみた退行』第十二章、p.97、M. バリント著、中井久夫訳

3 IchGefühl の訳は第 2 章、注釈 27 を参照。

4 『治療論からみた退行』p.100、M. バリント著

5 『スリルと退行』M. バリント著、第Ⅳ部、結論、p.166

6 バリントは次のように述べた。「欲動の目的の発達と対象への関係の発達とは相互の影響はあるが、本来別個の過程であると私は主張しているのである。前者が欲動充足形態の、口唇的、肛門的、尿道的、性器的という順序の発達であり、後者が一次愛、オクノフィリアとフィロバティズム、ナルシシズム、能動的成人愛などという発達である。」『スリルと退行』第Ⅳ部、結論、p.167

7 『一次愛と精神分析技法』第 5 章　自我の初期発達段階、一次対象愛（p.100）M. バリント：1937 年の論文においてはじめて一次的対象愛ないし原始的対象愛 primary or primitive object love と命名したが、この「原初的対象関係」は生物学的な「一にして二なる（母子）統一体」である。この論文では「一次対象関係」と表現されているが、外界の対象が出現する以前の状態においてすでにリビードの満足をもたらす母子の相互依存の対象関係を想定したと思われる。

8 『治療論からみた退行』第十二章、p.96、M. バリント著

9 同上、p.102

10 『スリルと退行』第十章、退行のための前進、p.109、M. バリント著

11 『治療論からみた退行』第七章、p59；バリントはナルシシズムから発生する対象関係が「ナルシシズム的対象選択」であると考えていたようである。この発達経路は「依托的」対象選択の一代替路線であるという。「依托的」対象選択とは「一次対象関係」から出発する発達経路であり、これが男性の対象選択の「主流」であるとバリントは考えた。

12 同上、p.98

13 「リビード的な類型について」高田珠樹訳、全集 20

14 『一次愛と精神分析技法』第一部　第 7 章　性器愛について、p.140、M. バリント著

15 「タラッサ」シャンドール・フェレンツィ著、小島俊明訳　『性の深淵』澁澤龍彦編

16 「自我とエス」Ⅲ自我と超自我（自我理想）、P.27、道籏泰三訳、全集 18

17 『もし、赤ちゃんが日記を書いたら』ダニエル・スターン著、亀井よし子訳

18 『一次愛と精神分析技法』第一部　第 6 章　母への愛と母の愛、アリス・バリント著

19 『治療論からみた退行』第十二章、p.95、胎児は子宮内において環界と一体化した状態の「調和渾然体」a harmonious mix-up にある。「われわれをめぐる大気との関係」はこれと同様の関係であり、環界への備給が根源的に存在するとバリントはいう。

20 「否定」全集 19

注　釈　　249

21 「夢学説へのメタサイコロジー的補遺」新宮一成訳、全集 14
22 The Metapsychology of Supplement to the Theory of Dreams p.228, Vol. XIV, SE of S. Freud by J.Straychey
23 「ナルシス的な自我モデル」とは「快原理の彼岸」（全集 17、p.107）でフロイトが述べたような「対象への備給のためになに一つとして支出しない」ような神経症的な意味合いではなく、「対象愛」が強調された自我と比較すれば相対的にナルシス的であるという意味において使用する。
24 「青年と歴史」R. J. リフトン『自我の冒険：脱工業社会の青年たち』、E.H. エリクソン編纂、栗原彬監訳
25 「欲動変転，特に肛門性愛の欲動変転について」本間直樹訳、全集 14
26 「性理論のための三篇」渡邉俊之訳、全集 6
27 『治療論からみた退行』第十章　分裂病、嗜癖などの病的ナルシシズム状態、p.80
28 The Loss of Reality in Neurosis and Psychosis p.185, Vol. XIX
因みに autoplastisch と alloplastisch の二つの対立語には異なる訳語があてられている。『一次愛と精神分析技法』においては「自己形成的 autoplastic」と「外界変容的 alloplastic」である。また、全集 18 では「自己改造的」と「外界改造的」であり、フロイト著作集第 6 巻では「自己可塑的」と「対象可塑的」である。
29 『息子と父親：エディプス・コンプレックス論をこえて』ピーター・ブロス著、児玉憲典訳
30 「集団心理学と自我分析」Ⅶ同一化、p.177、全集 17
31 「性理論のための三篇」3 篇、思春期の形態変化（対象発見）、全集 6
32 「心理学草案」解題　新宮一成・総田純次、全集 3
33 『精神分析事典』岩崎学術出版社、「事後性」の項、小此木啓吾、全集 3
34 「心理学草案」第 2 部、精神病理学、全集 3

〔第 4 章〕
1 『アパシー・シンドローム』笠原嘉、（岩波現代文庫）
2 同上　「ここで述べられるアパシーは終始精神病理現象としてのアパシーである。社会文化現象としてのアパシーというのがあるとしても、本書中ではメインには扱われていない。」〔ⅵ〕
3 『アイデンティティ：青年と危機』p.245、エリク H . エリクソン、岩瀬庸理訳
　　および "Identity：Youth and Crisis" p.179　E.H.Erikson
4 『精神医学ハンドブック』p.342、「思春期モーニング」小此木啓吾
5 本人が不登校の苦しかった当時の体験を抑圧したのは「ヒステリーの防衛」であると最初に考えついたが、不登校になった原因を記憶しているという事実は「健忘」というヒステリーの抑圧の手段と矛盾する。なぜ不登校になった理由が本人の記憶のなかに残っているのか最後まで理解できなかった。しかし、ヒステリーの抑圧とは異なり、発症のきっかけとなった出来事が記憶のなかにあるのは強迫神経症の抑圧の特徴的な手段であると理解できたのはようやく最近になってからだった。そして、これについては「はじめに」で説明したとおりである。
6 「生の事実」とは野家啓一氏の論文「近代科学・生活世界・パラダイム」で用いられていた表現である。氏の論文はこの場の文脈には直接に関係しないが、精神分析的な解釈の作業をすすめてゆくにあたって「土台」となる事実、知覚されたままの事実を形容するのに的を射た表現であると思い、使用させてもらった。

7 「アイデンティティの混乱が臨床的診断でないことは明らかである」(『アイデンティティ』p.246、E.H. エリクソン) というが、「アイデンティティ」や「アイデンティティの危機」という用語の起源が臨床から得られたものであり、エリクソンは「アイデンティティ」の「発達的側面」と「病理的側面」(p.7) の双方から考察していた。だが、エリクソンは前者の意義を重視し、「アイデンティティ」とは青年の発達において誰もが共有するものであり、しかもそれを社会との関係において考察すべきものとしてとらえた。診断学的な用語が社会に拡散した結果、「アイデンティティ」がもつに至った広義の概念をこの著作によって説明したかったように思われる。

8 『アイデンティティ』p.226、E.H. エリクソン

9 『「ひきこもり」救出マニュアル:理論編』、p.103、斎藤環、(ちくま文庫)

10 「不登校」齊藤万比古『児童青年精神医学とその近接領域』No.50

11 「極私的不登校闘争二十年史序説」山登敬之、『こころの科学』2005 年 9 月

12 ブロスは思春期と青年期の区別をせず、児童期と成人期の間に adolescence がある。「思春期後期は決定的な転換点であり、それ故、危機の時期である。事実、個人の統合的な能力をしばしば無理に使い、適応上の失敗、自我の変形、防衛的術策、重症な精神病理のもとになる最終的な思春期の危機がある。エリクソン (1956) は、後者を広く、「同一性の危機」という言葉で報告した。私は、遷延された思春期 (prolonged adolescence) (1954) の症候群を、児童の最終期、すなわち思春期を終わらせたがらないこと、という表現で記述した。」(p.186) 視点が異なるが、エリクソンの「同一性の危機」とブロスの「遷延された思春期」はどちらも同じ青年期の心理学的な危機を表している。一方、ブロスの述べたところによれば「モラトリアム」とは自我の統合過程についての記述である。「情緒的再構成の時期の次に、自我統合的な適応過程が心的エネルギーの大部分を奪う時期」があり、ウィッテルスはそれを「第二の潜在期」と呼び、ブラトイは「中間期」といい、「エリクソン (1954) は、自我統合過程とそれらの環境への活性化にとって必要とされる時期を強調して、この時期を思春期の〝猶予期間〟(モラトリアム) とよんだ。」社会へのコミットメントまでの猶予期間の必要性を意味する用語であり、「同一性の危機」、または「遷延された思春期」とは別次元の問題である。(『青年期の精神医学』P. ブロス)

13 「学生のアパシー」、ポール A. ウォルターズ,ジュニア、笠原嘉・岡本重慶訳、p.116 「情緒的引きこもり、競争心の欠如、社会参加の欠如、社会的活動の停止、そして空虚感などは、青年期における引きこもりの完璧さを特徴的にあらわしており、この状態は、アパシーという言葉によって最もよく記述されている。従って、ほんとうの診断学的記述的な用語は、次のようになろう。男らしさの形成をめぐる解決しがたい葛藤のゆえに青年後期を遷延させているところのアパシーと。」

14 「遷延された思春期という言葉は、正常状態では、一時的な性質のものである思春期的状態に静止した状態で固執していることをさしている。」p.310、「正常な場合、思春期の人を、成人期に導いてゆく前進的な推進力のかわりに、遷延された思春期は、その前進運動を阻止し、その結果、思春期危機は決して放棄されず、無期限に持続される。」p.311、遷延された思春期は次のような幼児期の感情拘束にたいする「自己愛的防衛」として現われるという。「思春期に特徴的な自己愛的防衛」はこどもが依存する「全能性をもった親を喜ばせるのをやめることができない、ということによってひきおこされる。」「そのような子供は思春期前期にはいって、実際上、自分自身の現実の限られた才能について、幻滅に直面することが全くできないことがわかる。」「それは遷延された思春期 (Prolonged adolescence) の病理的ゆきづまりの中心問題

である。自己愛的対象選択、自己愛的防衛と、常態で異性愛的対象発見に先行する自己愛的な一時的状態との間は区別されなければならない。」p.130（『青年期の精神医学』P. ブロス）

15 『自己と対象世界』、p.168、E. ジェイコブソン
自己愛的な態度、価値や意思の非一貫性と移ろいやすさ、また自己愛的な葛藤が引き起こす「自己価値の喪失」は「同一性感情を損ない」、「急速な退行過程」をまねき、「自我と対象関係は、深刻な解体的な影響を受けるおそれがある。」

16 ジェイコブソンによればエリクソンは「幼児期発達と個体発生的要因を無視している」（『自己と対象世界』p.24）、「自我同一性と人格同一性を区別するべき」であるという。同一性をアイデンティティの感覚のみによってとらえるべきではなく、自我のみならず超自我をも含めた同一性形成の過程こそ「一貫性のある存在として全精神構造を維持する能力をつくっていく」ものであるという。

17 パラノイア患者のアイデンティティ混乱は、「青年のなかにみられがちな」パラノイアの一症例とみなすべきなのか、あるいは急性のアイデンティティ混乱によって増悪したパラノイア気質 ―「その混乱がおさまれば転換が比較的可能な気質」― とみなすべきなのか、「専門的」疑問は『アイデンティティ』の著作からは除外された。（『アイデンティティ』p.246、E.H. エリクソン、および "Identity"p.179 ）

18 『自己心理学セミナー1』H. コフート「"アイデンティティの危機" や "アイデンティティの拡散" という言葉はきわめて馴染みやすいし、多くの面で有意義で役に立つ言葉なのですが、こうした反応が展開してくる仕方という観点から検討してみるならばもっと豊かで意味あるものになることでしょう。しかし、これは何も人生の一定の時点にだけおこるものとか、青春期から成人期にいたる発達段階の特定の課題、としてだけ見てはいけません。むしろ、その人物がかつて挫折したある過去の一時点の反復なのです。つまり、自己が形成されて確固としたものになっていくその早期の段階において、なにかのしくじり failure があったのです。」

19 『自己の分析』p.96、H. コフート

20 フロイトの理論とコフートの理論は互いに「通約不可能」である。精神分析の各学派はそれぞれ異なるパラダイムにもとづき、理論化された概念は異質なものである。理論構築の枠組みを考察する際、主体の思考がどのようなパラダイムにもとづくかを分析することは不可欠である。トマス・クーンは著書のなかで指示対象（reference）の同一性が確保されていた場合でも意義が変化すれば指示対象の外延は変化することを指摘した。すなわち、明けの明星と宵の明星の例が示すように同一の指示対象であっても異質な概念体系においては「通約不可能」incommensurable である。

21 『自己の分析』p.96、H. コフート

22 同上、p.199

23 同上、p.1

24 同上、p.41

25 同上、p.30

26 「分裂的機制についての覚書」p.7、『メラニー・クライン著作集4』

27 同上、p.10

28 同上、p.20

29 「ひきこもりの精神力動」、藤山直樹、『青年のひきこもり』第2章

30 「自伝的に記述されたパラノイアの一症例に関する精神分析的考察〔シュレーバー〕」、全集11

252

31 『青年期の精神医学』P.ブロス

32 「同一化」立木康介著、『日本精神分析的心理療法フォーラム』第1巻、2012、精神分析的心理療法フォーラム誌編集委員会編

33 「現在の思考における自我」p.86、ジョン・パデル『英国独立学派の精神分析：対象関係論の展開』G.コーホン編、西園昌久監訳

34 『対象関係』上、p.226、ジャック・カラン

35 「集団心理学と自我分析」Ⅶ同一化、全集17

36 「青年と歴史」ロバートJ.リフトン

37 翔太は高校の一時期、周囲の人に監視されているような気のすることがあったと私に話したことがあった。さまざまな症状にたいしてみずからの方法で対処してきたと思われるが、高校の頃からは母親に自分のことをあれこれ話すことはなくなったので、高校時代以降、内面がどのようであったかは注察妄想以外のことはわからない。

38 『宗教経験の諸相』上、ウィリアム・ジェイムズ著、桝田啓三郎訳、岩波文庫

39 『善悪の彼岸　道徳の系譜』第9章　高貴とは何か、p.305、信太正三訳、ニーチェ全集Ⅱ、（ちくま学芸文庫）

40 『文学論』上、p.203、第二編　第三章　fに伴う幻惑、夏目漱石（岩波文庫）
同一のものであっても視点によっては正反対の価値を与えうることを教示してくれたのは『文学論』に顕著にみられる相対主義的な観点である。漱石の著作には当時の西欧の「知」を徹底的に研究した成果としての心理学的、哲学的考察が根底にあると考える。

41 「神経症者たちの家族ロマン」p.315、道籏泰三訳、全集9
「個々人は大人になるにつれて両親の権威から抜け出していくわけだが、この離脱は、成長というものにつきまとう、どうしても欠かせないと同時にこのうえなく苦しみに満ちた営みのひとつでもある。」この離脱は「正常に育った成人であるなら誰しもある程度まできちんとこなしてきたと考えてさしつかえない。」「社会というものは、この親子の世代間対立をもとに進歩してゆくのである。」「神経症者とは、その状態を見れば分かるように、この離脱の課題に躓いたことに縛りを受けている人たちのことなのである。」

42 「学生のアパシー」ポールA.ウォルターズ,ジュニア

43 本書250ページ、注釈〔第4章〕14参照

44 『アパシー・シンドローム』笠原嘉、岩波現代文庫

45 『精神分析事典』岩崎学術出版社、p.173、「自己愛構造体」の項、古賀靖彦

46 「ひきこもりの精神力動」、藤山直樹、『青年のひきこもり』第2章

47 『見ることと見られること：「こころの退避」から「恥」の精神分析へ』、J.シュタイナー

48 「学生のアパシー」ポールA.ウォルターズ,ジュニア

〔最終章〕

1 『時間論』中島義道、（ちくま学芸文庫）、および『純粋理性批判1』Ⅰ.カント、中山元訳、（光文社古典新訳文庫）

2 『アイデンティティ』p.231、E.H.エリクソン「時間の展望の拡散」「青年期が延長もしくは延期される極端な場合には、時間体験のなかに極端な障害が現れてくる。」、P.249「時間的展望や期待を維持するという自我の機能を喪失するということは、時間というものが存在しなかった幼児初期へ退行するということである。」

注 釈　　253

3　『精神発生と科学史：知の形成と科学史の比較研究』ジャン・ピアジェ、ロランド・ガルシア共著、藤野邦夫・松原望訳、第4章　幾何学的構造の精神発生、p.158

4　『発達心理学入門』H. ウェルナー、鯨岡峻・浜田寿美男訳

5　本書250ページ、注釈〔第4章〕14参照

6　『自己の分析』H. コフート、p.202

7　『精神分析事典』岩崎学術出版社、「人格〔パーソナリティ〕」の項、斎藤久美子

8　同上

9　同上

10　本書246ページ、注釈〔第2章〕16参照

11　「強迫神経症の素因」p.197、立木康介訳、全集13

12　「性理論のための三篇」p.281、3編　思春期の形態変化（男性と女性の分化）、原注7〔1915年の追加〕

13　『精神分析学入門』Ⅱ、p.212、（中公クラシックス）

14　「自我とエス」p.24、Ⅲ自我と超自我（自我理想）、全集18

15　同上、p.27

16　『アイデンティティ』p.114、E.H. エリクソン

17　『宗教的経験の諸相』上、p.255、W. ジェイムズ著、桝田啓三郎訳、第八講　分裂した自己とその統合の過程、（岩波文庫）

18　「自伝的に記述されたパラノイアの一症例に関する精神分析的考察〔シュレーバー〕」P.110「救済者妄想はわれわれに馴染み深い空想（ファンタジー）であり、この妄想がしばしば宗教性パラノイアの中核を形成する事態はよく知られている。」、全集11

19　「文化の中の居心地悪さ」Ⅳ

20　『人間の本性』p.143、D.W. ウィニコット、第Ⅳ部　第3章　精神が身体に住みつくこと、パラノイアと無邪気

21　『情緒発達の精神分析理論：自我の芽ばえと母なるもの』D.W. ウィニコット著、牛島定信訳

22　「心理学草案」p.37、第1部総論的構想〔十四〕「自我」の導入、全集3

23　『純粋経験の哲学』p.199、第8章　多元的宇宙、W. ジェイムズ著、伊藤邦武編訳

24　『宗教的経験の諸相』上、p.62、第二講　主題の範囲

25　同上、上、p.252、第八講　分裂した自己とその統合の過程

26　同上、下、p.376-377、第二十講　結論

27　同上、上、p.67-68、第二講　主題の範囲

28　同上、上、p.76

29　同上、上、p.62

30　同上、上、p.86

31　同上、下、p.268

32　同上、下、p.357-358、第二十講　結論

33　同上、下、p.357

34　「モーセという男と一神教」p.145、Ⅲモーセ、彼の民、一神教、第2部（C）精神性における進歩、全集22

35　「心理学草案」p.45、第1部総論的構想〔十八〕思考と現実、全集3

36　『精神分析の倫理』上、p.76、Ⅳ「もの das Ding」、ジャック・ラカン

37　「モーセという男と一神教」Ⅲモーセ、彼の民、一神教　第2部（C）精神性における進歩、全集22

38 「科学と哲学思索」出口純夫、『実存主義』第88号、特集：科学と人間
39 同上
40 『宗教的経験の諸相』上、p.300、第九講　回心、W. ジェイムズ
41 同上、p.294、第九講　回心
42 同上、p.258、第八講　分裂した自己とその統合の過程
43 同上、p.287、第九講　回心
44 同上、p.266、第八講　分裂した自己とその統合の過程
45 『ヨーロッパの諸学の危機と超越論的現象学』E. フッサール、第三十五節、p.245、細谷恒夫・木田元訳（中公文庫）
46 「科学と哲学の基底としての野生の存在」篠崎幸二、『実存主義』（第88号、特集：科学と人間）
47 『発生的認識論：科学的知識の発達心理学』J. ピアジェ著、芳賀純訳、評論社
48 『ヨーロッパの諸学の危機と超越論的現象学』第七十二節、p.470、E. フッサール
49 『心理学』上、W. ジェイムズ、第11章「意識の流れ」今田寛訳、岩波文庫
50 『パラダイムとは何か：クーンの科学史革命』p.115、第3章　偶像破壊者クーンの登場　読み方をめぐる「回心」体験、野家啓一著、2008、講談社学術文庫
　　クーンのパラダイムとは広義には科学理論体系の枠組みのようなものだと解釈したが、T. クーンによればある科学または「前科学的」理論体系を支えているパラダイムが転換されるような状況は「回心」であるという。クーンのいうパラダイムとは科学者の共同体が共有する「集団の産物」である。「パラダイムからパラダイムへの忠誠の移行は、強制することのできない改宗（conversion）の経験なのである。」p.182
51 『科学革命の構造』トマス・クーン、まえがきⅲ「たまたま目についた脚注からジャン・ピアジェ（Jean Piaget）が成長期の子供の持つ種々の世界、それらの間の移行について示した実験に、私はひきつけられた。」
52 『純粋経験の哲学』W. ジェイムズ p.201、第8章　多元的宇宙論
53 同上
54 同上、p.249、訳注、第二章純粋経験の世界（2）
55 「集団心理学と自我分析」Ⅴ二つの人為的な集団、教会と軍隊、p.166
56 『タテ社会の人間関係』単一社会の理論、中根千枝、講談社現代新書
57 「日本社会の家族的構成」川島武宜、『近代主義』（現代日本思想大系第34巻）
58 『フロイトの技法論』p.228、XI自我理想と理想自我、ジャック・ラカン、ジャック＝アラン・ミレール編、小出浩之（ほか）訳
59 「超国家主義の論理と心理」丸山真男、『近代主義』（現代日本思想大系　第34）
60 「リビドー的な類型について」、全集20
61 本文161ページで検討したが、男性の場合でも対象が一人でも存在すれば同性愛リビドーの撤収は免れうることを考えれば、欲動変転によって男女の相違が生じるとは考えにくい。結局、本文195ページで述べたように病理組織化の悪性度は「死の本能と羨望」との関連で考えるほうが妥当かもしれない。
62 「青年と歴史」p.290、ロバート J. リフトン
　　「西洋以外の文明は……例外なく西洋と妥協することを余儀なくされ、〈集団を通じて、自我を確立〉し表現するような形態を採用した。この西洋の個人主義の代替物は自我の自立からの退行を示すものであり、むしろ前期的な集団の伝統と情緒的なからみつきをもつ集団主義の現代的形態にのめりこんでいるのである。」
63 『モラトリアム人間の心理構造』p.87、小此木啓吾

注　釈　　255

64　『「甘え」の構造』新装版、土居健郎
　　「同性愛的感情というのはもっと広義に解して、同性間の感情的連りが異性間のそれ
　　に比して優先する場合を指していうのである。したがってこれは一般に友情といわ
　　れるものにほぼ相当する。」
65　『アイデンティティ』p.179、E.H. エリクソン；Lieben und arbeiten はフロイトの文
　　献には存在しない。インタヴューに応答したときのフロイトの言葉をエリクソンが
　　引用したものであるらしい。
66　『精神発生と科学史：知の形成と科学史の比較研究』ジャン・ピアジェ、ロランド・
　　ガルシア共著、第九章　科学、精神発生、イデオロギー、p.322
67　Sumie Seo Misima は当時、日本で出版に承諾する編集者をみつけることができな
　　かったため、アメリカの友人の紹介によってニューヨークで出版した。"My Narrow
　　Isle" と "The Broader Way" の二冊の著作があるが、いずれも英文のみである。
68　『縮み志向の日本人』p.314、第 6 章　3 広い空間への恐怖、大地に移した盆栽、李御
　　寧、講談社学術文庫
69　"My Narrow Isle: The Story of a Modern Woman in Japan", Sumie Seo Misima
70　同上
71　"The Broader Way: A Woman's Life in the New Japan", Sumie Seo Misima
72　注釈 67 で述べたように "My Narrow Isle" は英文で書かれた。「日本の娘のたえずお
　　どおどした、過度に神経質な態度」という訳はルース・ベネディクトが "My Narrow
　　Isle" から引用した英文を長谷川松治氏が日本語に翻訳したものであると思われる。
73　『哲学の立場』p.173、第四章　知と信、有福孝岳

参考文献

　著作者別にアルファベット順に記載したが、参照したフロイトの著作にかぎり最後に一括した。フロイト全集は出版年順とした。翻訳されたものについては翻訳書および翻訳論文の出版年を記載した。

有福孝岳（2002）『哲学の立場』晃洋書房
　―（2012）「カント『純粋理性批判』」（哲学書概説シリーズ 4）、晃洋書房
Balint, M.（1978）『治療論からみた退行―基底欠損の精神分析―』中井久夫訳、金剛出版、みすず書房
　―（1991）『スリルと退行』中井久夫・滝野功・森茂起訳、岩崎学術出版社
　―（1999）『一次愛と精神分析技法』森茂起・枡矢和子・中井久夫訳、みすず書房
Benedict, R.（1967）『菊と刀―日本文化の型―』（現代教養文庫）長谷川松治訳、社会思想社
Blos, P.（1971）『青年期の精神医学』野沢栄司訳、誠信書房
　―（1990）『息子と父親：エディプス・コンプレックス論をこえて 青年期臨床の精神分析理論―』児玉憲典訳、誠信書房
Bowlby, J.（1981）『ボウルビィ母子関係入門』作田勉監訳、星和書店
　―（1991）『母子関係の理論 1（愛着行動）』黒田実郎・大羽蓁・岡田洋子・黒田聖一訳、岩崎学術出版社
　―（1991）『母子関係の理論 2（分離不安）』黒田実郎・岡田洋子・吉田恒子訳、岩崎学術出版社
　―（1991）『母子関係の理論 3（対象喪失）』黒田実郎・吉田恒子・横浜恵三子訳、岩崎学術出版社
出口純夫（1981）「科学と哲学思索」『実存主義』（第 88 号、特集：科学と人間）、実存主義協会
土居健郎（2000）『土居健郎選集 2 ―「甘え」理論の展開―』岩波書店
　―（2001）『「甘え」の構造』新装版、弘文堂
Erikson, E.H.（1968）"Identity：Youth and Crisis" W.W. Norton & Company
　―（1973）『アイデンティティ：青年と危機』岩瀬庸理訳、金沢文庫
Ferenczi, S.（1970）「タラッサ」小島俊明訳、『性の深淵』（全集・現代世界の文学の発見第 7）澁澤龍彦編、学芸書林
Freud, A.（1982）『自我と防衛機制』（アンナ・フロイト著作集：第 2 巻）黒丸正四郎・中野良平訳、岩崎学術出版社
藤山直樹（2000）「ひきこもりの精神力動」『青年のひきこもり』第 2 章、岩崎学術出版社
橋爪大三郎（1988）『はじめての構造主義』（講談社現代新書）、講談社
Husserl, E.（1995）『ヨーロッパの諸学の危機と超越論的現象学』（中公文庫）細谷恒夫・木田元訳、中央公論新社
稲村博（1983）『思春期挫折症候群―現代の国民病―』新曜社
　―（1988）『登校拒否の克服法―続・思春期挫折症候群』新曜社
Jacobson, E.（1981）『自己と対象世界：アイデンティティの起源とその展開』（現代精神分析双書　第Ⅱ期第 6 巻）伊藤洸訳、岩崎学術出版社

James, W.（1969）『宗教的経験の諸相』上（岩波文庫）桝田啓三郎訳、岩波書店

　―（1970）『宗教的経験の諸相』下（岩波文庫）桝田啓三郎訳、岩波書店

　―（1992）『心理学』上（岩波文庫）今田寛訳、岩波書店

　―（1993）『心理学』下（岩波文庫）今田寛訳、岩波書店

　―（2004）『純粋経験の哲学』（岩波文庫）伊藤邦武訳、岩波書店

狩野力八郎・近藤直司編（2000）『青年のひきこもり―心理社会的背景・病理・治療援助―』、岩崎学術出版社

カント．Ｉ（2010）『純粋理性批判 1』（光文社古典新訳文庫）中山元訳、光文社

笠原嘉（1988）『退却神経症：無気力・無関心・無快楽の克服』（講談社現代新書）、講談社

　―2002『アパシー・シンドローム』（岩波現代文庫）、岩波書店

川島武宣（1964）「日本社会の家族的構成」『近代主義』（現代日本思想大系第 34 巻）、筑摩書房

Klein, M.（1983）『メラニー・クライン著作集 1』「子どもの心的発達」西園昌久・牛島定信責任編訳、1「子どもの心的発達」（1921）前田重治訳、11「芸術作品及び創造的衝動に表われた幼児期不安状況」（1929）坂口信貴訳、12「自我の発達における象徴形成の重要性」（1930）村田豊久・藤岡宏訳、誠信書房

　―（1985）『メラニー・クライン著作集 4』「妄想的・分裂的世界」小此木啓吾・岩崎哲也編訳、1「分裂的機制についての覚書」（1946）狩野力八郎・渡辺明子・相田信男訳、9「同一視について」（1955）伊藤洸訳、誠信書房

Kohut, H.（1989）『自己心理学セミナー 1』ミリアム・エルソン編、伊藤洸監訳、金剛出版

　―（1994）『自己の分析』水野信義・笠原嘉監訳、近藤三男・滝川健司・小久保勲共訳、みすず書房

近藤直司（2000）「ひきこもりケースへの援助について」『保健婦雑誌』（Vol.56、No.2）、医学書院

　―（2006）「社会的ひきこもり」『臨床精神医学』（第 35 巻増刊号）アークメディア

　―（2009）「青年のひきこもり」『児童青年精神医学とその近接領域』（50 周年記念特集号）、日本児童青年精神医学会

　―（2010）「青年期ひきこもりケースの精神医学的背景と支援」『教育と医学』（特集ひきこもり・不登校の今を考える）教育と医学の会編、慶應義塾大学出版会

Kuhn, T.S.（1971）『科学革命の構造』中山茂訳、みすず書房

　―（1998）『科学革命のおける本質的緊張：トーマス・クーン論文集』安孫子誠也・佐野正博共訳、みすず書房

　―（2008）『構造以来の道：哲学論集 1970―1993』佐々木力訳、みすず書房

Lacan, J.M.（1991）『フロイトの技法論』（上・下）ジャック＝アラン・ミレール編、小出浩之・小川豊昭・小川周二・笠原嘉訳、岩波書店

　―（1998）『フロイト理論と精神分析技法における自我』（上・下）ジャック＝アラン・ミレール編　小出浩之・鈴木國文・小川豊国・南淳三訳、岩波書店

　―（2002）『精神分析の倫理』（上・下）ジャック＝アラン・ミレール編、小出浩之・鈴木國文・保科正章・菅原誠一訳、岩波書店

　―（2006）『対象関係』（上・下）ジャック＝アラン・ミレール編、小出浩之・鈴木國文・菅原誠一訳、岩波書店

Le Séminaire de Jacques Lacan　Texte établi par Jacques-Alain Miller

　―Livre Ⅰ（1975 ）"Les Ecrits techniques de Freud" Editions du Seuil

—Livre Ⅱ（1978）"Le Moi dans la théorie de Freud et dans la technique de la psychanalyse 1945—1955 " Editions du Seuil

—Livre Ⅶ（1986）" L'Ethique de la psychanalyse" Editions du Seuil

李御寧（イー・オリョン）（2007）『縮み志向の日本人』（講談社学術文庫）、講談社

Lévi-Strauss, C.（1972）『構造人類学』荒川幾男・生松敬三・川田順造・佐々木明・田島節夫共訳、みすず書房

Lifton, R.J.（1963）'Youth and History : Individual Change in Postwar Japan', "Youth: Change and Challenge" Basic Book

— （1973）「青年と歴史」『自我の冒険：脱工業社会の青年たち』、E.H. エリクソン編纂、栗原彬監訳、金沢文庫

— （1977）『日本人の死生観』上・下（岩波新書）、加藤周一・M. ライシュ・R.J. リフトン共著、矢島翠訳、岩波書店

Mahler, M.S.（2001）『乳幼児の心理的誕生：母子共生と個体化』（精神医学選書第 3 巻）、高橋雅士・織田正美・浜畑紀訳、黎明書房

丸山真男（1964）「超国家主義の論理と心理」『近代主義』（現代日本思想大系第 34）、筑摩書房

Misima, S.S.（1941）"My Narrow Isle: The Story of a Modern Woman in Japan", The John Day Campany New York

— （1953）" The Broader Way: A Woman's Life in the New Japan", copyright by The John Day Campany reprinted（1971）by Greenwood Press, Publishers　Westport, Connecticut

宮本忠雄（1965）「精神病理における時間と空間」『異常心理学講座　第 10 巻』（精神病理学第 4）責任編集、井村恒郎・懸田克躬・島崎敏樹・村上仁、みすず書房

中村元（1989）『日本人の思惟方法』中村元選集〔決定版〕第 3 巻、春秋社

中根千枝（1967）『タテ社会の人間関係：単一社会の理論』（講談社現代新書）、講談社

中島義道（2002）『時間論』（ちくま学芸文庫）、筑摩書房

夏目漱石（1907）『文学論』上・下、大倉書店、（2007、岩波文庫）

— （1978）『私の個人主義』（講談社学術文庫）大正 3 年の講演を翌年、輔仁会雑誌に発表、講談社

Nietzsche, F.（1993）『善悪の彼岸　道徳の系譜』（ニーチェ全集Ⅱ）、（ちくま文芸文庫）信太正三訳、筑摩書房

野家啓一（1981）「近代科学・生活世界・パラダイム」『実存主義』（第 88 号　特集　科学と人間）、実存主義協会

— （2008）『パラダイムとは何か：クーンの科学史革命』（講談社学術文庫）、講談社

小此木啓吾（1979）『モラトリアム人間の心理構造』中央公論社

Padel, J.（1992）「現在の思考における自我」『英国独立学派の精神分析；対象関係論の展開』（現代精神分析双書第 2 期第 17 巻）G. コーホン編、西園昌久監訳、岩崎学術出版社

Piaget, J.（1966）『論理学と心理学』芳賀純訳、評論社

— （1972）『発生的認識論：科学的知識の発達心理学』芳賀純訳、評論社

— （1975）『発生的心理学：子供の発達の条件』芳賀純訳、誠信書房

— （1975）『ピアジェとレヴィ＝ストロース：社会科学と精神の探求』ハワード・ガードナー著、波多野完治・入江良平訳、誠信書房

— （1977）『心理学と認識論』滝沢武久訳、誠信書房

―（1980）『思考の誕生：論理的操作の発達』滝沢武久訳、朝日出版社

―（1980）『現代科学論：人間科学と学際的研究』芳賀純他訳、福村出版

―（1981）『現代心理学：認知理論の展開』波多野完治他訳、福村出版

―（1996）『精神発生と科学史：知の形成と科学史の比較研究』ジャン・ピアジェ、ローランド・ガルシア共著；藤野邦夫・松原望訳、新評論

―（1998）『知能の心理学』波多野完治・滝沢武久訳、みすず書房

―（2000）『人間科学序説』（岩波モダンクラシックス）波多野完治訳、岩波書店

―（2008）『人間諸科学の認識論：要約』白井桂一編、西田書店

齊藤万比古（2006）「発達障害としてみた不登校」（こころの科学セクション）『発達障害』太田昌孝編、日本評論社

―（2008）「不登校はなぜ減らないのか」『教育と医学』No.658、慶應義塾大学出版会

―（2009）「不登校」『児童青年精神医学とその近接領域』№ 50、50 周年記念特集号、日本児童青年精神医学会

―（2010）「思春期のひきこもりをもたらす精神科疾患の実態把握と精神医学的治療・援助システムの構築に関する研究」（研究代表者　齊藤万比古）

斎藤環（1990）「思春期・青年期に発症し、遷延化した無気力状態に関する研究」筑波大学医学博士論文

―（1998）『社会的ひきこもり：終わらない思春期』（PHP 新書）、PHP 研究所

―（2014）「不登校・ひきこもりの「長期間を経たその後の状態」について」『臨床精神医学』第 43 巻第 10 号

―（2014）『「ひきこもり」救出マニュアル』理論編（ちくま文庫）、筑摩書房

篠崎幸二（1981）「科学と哲学の基底としての野生の存在」『実存主義』（第 88 号　特集　科学と人間）、実存主義協会

Schopenhauer, A.（1973）『ショーペンハウアー全集』第 14 巻、秋山英夫訳、白水社

Steiner, J.（2013）『見ることと見られること：「こころの退避」から「恥」の精神分析へ』衣笠隆幸監訳、岩崎学術出版社

Stern, D.N.（1992）『もし、赤ちゃんが日記を書いたら』亀井よし子訳、草思社

高木隆郎（1963）「学校恐怖症」『小児科診療』第 26 巻　第 4 号、診断と治療社

―（2010）記念講演「不登校」、『児童青年精神医学とその近接領域』第 51 巻　第 3 号、日本児童青年精神医学会

滝川一廣（2006）「不登校」『臨床精神医学』第 35 巻増刊号、「臨床精神医学」編集委員会、アークメディア

―（2014）「不登校という行動の意味」『教育と医学』（特集「不登校を」とらえなおす）、No.729

立木康介（2012）「同一化」『日本精神分析的心理療法フォーラム』第 1 巻、日本精神分析的心理療法フォーラム誌編集委員会編

Walters, Jr,P.A.（1975）「学生のアパシー」笠原嘉・岡本重慶訳『学生の情緒問題』グラハム B. ブレイン, ジュニア；チャールズ C. マッカーサー共編、石井完一郎・岨中達・藤井虔監訳、文光堂

鷲見たえ子（1960）「学校恐怖症の研究」鷲見たえ子・玉井収介・小林育子、『精神衛生研究』第 8 号、国立精神衛生研究所

Werner, H.（1976）『発達心理学入門』園原太郎監修、鯨岡俊・浜田寿美男訳、ミネルヴァ書房

Winnicott, D.W.（1977）『情緒発達の精神分析理論：自我の芽ばえと母なるもの』牛島定

信訳、岩崎学術出版

― (1990) "The Maturational Processes and the Facilitating Environment" Carnak Books

― (2004)『人間の本性―ウィニコットの講義録』牛島定信監訳、館直彦訳、誠信書房

山登敬之 (2005)「極私的不登校闘争二十年史序説」、『こころの科学』、日本評論社

山中康裕 (1978)『思春期の精神病理と治療』中井久夫・山中康裕編、岩崎学術出版社

Freud, S. (1996)『自我論集』「欲動とその運命」、「抑圧」、「子供が叩かれる」、「快感原則の彼岸」、「自我とエス」、「マゾヒズムの経済問題」「否定」、「マジック・メモについてのノート」（ちくま学芸文庫）竹田青嗣編　中山元訳、筑摩書房

― (1997)『エロス論集』「性理論三篇」、「幼児の性器体制（性理論の補遺）「リビドー理論」、「神経症者の家族小説」、「ナルシシズム入門」、「メドゥーサの首―草稿」、「フェティシズム」、「エディプス・コンプレックスの崩壊」、「解剖学的な性差の心的な帰結」、「女性の性愛について」、「性格と肛門愛」、「欲動転換、特に肛門愛の欲動転換について」、「リビドー的類型について」（ちくま学芸文庫）中山元編訳、筑摩書房

― (2001)「精神分析学入門」Ⅰ（中公クラシックス）懸田克躬訳、中央公論新社

― (2001)「精神分析学入門」Ⅱ（中公クラシックス）懸田克躬訳、中央公論新社

フロイト著作集　第3巻 (1969)「W. イェンゼンの小説『グラディーヴァ』にみられる妄想と夢」池田紘一訳、「詩人と空想すること」高橋義孝訳、「レオナルド・ダ・ヴィンチの幼年期のある思い出」高橋義孝訳、「トーテムとタブー」西田越郎訳、「小箱選びのモティーフ」高橋義孝訳、「ミケランジェロのモーゼ像」高橋義孝訳、「無常ということ」高橋義孝訳、「『詩と真実』中の幼年時代の一記憶」高橋義孝訳、「無気味なもの」高橋義孝訳、「否定」高橋義孝訳、「ある幻想の未来」浜川祥枝訳、「ユーモア」高橋義孝訳、「ドストエフスキーと父親殺し」高橋義孝訳、「文化への不満」浜川祥枝訳、「火の支配について」木村政資訳、人文書院（以下、フロイト著作集は同じ）

フロイト著作集　第5巻 (1969)「性欲論三篇」懸田克躬・吉村博次訳、「幼児期の性理論」懸田克躬訳、「ナルシシズム入門」懸田克躬・吉村博次訳、「性格と肛門愛」懸田克躬・吉村博次訳、「女性の性愛について」懸田克躬・吉村博次訳、「リビドー的類型について」懸田克躬・吉村博次訳、「解剖学的な性の差別の心的帰結二、三について」懸田克躬・吉村博次訳、「ある五歳男児の恐怖症分析」高橋義孝・野田倬訳、「あるヒステリー患者の分析の断片」細木照敏・飯田真訳、「子供のうその二例」飯田真訳、「児童の性教育について」山本由子訳、「強迫行為と宗教的礼拝」山本厳夫訳、「欲動転換，とくに肛門愛の欲動転換について」田中麻知子訳、「呪物崇拝」山本厳夫訳、「戦争と死に関する時評」森山公夫訳

フロイト著作集　第6巻 (1970)「防衛 - 神経精神病」井村恒郎訳、「隠蔽記憶について」小此木啓吾訳、「精神現象の二原則に関する定式」井村恒郎訳、「精神分析における無意識の概念に関する二，三の覚書」小此木啓吾訳、「想起，反復，徹底操作」小此木啓吾訳、「本能とその運命」小此木啓吾訳、「抑圧」井村恒郎訳、「無意識について」井村恒郎訳、「精神分析研究からみた二，三の性格類型」佐々木雄二訳、「悲哀とメランコリー」井村恒郎訳、「快感原則の彼岸」小此木啓吾訳、「集団心理学と自我の分析」小此木啓吾訳、「嫉妬，パラノイア，同性愛に関する二，三の神経症の機制について」井村恒郎訳、「自我とエス」小此木啓吾訳、「マゾヒズムの経済問題」青木宏之訳、「エディプス・コンプレックスの消滅」吾郷晋浩訳、「神経症および精神病における現実の喪失」井村恒郎訳、「制止，症状，不安」井村恒郎訳、「終りある分

析と終りなき分析」馬場謙一訳

フロイト著作集　第7巻（1974）「ヒステリー研究」懸田克躬訳、「科学的心理学草稿」小此木啓吾訳

フロイト著作集　第9巻（1983）技法篇「フロイトの精神分析の方法」、「精神療法について」、「心的治療（魂の治療）」、「精神分析療法の今後の可能性」、「「乱暴な」分析について」、「精神分析中における夢解釈の使用」、「転移の力動性について」、「分析医に対する分析治療上の注意」、「分析治療の開始について」、「精神分析治療中における誤った再認識（「すでに話した」）について」、「転移性恋愛について」、「精神分析療法の道」、「分析技法前史について」、「分析技法における構成の仕事」、「防衛過程における自我の分裂」、「精神分析学概説」
　症例篇　「強迫神経症の一症例に関する考察」、「自伝的に記述されたパラノイア（妄想性痴呆）の一症例に関する精神分析的考察」、「ある幼児期神経症の病歴より」、「ハンス少年分析記後日談」小此木啓吾訳

フロイト著作集　第10巻（1983）「ヒステリーの病因について」、「神経症の原因としての性」馬場謙一訳、「度忘れの心理的メカニズムについて」、「夢について」浜川祥枝訳、「神経症病因論における性の役割についての私見」木村政資訳、「「文化的」性道徳と現代人の神経過敏」「ヒステリー症者の空想と両性具有に対するその関係」高橋義孝訳、「ノイローゼ患者の出生妄想」浜川祥枝訳、「精神分析について」青木宏之訳、「「愛情生活の心理学」への諸寄与」高橋義孝訳、「精神分析的観点から見た心因性視覚障害」青木宏之訳、「原始言語における単語の意味の相反性について」浜川祥枝訳、「自慰論」高橋義孝訳、「精神分析への関心」木村政資訳、「夢の素材としての童話」、「証拠としての夢」、「精神分析運動史」野田倬訳、「ある象徴と症状」木村政資訳、「ある具象的強迫観念との神話的類似物」高田淑訳、「精神分析に関わるある困難」高田淑訳

フロイト全集17（2006）「不気味なもの」藤野寛訳、「快原理の彼岸」須藤訓任訳、「集団心理学と自我分析」藤野寛訳、「夢学説への補遺」須藤訓任訳、「女性同性愛の一事例の心的成因について」藤野寛訳、「精神分析とテレパシー」、「夢とテレパシー」、「嫉妬、パラノイア、同性愛の見られる若干の神経症的機制について」須藤訓任訳

フロイト全集9（2007）「W. イェンゼン著『グラディーヴァ』における妄想と夢」西脇宏訳、「強迫行為と宗教儀礼」、「詩人と空想」、「ヒステリー性空想ならびに両性性に対するその関係」、「『文化的』性道徳と現代の神経症」、「性格と肛門性愛」、「神経症者たちの家族ロマン」道籏泰三訳

フロイト全集7（2007）「日常生活の精神病理学」高田珠樹訳

フロイト全集4（2007）「夢解釈I」新宮一成訳

フロイト全集22（2007）「モーセという男と一神教」渡辺哲夫訳、「精神分析概説」、「防衛過程における自我分裂」津田均訳

フロイト全集18（2007）「自我とエス」道籏泰三訳、「十七世紀のある悪魔神経症」、「神経症と精神病」吉田耕太郎訳、「マゾヒズムの経済論的問題」本間直樹訳、「エディプスコンプレクスの没落」太寿堂真訳、「神経症および精神病における現実喪失」本間直樹訳、「『不思議のメモ帳』についての覚え書き」太寿堂真訳

フロイト全集8（2008）「機知」中岡成文・太寿堂真・多賀健太郎訳

フロイト全集2（2008）「ヒステリー研究」芝伸太郎訳

フロイト全集10（2008）「ある五歳児の恐怖症の分析〔ハンス〕」総田純次訳、「強迫神経

症の一例についての見解〔鼠男〕」福田覚訳

フロイト全集 6（2009）「あるヒステリー分析の断片〔ドーラ〕」渡邉俊之・草野シュワル
　ツ美穂子訳、「性理論のための三篇」渡邉俊之訳、論稿「夢について」道籏泰三訳

フロイト全集 12（2009）「トーテムとタブー」門脇健訳、論稿「転移の力動論にむけて」、
　「神経症の発症類型について」、「小箱選びのモティーフ」須藤訓任訳

フロイト全集 11（2009）「レオナルド・ダ・ヴィンチの幼年期の想い出」甲田純生・高
　田珠樹訳、「自伝的に記述されたパラノイアの一症例に関する精神分析的考察〔シュ
　レーバー〕」渡辺哲夫訳、「原始語のもつ逆の意味について」、「男性における対象選
　択のある特殊な型について」、「心的生起の二原則に関する定式」、「精神分析におけ
　る夢解釈の取り扱い」高田珠樹訳

フロイト全集 1（2009）「失語症の理解にむけて」中村靖子訳、「心的治療（心の治療）」
　兼本浩祐訳、「防衛 - 神経精神症」渡邉俊之訳

フロイト全集 3（2010）「心理学草案」総田純次訳、「神経症の遺伝と病因」立木康介訳、
　「防衛 - 神経精神症再論」野間俊一訳

フロイト全集 19（2010）「否定」石田雄一訳、「制止，症状，不安」大宮勘一郎・加藤敏
　訳、「素人分析の問題」石田雄一・加藤敏訳、論稿「解剖学的な性差の若干の心的帰
　結」大宮勘一郎訳、「フェティシズム」、「ある宗教体験」、「ドストエフスキーと父親
　殺し」石田雄一訳

フロイト全集 16（2010）「精神分析作業で現れる若干の性格類型」三谷研爾訳、「『詩と真
　実』の中の幼年期の想い出」吉田耕太郎訳、「子供がぶたれる」三谷研爾訳

フロイト全集 14（2010）「ある幼児神経症の病歴より〔狼男〕」須藤訓任訳、「欲動と欲動
　運命」、「抑圧」、「無意識」、「夢学説へのメタサイコロジー的補遺」新宮一成訳、「喪
　とメランコリー」、「精神分析理論にそぐわないパラノイアの一例の報告」伊藤正博訳、
　「転移神経症展望」、「欲動変転，特に肛門性愛の欲動変転について」本間直樹訳

フロイト全集 13（2010）「ミケランジェロのモーセ像」渡辺哲夫訳、「精神分析運動の
　歴史のために」福田覚訳、「ナルシシズムの導入にむけて」立木康介訳、「強迫神経
　症の素因」立木康介訳、「精神分析への関心」福田覚訳、「分析作業中の誤った再認
　（「すでに話した」）について」、「転移性恋愛についての見解」道籏泰三訳

フロイト全集 5（2011）「夢解釈Ⅱ」新宮一成訳

フロイト全集 21（2011）「続・精神分析入門講義」道籏泰三訳、「終わりのある分析と終
　わりのない分析」渡邉俊之訳

フロイト全集 20（2011）「ある錯覚の未来」高田珠樹訳、「文化の中の居心地悪さ」嶺秀
　樹・高田珠樹訳、「リビード的な類型について」、「女性の性について」高田珠樹訳

The Standard Edition of the Complete Psychological Works of Sigmund Freud
　　translated from the German under the general editorship of James Strachey

（1953）Volume Ⅳ　The Interpretation of Dreams Ⅰ　The Hogarth Press

（1953）Volume Ⅴ　The Interpretation of Dreams Ⅱ　The Hogarth Press

（1957）Volume ⅩⅣ　On Narcissism : An Introduction

　　　　Instincts and their Vicissitudes

　　　　Repression

　　　　The Unconscious

　　　　The Metapsychological Supplement to the Theory of Dreams

　　　　Mourning and Melancholia　The Hogarth Press

（1959）Group Psychology and the Analysis of the Ego　W.W. Norton & Company

（1961）Volume XIX The Ego and the Id
　　　The Loss of Reality in Neurosis and Psychosis
　　　Negation The Hogarth Press

〔その他〕
　心の臨床家のための必携『精神医学ハンブック』2000、小此木啓吾・深津千賀子・大野
　　裕編、創元社
　『精神分析事典』2002、小此木啓吾他編、岩崎学術出版社
　『精神分析事典』2002、新版、R. シェママ・B. ヴァンデルメルシュ編、小出浩之・加藤
　　敏・新宮一成・鈴木國文・小川豊昭訳、弘文堂

著者略歴

1973 年　大学学士課程（文学部仏文学科）修了
1979 年　現在の夫と結婚し、その後、三児の母となる
1995 年　大学院修士課程（仏文学専攻）修了

ある不登校児の自我分析
――対象愛とナルシシズム

2017 年 12 月 11 日初版発行

著　　者　池谷 さやか

制作・発売　中央公論事業出版
　　　　　〒 101-0051　東京都千代田区神田神保町 1-10-1
　　　　　電話　03-5244-5723
　　　　　URL　http://www.chukoji.co.jp/

印刷・製本／精興社

ⓒ 2017 Ikeya Sayaka
Printed in Japan
ISBN978-4-89514-485-8 C3011
◎定価はカバーに表示してあります。
◎落丁本・乱丁本はお手数ですが小社宛お送りください。
　送料小社負担にてお取り替えいたします。